中学 実技4科

音楽　技術・家庭　保健体育　美術

Music　Technology and Home Economics　Health and Physical Education　Art

この本の特色と使い方

○問題練習をしながら，教科書の要点・重要事項をおさえることによって教科書の内容が理解でき，確実に力がつくよう工夫しています。

○側注の「得点アップ」「復習のポイント」「ここに注目」を参考にしながら目標時間内に目標の得点を取ろう。

○「重要」の印は大事な問題,「よく出る」はテストによく出る問題に付けてあります。試験直前にこれらの印のついている問題や，側注をもう一度見直し，得点アップを目ざそう。

○解答編には，詳しく親切な「解説」を付けてあります。答え合わせの時，側注とともに問題のポイントをおさえよう。

本書に関する最新情報は，小社ホームページにある**本書の「サポート情報」**をご覧ください。(開設していない場合もございます。)
なお，この本の内容についての責任は小社にあり，内容に関するご質問は直接小社におよせください。

目次と学習記録表

実技４科

1 浜辺《はまべ》の歌／エーデルワイス

目標30分／70点
得点　　点

1 〔浜辺の歌〕次の各問いに答えなさい。(50点)

(1) よく出る この曲の①作詞者と②作曲者を選んで，記号で答えなさい。(各4点)

ア 山田耕筰《やまだこうさく》　イ 林《はやし》 古溪《こけい》　ウ 中田喜直《なかだよしなお》
エ 岡野貞一《おかのていいち》　オ 高野辰之《たかのたつゆき》　カ 成田為三《なりたためぞう》

①作詞者（　　　）　②作曲者（　　　）

(2) この曲は$\frac{6}{8}$拍子《ひょうし》ですが，その意味を（　）に合う音符《おんぷ》や数字を用いて答えなさい。(各3点)

・（ ① ）を1拍《ぱく》として，1小節に（ ② ）拍ある拍子。

①（　　　　）　②（　　　　）

(3) 次の記号の読み方と意味を答えなさい。(各4点)

記号	読み方	意味
f	（ ① ）	（ ② ）
rit.	（ ③ ）	（ ④ ）

①（　　　　　　）　②（　　　　　　）
③（　　　　　　）　④（　　　　　　）

(4) よく出る 次の歌詞の意味として適当なものを，それぞれあとから選んで記号で答えなさい。(各4点)

①あした　②ゆうべ　③もとおれば

ア 夕方　イ 昨夜　ウ 明日　エ 朝
オ めぐれば　カ 思い出せば

①（　　）　②（　　）　③（　　）

(5) この曲の歌い方として適当なものを，それぞれあとから選んで記号で答えなさい。(各4点)

① 1～2フレーズ（*mp*や*p*の部分）（　　）
② 3フレーズ目（*mf*や*f*の部分）（　　）

ア 弱々しくさびしく　イ 優美にのびやかに，声をひびかせて
ウ 静かにおだやかに　エ 力強く声を張り上げて

得点アップ

● 拍子記号の見方
6…1小節に6拍
8…8分音符《おんぷ》(♪)
3…1小節に3拍
4…4分音符(♩)

●「浜辺の歌」
* 1小節目は，6拍目から始まっている。
　→1拍目以外から始まる曲を「弱起《じゃっき》」の曲という。
* 速度記号の横に「優美に」とある。作詞者・作曲者の意図がわかる。
・曲の流れからも，寄せては返す波のイメージが感じられる。
・歌詞の情景を想像しながら，なめらかに，優美に歌おう。
・歌詞の意味を押さえ，楽譜を（歌詞を）見ないで歌えるようにしておこう。

●「エーデルワイス」
* ミュージカル「サウンド・オブ・ミュージック」の中の曲。
* O. ハマースタイン2世作詞，R. ロジャース作曲によるほかの曲
・「ドレミの歌」
・「私のお気に入り」
・「すべての山に登れ」
など多数。

2 〔エーデルワイス〕次の各問いに答えなさい。(50点)

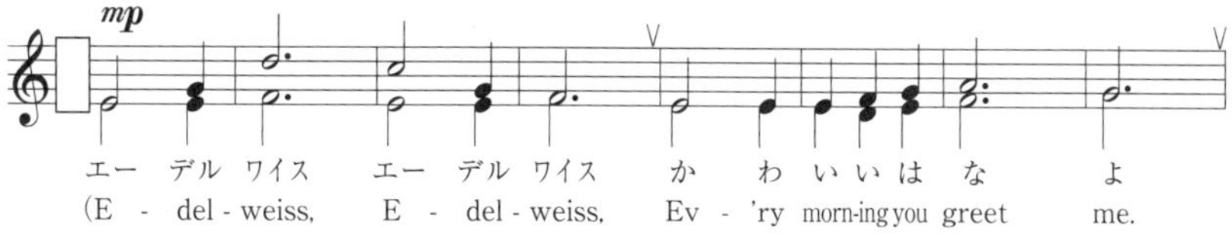

(1) 拍子《ひょうし》について，次の各問いに答えなさい。

① この曲は何分の何拍子か答えなさい。(完答2点)

(　　) 分の (　　) 拍子

② ①拍子について，(　) に合う音符《おんぷ》や数字を書きなさい。(完答2点)

・(Ⓐ) を1拍《ぱく》として，1小節に (Ⓑ) 拍ある拍子。

Ⓐ (　　　　)　Ⓑ (　　　　)

(2) この曲は何調か答えなさい。(2点)　(　　　　)

(3) よく出る 速度表示 **Moderato** について，①読み方と②意味を答えなさい。(各4点)

①読み方 (　　　　)

②意　味 (　　　　)

(4) 次の強弱記号の読み方と意味を，それぞれの語群から選んで記号で答えなさい。(各4点)

強弱記号	読み方	意味
mp	(①)	(②)
mf	(③)	(④)
cresc. ＜	(⑤)	(⑥)
decresc. ＞	(⑦)	(⑧)

《読み方》 ア デクレシェンド　イ クレシェンド
ウ フォルティッシモ　エ メッゾ（・）ピアノ
オ ピアニッシモ　カ メッゾ（・）フォルテ

《意　味》 A だんだん遅《おそ》く　B だんだん強く　C 少し強く
D だんだん弱く　E とても強く　F 少し弱く

(5) よく出る この曲の構成について，次の文の (　) に合う数を書いて答えなさい。(4点)

・全体が4つのフレーズからできているが，(　) 番目のフレーズだけは，旋律《せんりつ》やリズムがほかと異なっている。　(　　)

復習のポイント

● $\frac{6}{8}$拍子と$\frac{3}{4}$拍子

〈リズムの例〉

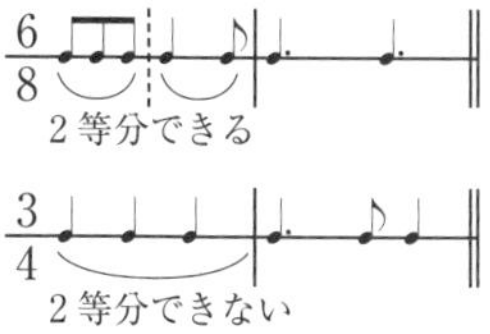

●ハ長調（エーデルワイス）とヘ長調（浜辺の歌）の主音と音名

主音「ド」の音名は「ハ」

主音「ド」の音名は「ヘ」

ここに注目

「浜辺の歌」も「エーデルワイス」も，二部形式の曲である。

曲全体の構成を知ることで，それぞれの楽節の歌い方や演奏のしかたを理解することができる。

大楽節	小楽節	
A	a, a′。	4つのフレーズの形。
B	b, a′。	

a…始めのフレーズ
a′…a に似ている旋律《せんりつ》
b…a とは異なる旋律

2 朝の風に／花 の 街

目標30分／70点
得点　　　点

1 〔朝の風に〕次の各問いに答えなさい。（40 点）

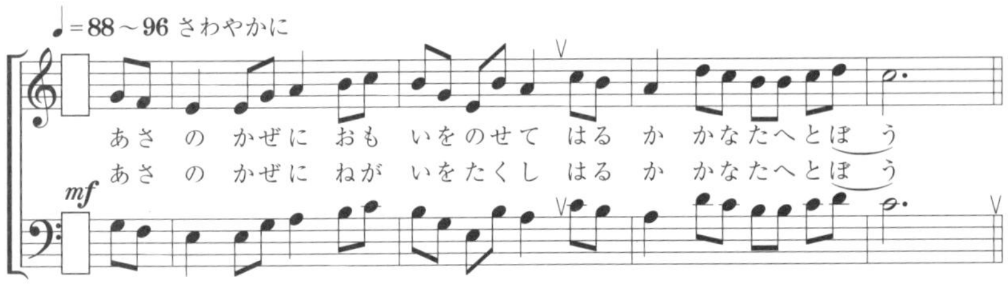

(1) 速度記号について，（ ）に合う音符《おんぷ》や数字を答えなさい。（各 4 点）

・♩ = 88 ～ 96…1 分間に（ ① ）を（ ② ）打つ速さ。

①（　　　　　）②（　　　　　）

(2) 拍子《ひょうし》記号について，次の各問いに答えなさい。

① この曲は何分の何拍子か答えなさい。（完答 4 点）

（　　　）分の（　　　）拍子

② ①について，（ ）に合う音符や数字を答えなさい。（各 4 点）

・（ Ⅰ ）を 1 拍《ぱく》として，1 小節に（ Ⅱ ）拍ある拍子。

Ⅰ（　　　　　）Ⅱ（　　　　　）

(3) 次の楽譜《がくふ》部分について，あとの各問いに答えなさい。（各 4 点）

① 𝄢 を歌うのは女声，男声のどちらか。

（　　　　　）

② この部分の主旋律は，Ⅰ・Ⅱのどちらか。

（　　　　　）

③ ♯のように，一時的に付けられた記号を何というか。

（　　　　　）

④ よく出る A の音符には♯は付くか，付かないか。

（　　　　　）

⑤ よく出る □ の部分の音符の階名を答えなさい。

（　　　　　）

得点アップ

● ト音譜表（𝄞）と ヘ音譜表（𝄢）

● 「朝の風に」は，𝄞 が女声，𝄢 が男声の，「混声二部合唱」である。

・各フレーズの主旋律《せんりつ》は，女声，男声のどちらであるかを理解しよう。

・3 ～ 5 フレーズは，女声，男声部分のリズムが異なるので，歌い方を工夫しよう。

● 拍子記号の見方

4…1 小節に 4 拍
4…4 分音符（♩）

2…1 小節に 2 拍
4…4 分音符（♩）

● 「花の街」

＊歌詞の風景は，作詞者の夢を描《えが》いたものである。苦しい時代に描いた幻想の美しい街を想像して歌おう。

・*mp* で始まり，しだいに盛り上げて，最後にまた *mp* で終わる。曲の流れを理解して歌おう。

2 〔花の街〕次の各問いに答えなさい。(60点)

(1) よく出る この曲の①作詞者と②作曲者を選んで記号で答えなさい。(各4点)

ア 江間章子《えましょうこ》　イ 新川和江《しんかわかずえ》　ウ 滝廉太郎《たきれんたろう》
エ 橋本祥路《はしもとしょうじ》　オ 團伊玖磨《だんいくま》　カ 若松歓《わかまつかん》

①作詞者(　　)　②作曲者(　　)

(2) この曲は$\frac{2}{4}$拍子《ひょうし》ですが，その意味を(　)に合う音符《おんぷ》や数字を書いて答えなさい。(各4点)

・(　①　)を1拍《ばく》として，1小節に(　②　)拍ある拍子。

①(　　)　②(　　)

(3) この曲は何調か答えなさい。(4点)　(　　)

(4) 次の記号の読み方と意味を答えなさい。(各4点)

記号	読み方	意味
mp	(　①　)	(　②　)
mf	(　③　)	(　④　)
f	(　⑤　)	(　⑥　)

①(　　)　②(　　)
③(　　)　④(　　)
⑤(　　)　⑥(　　)

(5) 次の楽譜部分について，あとの各問いに答えなさい。

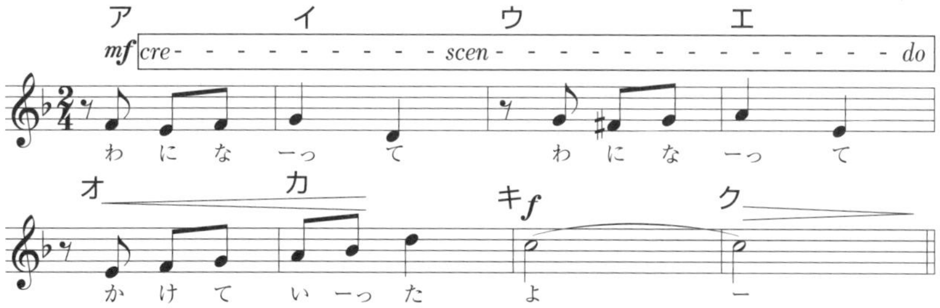

① □について答えなさい。(各2点)

Ⅰ 読み方を答えなさい。　(　　)

Ⅱ 同じ意味の記号を答えなさい。　(　　)

② この楽譜部分の歌い方について，(　)に合う記号や言葉を書いて答えなさい。なお，Ⅰ・Ⅲにはア～クの記号が入る。(各4点)

・よく出る (　Ⅰ　)のところからだんだん(　Ⅱ　)していって，(　Ⅲ　)のところが強さの山になるように歌い上げる。

Ⅰ(　　)　Ⅱ(　　)　Ⅲ(　　)

復習のポイント

● 臨時記号

「朝の風に」の第3フレーズ

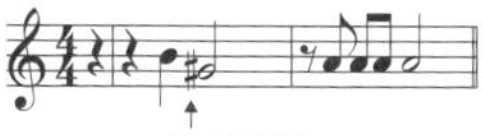

・一時的に音高を変化させるために，音符《おんぷ》の左側に付けられる♯・♭・♮などのこと。
・1小節の中の同じ音に有効。
・同じ音名でも，オクターブ上や下の音には無効。

ここに注目

● 「花の街」がつくられた背景を理解しよう。

この曲は多くの人が苦しく厳しい生活を送っていた戦後間もない昭和22年につくられた。「花の街」などふざけるな，という声もあったという。しかし，苦しい世の中だからこそ，希望を持ってもらいたい，また，美しい花であふれる街にしたい，そのような願いを込めてつくられたということだ。

・江間章子…詩人。「夏の思い出」でも有名。
・團伊玖磨…作曲家・指揮者。オペラや管弦楽，映画音楽などを手がけた。随筆家《ずいひつか》としても知られ，著書に「パイプのけむり」などがある。

3 赤とんぼ／夢の世界を

1 〔赤とんぼ〕次の各問いに答えなさい。(40点)

(1) よく出る この曲の①作詞者と②作曲者を選んで，記号で答えなさい。
(各4点)

ア　橋本祥路《はしもとしょうじ》　イ　山田耕筰《やまだこうさく》　ウ　中田喜直《なかだよしなお》
エ　三木露風《みきろふう》　オ　江間章子《えましょうこ》　カ　高木《たかぎ》あきこ
①作詞者（　　）②作曲者（　　）

(2) この曲は $\frac{3}{4}$ 拍子《ひょうし》ですが，その意味を（　）に合う音符《おんぷ》や数字を書いて答えなさい。(各2点)
・（　①　）を1拍《ぱく》として，1小節に（　②　）拍ある拍子。
①（　　　　）②（　　　　）

(3) よく出る 次の歌詞の意味として適当なものを，それぞれあとから選んで記号で答えなさい。(各4点)
①おわれて　②お里　③たより
ア　追いかけられて　イ　村　ウ　実家　エ　ふるさと
オ　背負われて　カ　親せき　キ　手紙
①（　　）②（　　）③（　　）

(4) この曲の情景を表したものとして適当なものを，記号で答えなさい。
(4点)

ア　自分が今見ている情景
イ　子どものころ過ごした田舎の情景
ウ　いつか見たいとあこがれている情景　（　　）

(5) この楽譜《がくふ》の□には，<か>のいずれかの強弱記号が入る。①□に入る強弱記号を書き入れ，②この楽譜の演奏のしかたについてまとめた次の文の（　）にあてはまる言葉を書きなさい。
(各4点)
・旋律《せんりつ》が高くなるにつれてだんだん（　Ⅰ　），低くなるにつれてだんだん（　Ⅱ　）演奏するとよい。
①（　　　　）②Ⅰ（　　　　）Ⅱ（　　　　）

得点アップ

● 「赤とんぼ」
＊三木露風…詩人。内面的な思いを描く作風で活躍。北原白秋とともに，一時代を築いた。
＊山田耕筰…日本における西洋音楽の基礎を築いた。

＊♭が3つつく，変ホ長調の曲。

☆「ホ長調」ではないことに注意。主音に♭がつくときは「変」がつく。

＊「赤とんぼ」は，一部形式の曲。
大楽節　a，b。
が1つ

● 「夢の世界を」
＊𝄞が女声二部，𝄢が男声の「混声三部合唱」である。
＊この曲に出てくるコードネーム

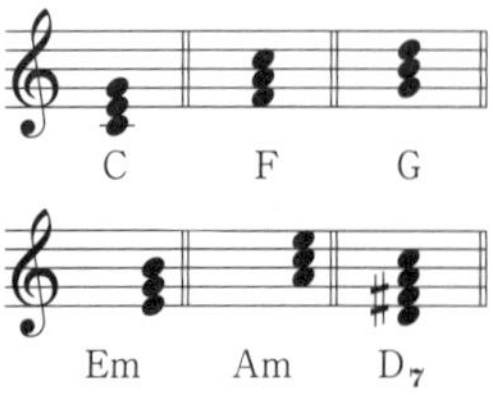

2 〔夢の世界を〕次の各問いに答えなさい。(各4点－60点)

(1) よく出る 拍《はく》の取り方について，(　)に合う音符《おんぷ》を書きなさい。

・この曲は$\frac{6}{8}$拍子《びょうし》なので，ふつうは(　①　)を1拍として1小節を6拍に数えるが，この場合は(　②　)を1拍として1小節を大きく2拍に数えるようにするとよい。

①(　　　　　)　②(　　　　　)

(2) 次の楽譜の①Ⅰ～Ⅲの各段の階名を答えなさい。また，②それぞれについて女声か男声かを答えなさい。

Ⅰ①(　　　　　　　　　)　②(　　　　　)

Ⅱ①(　　　　　　　　　)　②(　　　　　)

Ⅲ①(　　　　　　　　　)　②(　　　　　)

(3) 次の楽譜《がくふ》について，反復のしかたを記号で答えなさい。

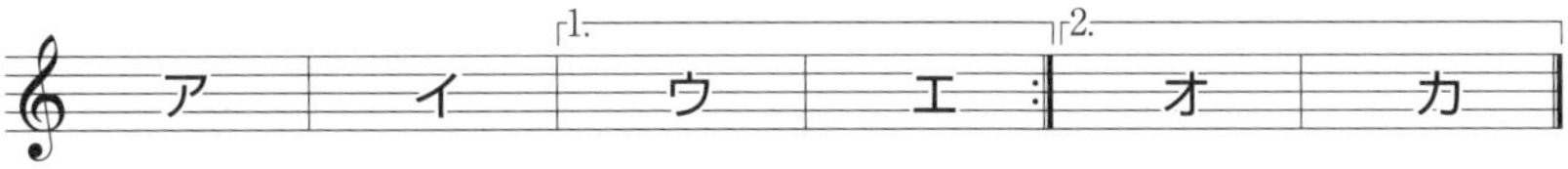

(　　　　　　　　　　　　　　　　　　　　　　　　　)

(4) よく出る 次の楽譜内のア～ウの記号の読み方と意味を答えなさい。

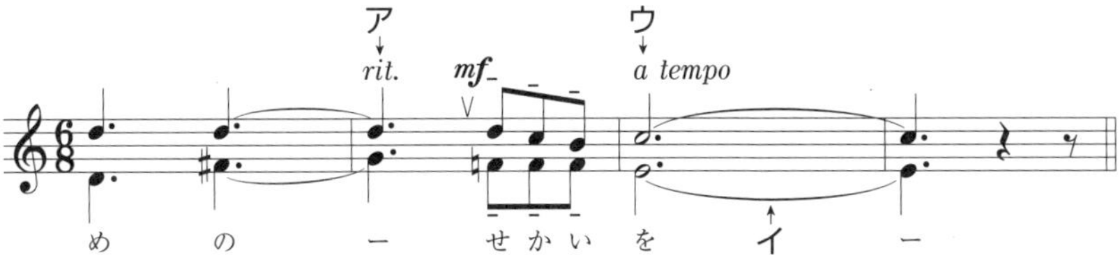

	記号	読み方	意味
ア	*rit.*	(　①　)	(　②　)
イ		(　③　)	(　④　)
ウ	*a tempo*	(　⑤　)	(　⑥　)

①(　　　　　　　)　②(　　　　　　　)

③(　　　　　　　)　④(　　　　　　　)

⑤(　　　　　　　)　⑥(　　　　　　　)

＊橋本祥路…作曲家。「時の旅人」「ひろい世界へ」「ゴーゴーゴー」「歌よありがとう」など，小中学生になじみのある曲を多数つくっている。

＊まちがえやすい記号

・タイ……隣《とな》り合った同じ高さの音符をつなぎ，1つの音に。

・スラー…異なる高さの2つ以上の音符を滑《なめ》らかに奏する。

ここに注目

● $\frac{6}{8}$拍子のときの拍のとり方…速度記号のところでわかることがある。

〈例〉♪＝116

→♪を1拍にして，1小節を6拍にとる。

〈例〉♩.＝84

→♩.を1拍にして，1小節を2拍にとる。

●「赤とんぼ」

＊山田耕筰…1925年に日本交響楽協会(後のNHK交響楽団)を設立。指揮《しき》者としても活躍した。1912年に日本人初の交響曲を作曲。

・三木露風とのコンビで,「からたちの花」「この道」なども作曲。

4 夏の思い出／主人《あるじ》は冷たい土の中に

目標30分／70点
得点　　点

1 〔夏の思い出〕次の各問いに答えなさい。（各５点－50点）

(1) よく出る この曲の①作詞者と②作曲者を選んで，記号で答えなさい。

ア　高野辰之《たかのたつゆき》　　イ　岡野貞一《おかのていいち》　　ウ　中田喜直《なかだよしなお》
エ　中田《なかだ》　章《あきら》　　オ　江間章子《えましょうこ》　　カ　坂田寛夫《さかたひろお》

①作詞者（　　　）　②作曲者（　　　）

(2) この曲は何調か答えなさい。　（　　　　　）

(3) 楽譜《がくふ》内のはどの音符《おんぷ》と同じ長さか。音符を書きなさい。

（　　　）

(4) 次の楽譜内の記号の読み方と意味を答えなさい。

記号	読み方	意味
	（　①　）	（　②　）
	（　③　）	（　④　）

①（　　　　　）　②（　　　　　）
③（　　　　　）　④（　　　　　）

(5) よく出る この曲はどのような気持ちで歌うとよいか。次から選んで記号で答えなさい。

ア　美しい自然に対して語りかけるような気持ちで。
イ　失われゆく自然に対して惜しむような気持ちで。
ウ　自然の偉大《いだい》さをたたえるような気持ちで。

（　　　）

(6) よく出る この曲について書かれた次の文の（　）にあてはまる言葉として適当なものを，あとから選んで記号で答えなさい。

・この曲は，言葉の抑揚《よくよう》と旋律《せんりつ》の（　　）が合うように作られている。

ア　長短　　イ　強弱　　ウ　高低

（　　　）

得点アップ

●「夏の思い出」

＊江間章子…詩人・作詞家。「花の街」の作詞者としても有名。

＊中田喜直…作曲家。合唱曲，童謡《どうよう》，ピアノなどの器楽曲など，多数作曲。「早春賦《そうしゅんふ》」の作曲者である。中田章は，彼《かれ》の父。

＊歌詞…尾瀬の懐《なつ》かしい風景や思い出をうたっている。懐かしむような優しい気持ちで歌おう。

＊旋律…日本語の抑揚を大切にして作曲されている。

＊調…主音は「ニ」

ここに注目

「夏の思い出」も「主人は冷たい土の中に」も，二部形式の曲である。

大楽節	小楽節	
A	a，a′。	４つのフレーズの形。
B	b，a′。	

a…始めのフレーズ
a′…a に似ている旋律《せんりつ》
b …a とは異なる旋律

2 〔主人《あるじ》は冷たい土の中に〕次の各問いに答えなさい。(各5点－50点)

(1) この曲の作曲者について，①名前と②出身国を答えなさい。

①名前 (　　　　　　　　)

②出身国 (　　　　　　　　)

(2) この曲は何調か答えなさい。

(　　　　　　　　)

(3) よく出る 速度表示 **Andante** について，①読み方と②意味を答えなさい。

①読み方 (　　　　　　　　)

②意　味 (　　　　　　　　　　　　)

(4) この曲の構成についてまとめた次の文の（　）に合う数字を答えなさい。

・全体が4つのフレーズからできているが，(　　) 番目のフレーズだけ，旋律やリズムがほかと違っている。

(　　　　)

(5) よく出る 次のアルトリコーダーの楽譜《がくふ》について，あとの各問いに答えなさい。

(　　　　　　　　　　　　　　　　　　　　)

① 図中の（　）に階名を書き入れなさい。

② Ⅰ～Ⅲの音を出すときにふさぐ指穴を黒くぬりつぶしなさい。

Ⅰ　　Ⅱ　　Ⅲ

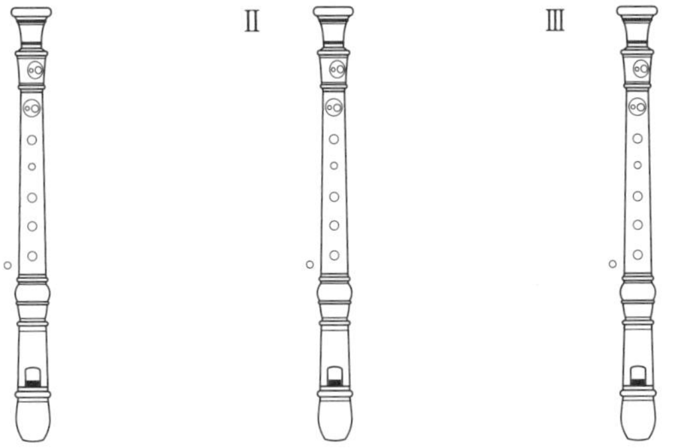

●「主人は冷たい土の中に」

* 主人の死に嘆き悲しむ人々の姿を見て，フォスターが作ったとされる曲。
* フォスター…アメリカの作曲家。「おおスザンナ」「故郷の人々」「草競馬」「ケンタッキーのわが家」「オールド・ブラック・ジョー」など。易しく親しみやすい曲が多く，アメリカではもちろん，日本でも愛唱されている。
* **Andante**…速度を表す。イタリア語。**Adagio**（アダージョ）と**Moderato**（モデラート）の中間の速度。

復習のポイント

●アルトリコーダーの運指

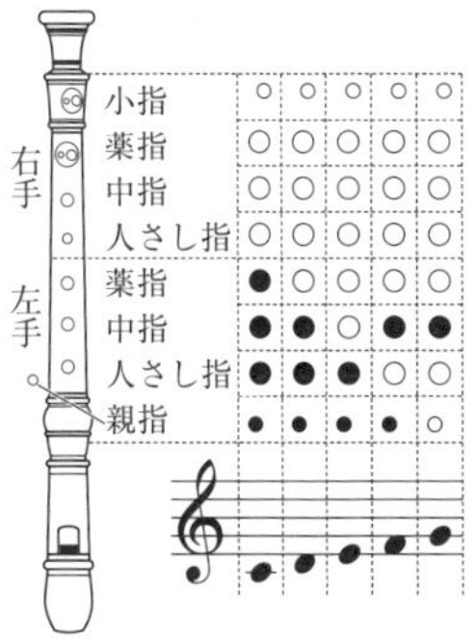

○開ける　●ふさぐ

音楽

5 サンタ ルチア／荒城《こうじょう》の月

目標30分／70点
得点　　　点

1 〔サンタ ルチア〕次の各問いに答えなさい。（各4点－44点）

(1) よく出る　この曲は，どこの国の民謡《みんよう》か答えなさい。

（　　　　　　　　　）

(2) この曲は何調か答えなさい。

（　　　　　　　　　）

(3) この曲は $\frac{3}{8}$ 拍子《ひょうし》ですが，その意味を（　）に合う音符《おんぷ》や数字を書いて答えなさい。

・（ ① ）を1拍《ぱく》として，1小節に（ ② ）拍ある拍子。

①（　　　　　）　②（　　　　　）

(4) Aの音符について，①階名と②音名を答えなさい。

①階名（　　　　　）　②音名（　　　　　）

(5) よく出る　サンタ ルチアの次の楽譜《がくふ》部分について，あとの各問いに答えなさい。

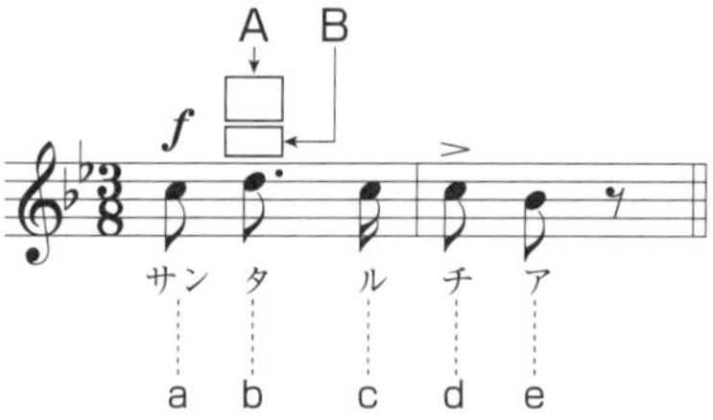

① □A・Bに入る記号と読みを，次の表を参考にして答えなさい。

	記号	読み方	意味
A	（ Ⅰ ）	（ Ⅱ ）	その音符（休符）をほどよく延ばす
B	（ Ⅲ ）	（ Ⅳ ）	目立たせて，強調して

Ⅰ（　　　　　）　Ⅱ（　　　　　　　）
Ⅲ（　　　　　）　Ⅳ（　　　　　　　）

② この楽譜部分の中で最も盛り上げて歌うのはどこですか。その部分を，図中のa～eから選んで記号で答えなさい。

（　　）

得点アップ

● 拍子記号の見方

3…1小節に3拍
8…8分音符（♪）

4…1小節に4拍
4…4分音符（♩）

●「サンタ ルチア」

＊カンツォーネ…イタリアの民衆に愛唱されている歌のこと。日本では，ナポリ地方で生まれた流行歌を指す。

＊臨時記号

㋐調号でもともとついていた音を♮でもとに戻《もど》す。
㋑♮で戻した音を，再び♭で半音下げる。

復習のポイント

●「サンタ ルチア」

＊カンツォーネのCDなどを聴き，独特の歌い上げ方を参考にしよう。

●「荒城の月」

＊難しい歌詞だが，意味を理解して歌おう。重々しく，さびしさも感じられる，短調の特徴や雰囲気《ふんいき》も考えよう。

2〔荒城《こうじょう》の月〕次の各問いに答えなさい。（各4点－56点）

(1) よく出る この曲の①作詞者，②作曲者を選んで記号で答えなさい。

ア　成田為三《なりたためぞう》　　イ　山田耕筰《やまだこうさく》　　ウ　團伊玖磨《だんいくま》

エ　土井晩翠《どいばんすい》　　オ　芙龍明子《ふりゅうあきこ》　　カ　滝廉太郎《たきれんたろう》

①作詞者（　　　）　②作曲者（　　　）

(2) よく出る この曲は何調か答えなさい。

（　　　　　　）

(3) Aの音符について，①階名と②音名を答えなさい。

①階名（　　　　　）　②音名（　　　　　）

(4) この曲には山田耕筰によって補作編曲されたものがある。原曲の何が変えられているか，1つ答えなさい。

（　　　　　　　　　）

(5) よく出る 次の歌詞の意味として適当なものを，それぞれあとから選んで記号で答えなさい。

①花の宴　②千代　③松が枝　④照りそいし

⑤かずら　⑥天上影《てんじょうかげ》　⑦栄枯《えいこ》

ア　満開の花　　イ　花見の宴会　　ウ　古い

エ　栄えたり衰《おとろ》えたり　　オ　空の月の光　　カ　長い髪《かみ》の毛

キ　つる草　　ク　照り輝《かがや》いた　　ケ　松の枝《えだ》

①（　　）②（　　）③（　　）④（　　）

⑤（　　）⑥（　　）⑦（　　）

(6) この曲はどのような情景を歌ったものか。最も適当なものを次から選んで記号で答えなさい。

ア　荒《あ》れた城から感じられるすばらしさを歌ったもの。

イ　昔の華やかさが失われて残念に感じる気持ちを歌ったもの。

ウ　昔の情景を想像し，うつりゆく世に対する感慨《かんがい》を歌ったもの。

（　　）

●「荒城の月」

＊土井晩翠《どいばんすい》…詩人。英文学者。「荒城の月」は，日本の詩歌独特の七五調で書かれている。

＊滝廉太郎《たきれんたろう》…作曲家。わずか23歳でこの世を去った。他の作品に「花」「箱根八里」など。

＊山田耕筰《やまだこうさく》が編曲した，もう一つの「荒城の月」があることを覚えておこう。

＊ロ短調の音階

・主音は「ロ」

ここに注目

●長調と短調の見分け方

＊最後の音の階名が「ド」→長調

＊最後の音の階名が「ラ」→短調

「主人は冷たい土の中に」

「荒城の月」

6 花／早《そう》春《しゅん》賦《ふ》

目標30分／70点
得点　　点

1 〔花〕次の各問いに答えなさい。(各4点－52点)

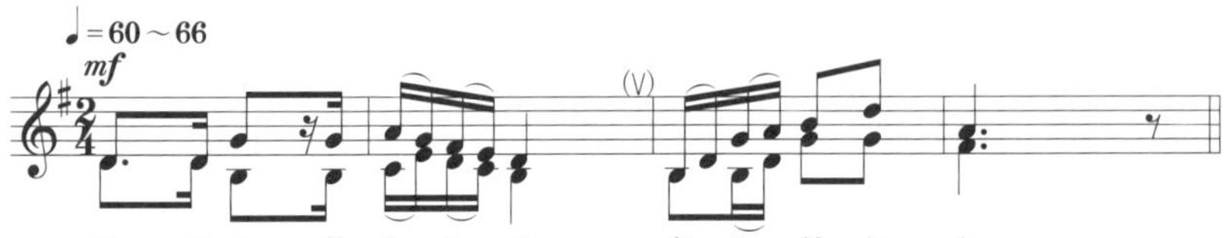

(1) よく出る この曲の①作詞者と②作曲者を選んで記号で答えなさい。

ア　武島《たけしま》羽衣《はごろも》　イ　江間《えま》章子《しょうこ》　ウ　滝廉《たきれん》太郎《たろう》
エ　中田《なかだ》喜直《よしなお》　オ　高野《たかの》辰之《たつゆき》　カ　岡野《おかの》貞一《ていいち》

①作詞者（　　　）②作曲者（　　　）

(2) この曲は何調か答えなさい。

（　　　　　）

(3) この曲は$\frac{2}{4}$拍子《ひょうし》ですが，その意味を（　）に合う音符《おんぷ》や数字を書いて答えなさい。

・（ ① ）を1拍《ぱく》として，1小節に（ ② ）拍ある拍子。

①（　　　）②（　　　）

(4) この曲は何部形式か答えなさい。

（　　　　　）

(5) 次の記号の読み方と意味を答えなさい。

記号	読み方	意味
	（ ① ）	（ ② ）
V	（ ③ ）	（ ④ ）

①（　　　　　）②（　　　　　）
③（　　　　　）④（　　　　　）

(6) よく出る 次の歌詞の意味として適当なものを，それぞれあとから選んで記号で答えなさい。

①うらら　②見ずや　③げに

ア　見てはいけない　イ　ほんとうに　ウ　まさか
エ　とても楽しい　オ　どうして　カ　見てごらん
キ　柔《やわ》らかい日差しを受けている

①（　　）②（　　）③（　　）

得点アップ

●拍子記号の見方

2…1小節に2拍
4…4分音符（♩）
6…1小節に6拍
8…8分音符（♪）

●「花」

＊ト長調の音階

・主音は「ト」

＊武島羽衣…歌人。国文学者。「花」は，日本の詩歌独特の七五調で書かれている。

＊滝廉太郎…作曲家。他の作品に「荒城《こうじょう》の月」「箱根八里」など。

＊パート分けと強弱を考えよう。

・1番…二部合唱 *mf*, *f*
　2番…アルト *p*→ソプラノ *mf*, *f*
　3番…二部合唱 *f*

復習のポイント

＊「花」「早春賦」ともに，歌詞の内容を理解し，情景を想像できるようにしよう。

＊「花」は，1・2・3番のパートの役割と強弱の関係を考えて歌おう。

＊「早春賦」は，旋律と ＜・＞ の関係を考えて歌おう。

2 〔早春賦《そうしゅんふ》〕次の各問いに答えなさい。（48点）

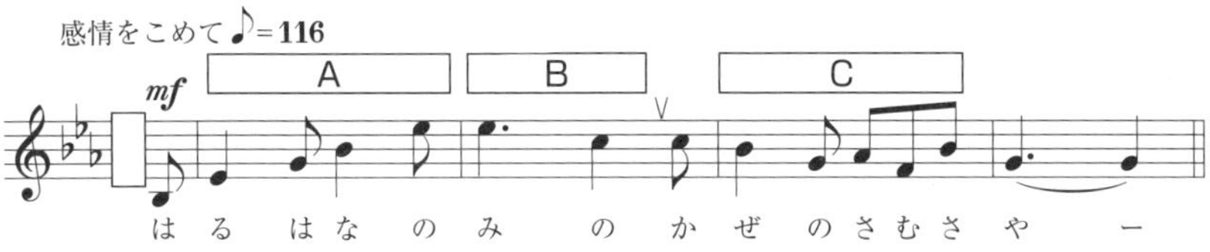

(1) よく出る この曲の①作詞者と②作曲者を選んで記号で答えなさい。（各2点）

ア 中田喜直《なかだよしなお》　イ 山田耕筰《やまだこうさく》　ウ 中田章《なかだあきら》
エ 吉丸一昌《よしまるかずまさ》　オ 武島羽衣《たけしまはごろも》　カ 滝廉太郎《たきれんたろう》

①作詞者（　　　）②作曲者（　　　）

(2) よく出る この曲は何分の何拍子か答えなさい。（完答4点）

（　　　）分の（　　　）拍子

(3) この曲は何部形式か答えなさい。（4点）

（　　　　　）

(4) 楽譜《がくふ》内の□A～Cには，＜か＞のいずれかの強弱記号が入る。それぞれどちらの強弱記号が入るか答えなさい。（各4点）

A（　　　　）B（　　　　）C（　　　　）

(5) 演奏の順序が次の順番になるように，反復記号を楽譜に書き入れなさい。（4点）

［演奏の順序］ア→イ→ウ→エ→ア→イ→ウ→エ→ア→イ→オ→カ

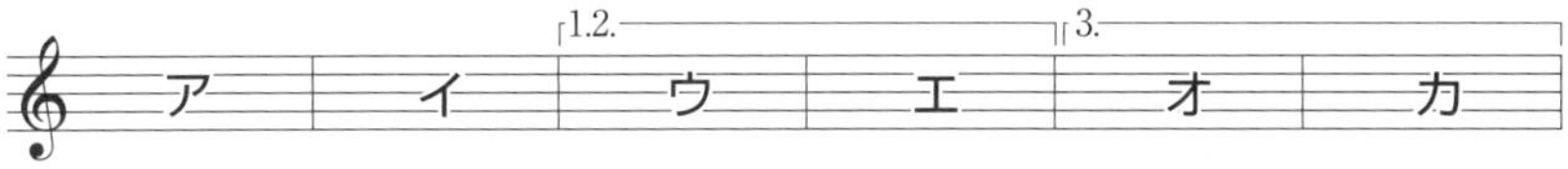

(6) よく出る 次の歌詞の意味として適当なものを，それぞれあとから選んで記号で答えなさい。（各4点）

①時にあらずと　②角《つの》ぐむ
③さては時ぞと　④思うあやにく
⑤知らではありしを

ア 思ったのに，あいにく　イ 知らないでいたものを
ウ 雨が降り始める　エ 知っていたので
オ 芽が出始める　カ 思ったそのとき
キ 今ごろになって　ク 急いでいこうと
ケ まだその時ではないと　コ 今がその時だと

①（　　）②（　　）③（　　）
④（　　）⑤（　　）

● 「早春賦」

* 吉丸一昌…文学者。唱歌の作詞などで活躍。
* 中田章…作曲家。オルガン奏者。「夏の思い出」などで有名な中田喜直は，彼の三男。この曲の伴奏《ばんそう》編曲をしている。
* 6拍目から始まる弱起《じゃっき》の曲。
* A（a, a′。）B（b, a″。）の二部形式の曲。
* （タイ），（スラー）に注意。

ここに注目

● 「花」

1・2・3番で，旋律が微妙《びみょう》に違《ちが》うところを，しっかり覚えよう。

〈例〉

* 1番の中でも違う部分がある。

7

帰れソレントへ／大地讃頌《さんしょう》

目標30分／70点

得点　　点

1 〔帰れソレントへ〕次の各問いに答えなさい。（各５点－55点）

(1)　この曲の作詞者・作曲者の出身国はどこか答えなさい。

（　　　　　　）

(2)　楽譜《がくふ》内の□には，「中ぐらいの速さで」という意味の速度表示が入る。適当なものを次から選んで記号で答えなさい。

ア　**Moderato**　　イ　**Allegro**　　ウ　*accel.*

（　　）

(3) よく出る 楽譜内のA・Bの部分はそれぞれ何調か答えなさい。

A（　　　　　　）　B（　　　　　　）

(4)　楽譜内のA・Bの部分は主音が同じである。このような関係を何というか答えなさい。

（　　　　　　）

(5) よく出る 次の楽譜内のア〜ウの記号の読み方と意味を答えなさい。

	記号	読み方	意味
ア	*f*	（ ① ）	（ ② ）
イ	＞	（ ③ ）	（ ④ ）
ウ	𝄐	（ ⑤ ）	（ ⑥ ）

①（　　　　　　）　②（　　　　　　）

③（　　　　　　）　④（　　　　　　）

⑤（　　　　　　）　⑥（　　　　　　）

得点アップ

● 「帰れソレントへ」

＊ソレント…イタリアの都市の名前。ナポリの近く。この曲は，ナポリの言葉でつくられている。

この曲の重要な特徴

＊短調→長調→短調…と転調をくり返している。

＊短調と長調の主音が同じである。（ハ音）

→「同主調」という。

☆短調の主音「ラ」が，長調の主音「ド」になっている。

＊短調→長調の部分が短いときは，楽譜の初めの調号は変えず，臨時記号（♭，♮）を使っている。

復習のポイント

● 「帰れソレントへ」

＊同主調…同じ音を主音とする長調と短調。調の変化を意識して歌おう。

● 「大地讃頌」

＊混声四部合唱

ソプラノ・アルト（女声），テノール・バス（男声）

2 〔大地讃頌《さんしょう》〕次の各問いに答えなさい。(各5点－45点)

(1) よく出る **Grandioso**(グランディオーソ)の意味として適当なものを，次から選んで記号で答えなさい。

ア 優しく　イ 表情豊かに　ウ 壮大《そうだい》に

(　　)

(2) この曲の合唱形態を答えなさい。

(　　　　　　　　)

(3) よく出る この曲は，オーケストラの伴奏による，大規模な声楽曲として作られた。このような曲を何というか，次から選んで記号で答えなさい。

ア カンタータ　イ カンツォーネ　ウ ミュージカル

(　　)

(4) 次の記号の読み方と意味をそれぞれ答えなさい。

記号	読み方	意味
𝄪	(①)	(②)
fff	(③)	(④)

① (　　　　　　　) ② (　　　　　　　)
③ (　　　　　　　) ④ (　　　　　　　)

(5) 次の楽譜《がくふ》部分について，あとの各問いに答えなさい。

① *maestoso*(マエストーソ)の意味として適当なものを，次から選んで記号で答えなさい。

ア ゆっくり　イ 荘厳《そうごん》に　ウ 元気よく

(　　)

② この部分の主旋律《しゅせんりつ》は，𝄞・𝄢のどちらか答えなさい。

(　　　　)

● 「大地讃頌」
* カンタータ「土の歌」(全7楽章)のうちの終曲。
* カンタータ…オーケストラの伴奏《ばんそう》による，大規模な声楽曲のこと。
* 混声四部合唱
フレーズごとに，女声(ソプラノ・アルト)と男声(テノール・バス)が，主旋律と副次的な旋律をそれぞれ受け持って歌う。
ハーモニーになっているところ，追いかけるようにパートが入るところ，主旋律を担当するパートが変わるところに注意して歌おう。
* *pp*，*p*，*mp*，*f*，*ff*，*fff*，*cresc.* など強弱記号が細かく指示されている。つくった人の意図を読み取って歌おう。

ここに注目

● 「帰れソレントへ」
rit. や 𝄐 のところは，聴かせるところである。歌い方を工夫しよう。

● 「大地讃頌」
「讃頌」とは，「ほめたたえる詩《うた》」という意味。

8 春／平調《ひょうぢょう》「越天楽《えてんらく》」

目標30分／70点
得点　　　点

1 〔春〕次の各問いに答えなさい。(各4点－48点)

(1) 「春」についてまとめた次の各文の（　）にあてはまる言葉を，それぞれの語群から選んで記号で答えなさい。

① よく出る 作曲者である（ Ⅰ ）が生まれた国は（ Ⅱ ）である。

ア バッハ　**イ** ベートーヴェン　**ウ** ヴィヴァルディ
エ イタリア　**オ** オーストリア　**カ** フランス

Ⅰ（　　）Ⅱ（　　）

② よく出る 作曲者が活躍《かつやく》したのは，（　　）の時代である。

ア ルネサンス　**イ** バロック　**ウ** 古典派　（　　）

③ この曲は（　　）という14行からなる詩に基づいて作られている。

ア ポエム　**イ** コラール　**ウ** ソネット　（　　）

④ この曲は独奏（ Ⅰ ），（ Ⅱ ），（ Ⅲ ）のための（ Ⅳ ）である。

ア チェロ　**イ** ヴァイオリン　**ウ** 弦楽合奏《げんがくがっそう》　**エ** ギター
オ 通奏低音　**カ** 交響曲《こうきょうきょく》　**キ** 協奏曲　**ク** 独奏曲

Ⅰ（　　）Ⅱ（　　）Ⅲ（　　）Ⅳ（　　）

⑤ 「春」は「四季」の中の第1曲で，（　　）つの楽章にまとめられる。

ア 2　**イ** 3　**ウ** 4　**エ** 5　（　　）

⑥ 「春」の第1楽章は，合奏と（　　）が交互《こうご》に現れる構成である。

ア 伴奏　**イ** 旋律　**ウ** 独奏　（　　）

(2) B・Dに合うソネットの情景をあとから選んで記号で答えなさい。

ア 黒雲と稲妻《いなずま》が空を走り，雷鳴《らいめい》は春が来たことを告げる。
イ そよ風が泉に吹き，ささやき流れて行く。
ウ 春がやってきた。
エ 小鳥は楽しい歌で，春を歓迎《かんげい》する。

B（　　）D（　　）

得点アップ

● 「春」
* 「四季」(春，夏，秋，冬）の中の第1曲。
* 各曲には，ソネットという短い詩が付けられている。

〈ヴィヴァルディ〉
* イタリアのベネチアに生まれた。
* 活躍したのは，バロックの時代。バッハより少し前に生まれている。
* 協奏曲を数多く作曲しており，「協奏曲の父」と呼ばれた。作曲家として，バッハらに大きな影響《えいきょう》を与えた。

* 協奏曲(コンチェルト)…独奏楽器と合奏のための器楽曲。

復習のポイント

● 「春」
曲の形式，構成
* それぞれの曲に，ソネットという短い詩が付けられ，音楽によって表現されている。
* 合奏→独奏→合奏→独奏…の形で演奏される。

● **雅楽**…5～9世紀にアジア諸国から伝来して，日本で今のような様式に整えられた。寺院や宮中で演奏されてきた。

2 〔越天楽〕次の各問いに答えなさい。(各4点－52点)

(1) 「越天楽」についてまとめた次の各文の（　）にあてはまる言葉として適当なものを，それぞれの語群から選んで記号で答えなさい。

① よく出る この曲は，雅楽《ががく》の楽器だけで演奏される（　　）の曲である。

ア 管絃《かんげん》　イ 舞楽《ぶがく》　ウ 今様《いまよう》　（　　）

② 雅楽は，5～9世紀に（　　）から伝来した。

ア インド　イ ヨーロッパ　ウ アジア諸国　（　　）

③ 雅楽の構成は，（　　）となる。

ア A―B―A―B　イ A―B―C―A―B

ウ A―B―C―D　（　　）

(2) よく出る 管弦に使われる楽器について，次の各問いに答えなさい。

① 次の楽器の名前を，あとの《選択肢》から選んで記号で答えなさい。

A

B

C
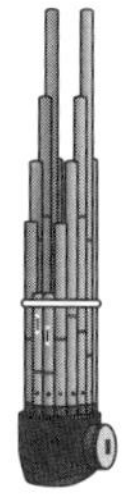
D
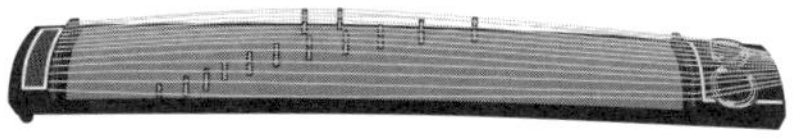
E
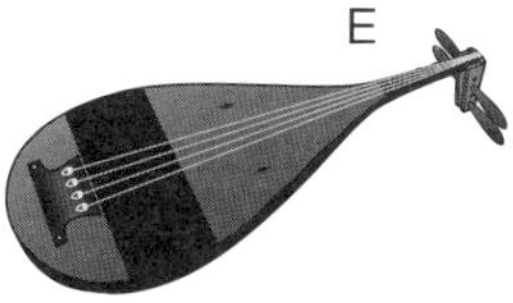
F
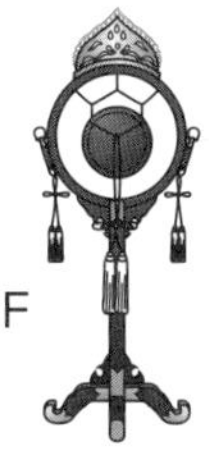
G

H

A（　　）　B（　　）　C（　　）　D（　　）

E（　　）　F（　　）　G（　　）　H（　　）

② 次の役割をする楽器を，《選択肢》から選んで記号で答えなさい。

Ⅰ 主旋律を演奏する楽器。(完答)　（　　）・（　　）

Ⅱ 一定のリズムパターンを繰り返し演奏し，速度を決めたり終わりの合図を出したりして合奏全体を統率する楽器。　（　　）

《選択肢》

ア 太鼓《たいこ》（楽太鼓《がくだいこ》・釣太鼓《つりだいこ》）　イ 箏《こと》（楽箏《がくそう》）　ウ 笙《しょう》

エ 篳篥《ひちりき》　オ 小鼓《こつづみ》　カ 鞨鼓《かっこ》　キ 琵琶《びわ》（楽琵琶《がくびわ》）

ク 竜笛《りゅうてき》　ケ 鉦鼓《しょうこ》

● 平調「越天楽」

〈雅楽の種類〉

＊ 管絃…雅楽の楽器（管楽器・打楽器・弦楽器）だけで合奏する楽曲。管楽器の奏法を生かすため，ゆったりしたテンポで演奏される。

＊ 舞楽《ぶがく》…管絃を伴奏として舞がつくもの。左《さ》舞《まい》（唐楽《とうがく》），右舞《うまい》（高《こ》麗楽《まがく》）など。

＊ 歌い物…管絃と舞楽に影響を受けて，平安時代に日本で新たにつくられた声楽曲。催馬《さいば》楽《ら》，朗詠《ろうえい》など。

＊「越天楽」のメロディーは，後に「越天楽今《いま》様《よう》」や福岡《ふくおか》県民謡《みんよう》「黒《くろ》田節《だぶし》」に取り入れられている。

ここに注目

● 「春」

＊ 使われる楽器
ヴァイオリン，ヴィオラ，チェロ，コントラバス，チェンバロ

＊ ヴァイオリンは，独奏の人と合奏の人がいる。

● 平調「越天楽」

＊ 演奏は竜笛から始まり，他の楽器が順に加わっていく。

＊ 速度の変化…「序破《じょは》急《きゅう》」といい，しだいに速くなる。

9 ブルタバ(モルダウ)／フーガ ト短調

目標30分／70点
得点　　　点

1 〔ブルタバ(モルダウ)〕次の各問いに答えなさい。(48点)

(1) 「ブルタバ（モルダウ)」についてまとめた次の各文の（　　）にあてはまる言葉を，それぞれの語群から選んで記号で答えなさい。(各5点)

① よく出る 作曲者は（　Ⅰ　）で，作曲者の生まれた国は現在の（　Ⅱ　）である。

ア ドボルザーク　イ スメタナ　ウ ブラームス
エ イタリア　オ チェコ　カ ポーランド

Ⅰ（　　　）Ⅱ（　　　）

② 作曲者が活躍《かつやく》したのは，（　　）の時代である。

ア バロック　イ 古典派　ウ ロマン派　（　　　）

③ よく出る この曲は，連作交響詩《れんさくこうきょうし》「（　Ⅰ　）」の中の第2曲で，この交響詩は（　Ⅱ　）曲で構成されている。

ア 我《わ》が祖国　イ フィンランディア　ウ 四季
エ 4　オ 5　カ 6　Ⅰ（　　　）Ⅱ（　　　）

④ 「ブルタバ（モルダウ)」とは（　　）の名前である。

ア 人　イ 町　ウ 川　（　　　）

⑤ よく出る 交響詩とは，絵画的あるいは文学的な内容をもつ（　　）のための作品。

ア オーケストラ　イ 弦楽合奏《げんがくがっそう》　ウ オペラ　（　　　）

(2) 次の楽譜《がくふ》部分について，あとの各問いに答えなさい。(①②各4点③5点)

A ブルタバの2つの源流

A (第1の源流)

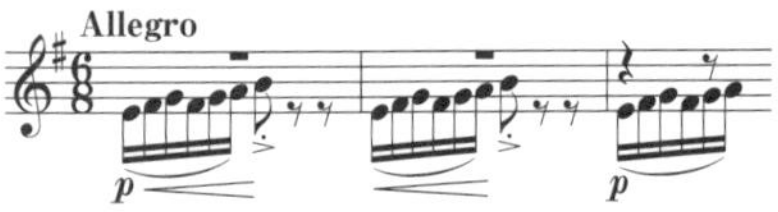

クラリネット(第2の源流)

B ，オーボエ(ブルタバを表す旋律《せんりつ》)

B C

ホルン

(原曲は1オクターヴ下)

① A に入る楽器を答えなさい。（　　　）

② B に入る楽器を答えなさい。（　　　）

③ C に入る標題を，次から選んで記号で答えなさい。

ア 農民の結婚式《けっこんしき》　イ 月の光，水の精の踊り
ウ 森の狩猟《しゅりょう》　（　　　）

得点アップ

●「ブルタバ(モルダウ)」

* スメタナはチェコの作曲家。
* 当時のチェコは独立国ではなく，オーストリアの強い支配を受けていた。
* スメタナは，チェコ独立運動に参加し，祖国のために新しい民族音楽をつくった。「我が祖国」もその1つで，独立への強い思いが現れている。
* ブルタバ川を始め，チェコの自然や伝説を表現した連作交響詩となっている。
* 交響詩…19世紀中ごろに成立した音楽。絵画的あるいは文学的な内容をもつオーケストラのための作品。自由な形で表現するもの。

復習のポイント

●「ブルタバ(モルダウ)」曲が生まれた背景を理解しよう。チェコの自然や伝説に基《もと》づく6曲の交響詩。

●「フーガ ト短調」フーガの形式を理解しよう。フーガとは，イタリア語で「逃《に》げる」の意味。

2 〔フーガ ト短調〕次の各問いに答えなさい。(52点)

(1) 「フーガ ト短調」についてまとめた次の各文の(　)にあてはまる言葉を，それぞれの語群から選んで記号で答えなさい。(各5点)

① 作曲者は(Ⅰ)で，生まれた国は(Ⅱ)である。

ア J.S.バッハ　イ ヴィヴァルディ　ウ モーツァルト

エ ドイツ　オ オーストリア　カ イタリア

Ⅰ(　　) Ⅱ(　　)

② よく出る 作曲者が活躍したのは，(　)の時代である。

ア バロック　イ 古典派　ウ ロマン派　(　　)

③ よく出る この曲の形式は(Ⅰ)で，(Ⅱ)と(Ⅲ)が交互に現れる構成である。

ア 変奏曲　イ トッカータ　ウ フーガ

エ 主題　オ 変奏　カ 応答

Ⅰ(　　) Ⅱ(　　) Ⅲ(　　)

④ この曲は，(　)で演奏される。

ア パイプオルガン　イ 管弦楽　ウ バイオリン　(　　)

(2) 次の楽譜部分について，あとの各問いに答えなさい。

① 主題・応答が現れている部分を，図中のA～Fから選んで記号で答えなさい。(各4点)

第1声部(　　)　第2声部(　　)　第3声部(　　)

② 主題・応答の現れ方について正しいものを選びなさい。(5点)

ア 全く同じ形で現れている。

イ 音やリズムを少しずつ変えて現れている。

ウ ト短調からニ短調へと転調して現れている。　(　　)

● 「フーガ ト短調」

＊バッハはドイツに生まれ，バロック時代に活躍した。

＊音楽家を多く出した名門の生まれで，このバッハのことを，特に「大バッハ」という。

＊この作品の他に，「幻想曲とフーガ ト短調」があるので，区別するためにこの作品を「小フーガ ト短調」ということもある。

＊〈ドイツ3大B〉

・バッハ

・ベートーヴェン

・ブラームス

＊パイプオルガン

大小さまざまなパイプに空気を送って音を出す鍵盤《けんばん》楽器。教科書などでしくみを理解しておこう。

ここに注目

●「ブルタバ(モルダウ)」

＊オーケストラ(管弦楽)の楽器とその並び方を覚えよう。(教科書の巻末参照)

管楽器には，木管と金管がある。フルートは，今は金属でつくられているが，木管楽器の仲間。

10 交響曲《こうきょうきょく》第５番 ハ短調／箏曲《そうきょく》「六段《ろくだん》の調《しらべ》」

目標30分／70点
得点　　点

1 〔交響曲《こうきょうきょく》第5番 ハ短調〕次の各問いに答えなさい。（各５点－50点）

(1) 「交響曲第５番ハ短調」についてまとめた次の各文の（　）にあてはまる言葉を，それぞれの語群から選んで記号で答えなさい。

① よく出る 作曲者は（　Ⅰ　）で，生まれた国は（　Ⅱ　）である。

ア モーツァルト　**イ** ベートーヴェン　**ウ** ドボルザーク
エ オーストリア　**オ** ドイツ　**カ** ロシア

Ⅰ（　　　）Ⅱ（　　　）

② 作曲者が活躍したのは，（　　）の時代である。

ア バロック　**イ** 古典派　**ウ** ロマン派　（　　　）

③ よく出る この曲は，別名「（　　）」とも呼ばれている。

ア 運命　**イ** 田園　**ウ** 英雄　（　　　）

④ この曲は４つの楽章からなり，第１楽章と第４楽章は（　Ⅰ　），第３楽章は（　Ⅱ　）からできている。

ア ボレロ形式　**イ** 複合三部形式　**ウ** ソナタ形式

Ⅰ（　　　）Ⅱ（　　　）

⑤ よく出る 交響曲は，（　　）のための大規模な楽曲で，複数の楽章からなる。

ア 弦楽合奏　**イ** 協奏曲　**ウ** 管弦楽　（　　　）

(2) ソナタ形式について（　）に合う言葉を答えなさい。

提示部	→ （　Ⅰ　）	→ （　Ⅱ　）	→ コーダ
主題が現れる	主題が形を変えて現れる	提示部と同じような形	しめくくる部分

Ⅰ（　　　　　　　　）Ⅱ（　　　　　　　　）

(3) この曲の初めの部分を表す楽譜《がくふ》はどれか，記号で答えなさい。

ア

イ
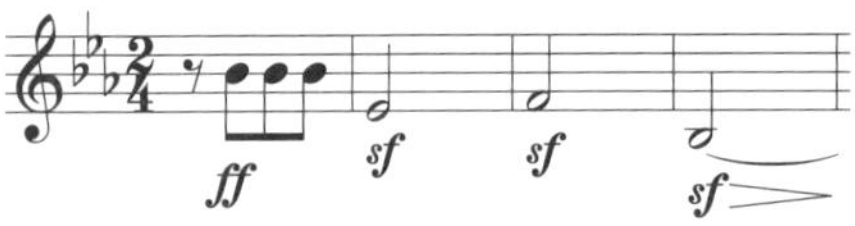

ウ

（　　　）

得点アップ

● 「交響曲第５番 ハ短調」

＊ベートーヴェン
ドイツの作曲家。ハイドン，モーツァルトと並ぶ古典派を代表する大作曲家。

＊偉大《いだい》な音楽家をたたえる言葉「楽聖」は，ベートーヴェンのこととしてよく使われる。

＊〈ドイツ３大Ｂ〉
・バッハ
・ベートーヴェン
・ブラームス

＊第１楽章の最初の動機（旋律《せんりつ》のもととなる小さなまとまり。）

この動機が，さまざまなところに用いられ，展開する。この音について「このように運命の扉《とびら》をたたく」と語ったことから，この曲は「運命」と呼ばれる。

復習のポイント

● 「交響曲第５番 ハ短調」

＊ソナタ形式…古典派の時代，ハイドン，モーツァルト，ベートーヴェンによって追求され，確立した。主に第１楽章に用いられ，提示部・展開部・再現部・コーダからなる。この曲は，第４楽章もソナタ形式。

2 〔箏曲《そうきょく》「六段《ろくだん》の調《しらべ》」〕次の各問いに答えなさい。(50点)

(1) 「六段の調」についてまとめた次の各文の（　）にあてはまる言葉を，それぞれの語群から選んで記号で答えなさい。(各4点)

① 作曲者として伝えられているのは，（　　）である。

ア 石橋検校《いしばしけんぎょう》　イ 八橋検校《やつはしけんぎょう》　ウ 橋本検校《はしもとけんぎょう》　（　　）

② 「検校」とは，（　　）のことである。

ア 目の不自由な音楽家の組織における最高位

イ 箏《こと》の音楽家組織における最高位

ウ 目の不自由な僧侶《そうりょ》の最高位　（　　）

③ 箏曲の，いくつかの部分で構成された器楽曲を（　　）という。

ア 歌物　イ 節物　ウ 段物　（　　）

④ この曲は（ Ⅰ ）段から構成されており，それぞれの段の長さは，「初段」を除いてすべて（ Ⅱ ）拍でできている。

ア 4　イ 5　ウ 6　エ 88　オ 104　カ 124

Ⅰ（　　）Ⅱ（　　）

(2) よく出る この曲の速度変化について，（　）に合う言葉を書きなさい。(各4点)

・「初段」は（ Ⅰ ）と始まり，段が進むにつれて徐々《じょじょ》に（ Ⅱ ）いき，「六段」の最後の部分で（ Ⅲ ）になって終わる。日本の伝統音楽では，このような速度変化を（ Ⅳ ）という。

Ⅰ（　　　　）Ⅱ（　　　　）

Ⅲ（　　　　）Ⅳ（　　　　）

(3) よく出る 次はこの曲の調弦のしかたである。この調弦を何というか。(4点)

(一をホ音にした場合)

一　二　三　四　五　六　七　八　九　十　斗《と》　為《い》　巾《きん》…糸(弦)の名称《めいしょう》

（　　　　）

(4) 「引《ひ》き色《いろ》」「後押《あとお》し」の意味をそれぞれ記号で答えなさい。(各5点)

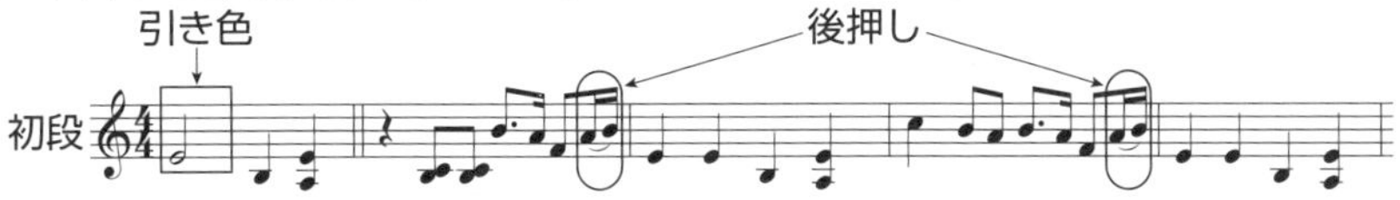

ア 糸（弦）を柱《じ》の方向に引き戻《もど》し糸の張力を緩《ゆる》め，音高を少し下げる。

イ 同じ音を連続して引く。

ウ 左手で糸（弦）を押して，音高を上げる。

引き色（　　）後押し（　　）

● 「六段の調」

＊八橋検校は，福島県に生まれ，若いころは大阪で三味線《しゃみせん》，胡弓《こきゅう》の名手として活躍《かつやく》した。その後，江戸で箏を学び，平調子《ひらちょうし》や段物の基礎《きそ》を築いた。

＊段物…いくつかの部分（段）によって構成される器楽曲。（歌は入らない。）

●箏…奈良時代に雅楽《ががく》の楽器として中国大陸から伝えられ，少しずつ改良されて日本独自の現在の形になった。

復習のポイント

● 「六段の調」

＊「引き色」「後押し」など，箏独特の余韻《よいん》の変化のさせ方を理解し，味わおう。

＊日本の伝統音楽の速度の変化である「序破急《じょはきゅう》」を理解しよう。

ここに注目

●ベートーヴェンの交響曲

＊9つの交響曲をつくった。3番「英雄」，5番「運命」，6番「田園」，9番合唱付き（歓喜《かんき》の歌）など。

●八橋検校は，箏曲の基本的な調弦「平調子」を確立したといわれている。「六段の調」は，箏曲の中で最も知られた曲といってもよい。

11 勧《かん》進《じん》帳《ちょう》／アイーダ

目標30分／70点
得点　　点

1 〔勧進帳《かんじんちょう》〕次の各問いに答えなさい。（各５点－40点）

(1)「勧進帳」についてまとめた次の各文の（　）にあてはまる言葉を，それぞれの語群から選んで記号で答えなさい。

① 「勧進帳」の作曲者は（　　）である。

ア　三世 並木五瓶《なみきごへい》　イ　四世 杵屋六三郎《きねやろくさぶろう》　（　　）

② よく出る 歌舞伎《かぶき》は，音楽・舞踊・（　Ⅰ　）が一体となった演劇で，（　Ⅱ　）時代に始まった。

ア　技術　イ　舞台　ウ　演技　エ　室町《むろまち》

オ　安土桃山《あづちももやま》　カ　江戸《えど》　Ⅰ（　　）Ⅱ（　　）

③ 長唄は歌舞伎によって用いられる音楽の一つで，唄方，三味線方，（　　）によって演奏される。

ア　笛方　イ　鳴物方《なりものかた》　ウ　囃子方《はやしかた》　（　　）

④ 「勧進帳」の見どころの１つに，（　Ⅰ　）が勇壮《ゆうそう》な（　Ⅱ　）を披露《ひろう》する場面がある。

ア　浄瑠璃《じょうるり》　イ　狂言　ウ　武蔵坊弁慶《むさしぼうべんけい》　エ　源 義経《みなもとのよしつね》

オ　延年《えんねん》の舞《まい》　Ⅰ（　　）Ⅱ（　　）

(2) 長唄の次の場面について，あとの各問いに答えなさい。

A（長い間奏）

> これやこの、往《ゆ》くもかえるも別れては、
> 知るも知らぬも逢坂《おうさか》の、山かくす（合いの手）
> かすみぞ春はゆかしける（合いの手）
> 波路はるかに行《ゆ》く舟の、海津《かいづ》の浦《うら》に着きにけり

① この場面について述べたものとして適当なものを，次から選んで記号で答えなさい。

ア　舟で琵琶湖《びわこ》を渡り，海津の浜に着いた場面。

イ　舟で海を渡り，安宅《あたか》の関に着いた場面。

ウ　春の琵琶湖の，のどかな様子をうたった場面。　（　　）

② よく出る 図中の A に入る長い間奏のことを何というか答えなさい。

（　　　　）

得点アップ

● 「勧進帳」

＊第七代市川團十郎《だんじゅうろう》が初演。能「安宅」を歌舞伎化したもの。

〈あらすじ〉

＊山伏《やまぶし》姿で奥州《おうしゅう》へ落ちのびる義経《よしつね》一行は，途中，安宅の関にさしかかる。関守の富樫左衛門《とがしのさえもん》に見とがめられるが，弁慶《べんけい》の機転と富樫の温情で無事に関を通り抜《ぬ》ける。

＊歌舞伎の音楽には，長唄のほか，義太夫節《ぎだゆうぶし》，常盤津節《ときわづぶし》，清元節《きよもとぶし》などがある。

＊歌舞伎に使われる楽器を，教科書などで確認しよう。

・三味線（細棹《ほそざお》三味線）

・笛（能管《のうかん》・篠笛《しのぶえ》）

・小鼓《こつづみ》・大鼓《おおつづみ》（おおかわとも）

復習のポイント

●オペラ（歌劇）

＊歌・音楽・文学・演劇・美術・舞踊《ぶよう》など，さまざまな要素が結び付いた総合芸術。

＊アリア，重唱，合唱，オーケストラの音楽を味わおう。

●長　唄

＊唄の独特な節回し，三味線方，囃子方の演奏を味わおう。

2 〔アイーダ〕次の各問いに答えなさい。(60点)

(1) 「アイーダ」についてまとめた次の各文の（　　）にあてはまる言葉として適当なものを，それぞれの語群から選んで記号で答えなさい。

(各4点)

① よく出る 作曲者は（　Ⅰ　）で，生まれた国は（　Ⅱ　）である。

ア ヴェルディ　　**イ** プッチーニ　　**ウ** ワーグナー

エ オーストリア　　**オ** イタリア　　**カ** ドイツ

Ⅰ（　　　）Ⅱ（　　　）

② この作曲者のほかの作品として，「（　Ⅰ　）」，「（　Ⅱ　）」などがある。

ア 蝶々《ちょうちょう》夫《ふ》人《じん》　　**イ** リゴレット　　**ウ** ローエングリン

エ タンホイザー　　**オ** トゥランドット　　**カ** 椿姫《つばきひめ》

Ⅰ（　　　）Ⅱ（　　　）

③ この作曲者が活躍したのは，（　　）の時代である。

ア 古典派　　**イ** ロマン派　　**ウ** 近代・現代　　（　　　）

④ よく出る 歌を中心として，音楽で物語を進めていく劇を，（　Ⅰ　）という。これは，（　Ⅱ　）世紀末，（　Ⅲ　）で生まれ，ヨーロッパ各地で流行した。

ア 歌曲　　**イ** オペラ　　**ウ** 16　　**エ** 19　　**オ** ドイツ

カ イタリア

Ⅰ（　　　）Ⅱ（　　　）Ⅲ（　　　）

⑤ 「アイーダ」は，全（　　）幕から構成されている。

ア 3　　**イ** 4　　**ウ** 5　　（　　　）

(2) 次の曲は「アイーダ」の第何幕か，算用数字で答えなさい。(各5点)

Ⅰ　凱旋《がいせん》行進曲

Ⅱ　ラダメスのアリア「清きアイーダ」

Ⅲ　アイーダのアリア「おお，わが故郷」

Ⅳ　ラダメスとアイーダの二重唱「さらばこの世よ，涙の谷よ」

Ⅰ（　　　）Ⅱ（　　　）Ⅲ（　　　）Ⅳ（　　　）

(3) 次の楽譜は，「凱旋行進曲」の初めの部分である。この部分を演奏する楽器は何か答えなさい。(4点)

（　　　　　　　　　）

● 「アイーダ」

＊全4幕。エジプトにとらわれたエチオピア王女アイーダと，エジプトの将軍ラダメスとの悲《ひ》恋《れん》の物語。スエズ運河開通を記念して1871年にカイロで初演された。

＊ヴェルディ
イタリアのオペラ作曲家。ミラノスカラ座でデビューした。ロマン派。他の作品に，「リゴレット」「椿姫《つばきひめ》」「オテッロ」など。

＊主な登場人物と声の種類

・アイーダ…ソプラノ
・ラダメス…テノール
・エジプト王…バス
・アモナスロ（アイーダの父）…バリトン
・エジプト王女…メッゾソプラノ

ここに注目

●アリア

＊オペラなどで歌われる，伴奏つきの独唱歌。

＊状況を説明する，話し言葉のような歌は，レチタティーボという。

材料の性質

1 よく出る〔木材の性質①〕次の（　）にあてはまる言葉を答えなさい。

（各5点－30点）

(1) 木材には広葉樹材と（　①　）材の2種類がある。

(2) 幹を切った面には，同心円状の（　②　）が確認でき，これは，早材（春材《しゅんざい》）と（　③　）（夏材《かざい》）に分けられる。また，幹の中心の色が濃くなっている部分を（　④　）と呼び，その周辺の色の薄い部分を（　⑤　）という。

(3) 木材は水分を含んでおり，乾燥させると水分を出して収縮する。逆に，水分を取り入れると（　⑥　）する。

①（　　　　　　　）②（　　　　　　　）
③（　　　　　　　）④（　　　　　　　）
⑤（　　　　　　　）⑥（　　　　　　　）

2 〔木材の性質②〕次の図を見て，各部分にあてはまる名称として適当なものを，あとから選んで記号で答えなさい。（各5点－30点）

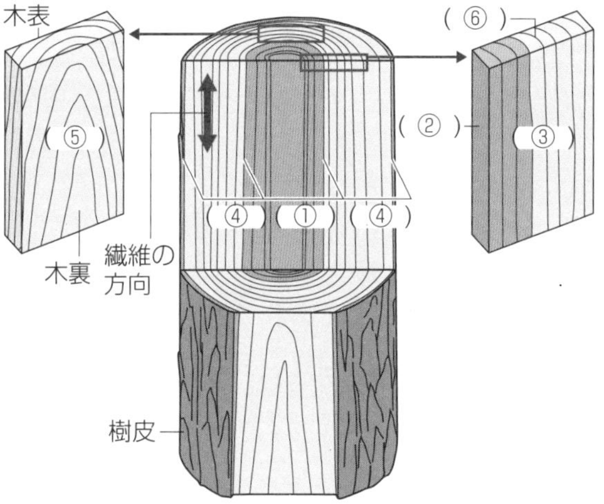

ア 心 材　　イ 辺 材　　ウ こぐち　　エ こ ば
オ 板目材（板）　カ まさ目材（板）

①（　　）②（　　）③（　　）④（　　）
⑤（　　）⑥（　　）

3 〔金属の性質〕次の（　）にあてはまる言葉として適当なものを，あとから選んで記号で答えなさい。（各2点－22点）

(1) 金属に力を加えると，力が小さくて変形が小さい状態であれば，力を除けば元の形に戻る。この性質を（　①　）という。

大きな力を加えると，力を除いても変形したまま戻らなくなる。この性質を（　②　）という。

得点アップ

● 木材の繊維方向と強さ

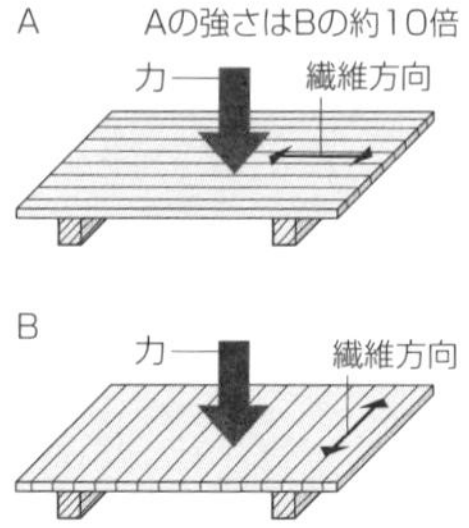

● 弾性と塑性《そせい》

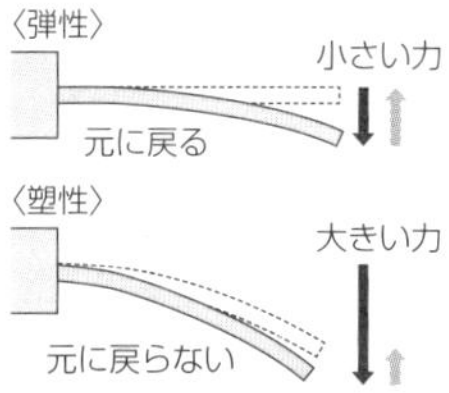

● 金属の加工法

塑性加工

切削

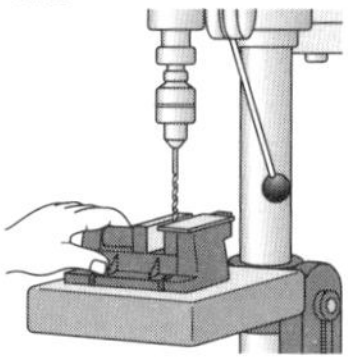

鋳造

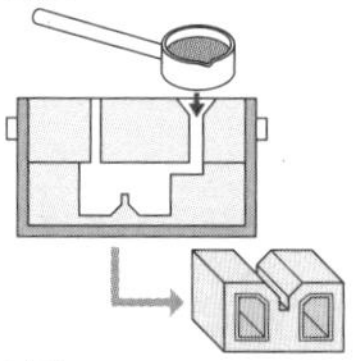

溶接

大きく変形させた場合は，変形した箇所が硬くなる。このことを（　③　）という。

(2)　金属は，たたくと広がって薄くなる。この性質を（　④　）と呼ぶ。引っ張った場合は細く長くなる。この性質を（　⑤　）と呼ぶ。

(3)　高い温度で加熱すると，金属はとけるが，この性質は溶融《ようゆう》性と呼ばれる。また，金属に別の金属を加えると，元々の金属と異なる性質をもつ金属となり，これを（　⑥　）という。

(4)　（　⑥　）のうち，（　⑦　）と炭素からなる金属である鋼《はがね》や鋳鉄《ちゅうてつ》は，その炭素含有量によって硬さや加工のしやすさが異なる。アルミニウム合金は（　⑧　）と銅などからなる金属で，軟《やわ》らかくて加工しやすい。また，鉄に（　⑨　）や（　⑩　）を加えた合金である（　⑪　）はさびにくくじょうぶである。

ア　合　金	イ　展　性	ウ　ニッケル	エ　アルミニウム
オ　加工硬化	カ　弾　性	キ　塑《そ》　性《せい》	ク　鉄
ケ　延　性	コ　クロム	サ　ステンレス	

①（　　　）②（　　　）③（　　　）④（　　　）
⑤（　　　）⑥（　　　）⑦（　　　）⑧（　　　）
⑨（　　　）⑩（　　　）⑪（　　　）

4 〔プラスチックの性質〕次の（　）にあてはまる言葉を答えなさい。

（各2点－18点）

(1)　プラスチックは，熱や（　①　）を通しにくく，軽くて耐久《たいきゅう》性がある。（　②　）などを原料としている。光によって（　③　）しやすい。

(2)　プラスチックは，加熱すると軟らかくなる（　④　）プラスチックと，一度固まったら加熱しても軟らかくなることのない（　⑤　）プラスチックに分けられる。

(3)　身近にあるおもなプラスチックの種類としては，消しゴムなどの材料として使われる（　⑥　），CD・DVDなどの原材料になる（　⑦　），衣類などに使われる（　⑧　），水槽《すいそう》や照明器具などに使われる（　⑨　）などがあげられる。

①（　　　　　　　）②（　　　　　　　）
③（　　　　　　　）④（　　　　　　　）
⑤（　　　　　　　）⑥（　　　　　　　）
⑦（　　　　　　　）⑧（　　　　　　　）
⑨（　　　　　　　）

●熱可塑性プラスチックの成形

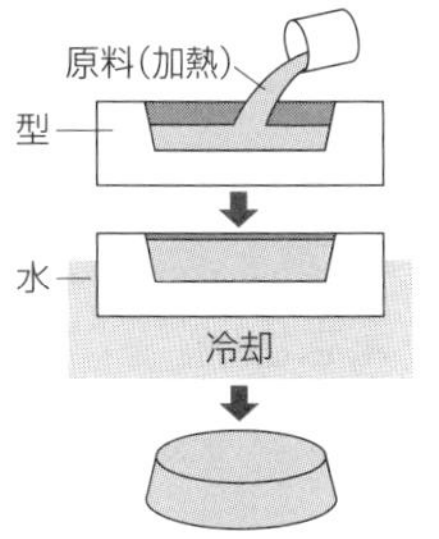

●熱硬化性プラスチックの成形

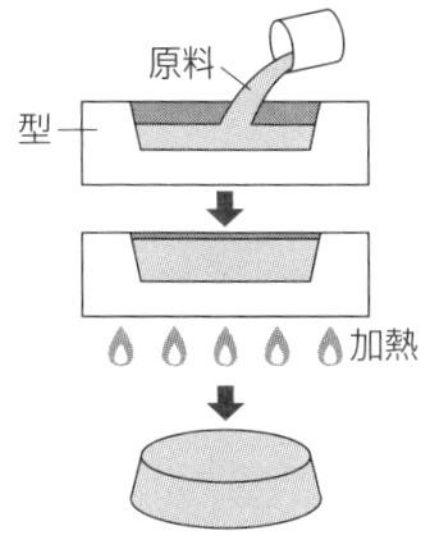

ここに注目

●新しい素材

技術が進み，新しい素材が日々生み出されている。それらは科学の最先端だけではなく，身の回りでも活用されている。

［生分解性プラスチック］

土や水の中にいるバクテリアによって分解されるプラスチック。

［ファインセラミックス］

高い純度の材料と新しい製法によって作られたセラミックス。人工関節などに使用されている。

［形状記憶合金］

大きな変形をさせても，熱を加えると元の形に戻る効果と，力を除いたときに元の形状に戻る効果を有する金属。

2 材料の特徴をつかもう (2)
材料の加工法

目標30分／70点
得点　　　点

1 〔けがき・切断〕次の図は，けがきと切断で使われる工具です。

それぞれの工具に適した材料として適当なものを，木材であればア，プラスチックであればイ，金属であればウを選んで記号で答えなさい。

なお，記号は何度使用してもよい。(各2点－12点)

①
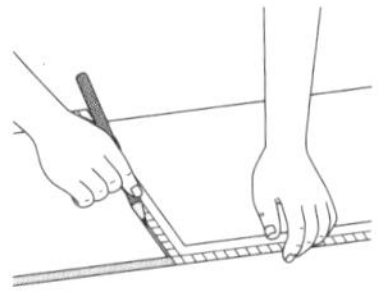
②

③
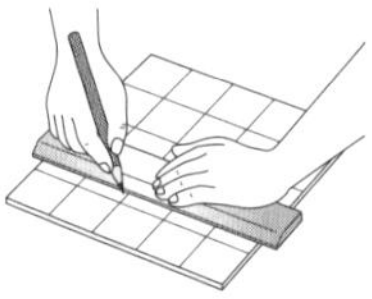
④
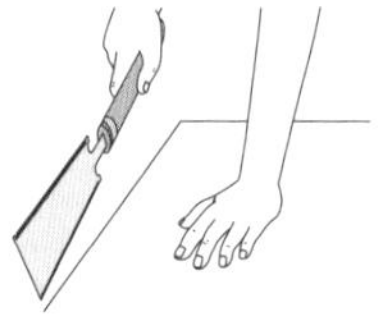
⑤
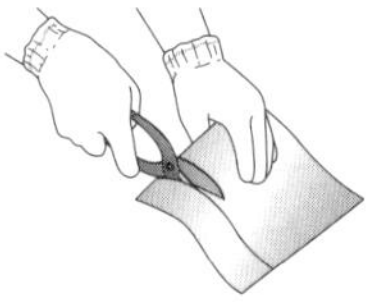
⑥
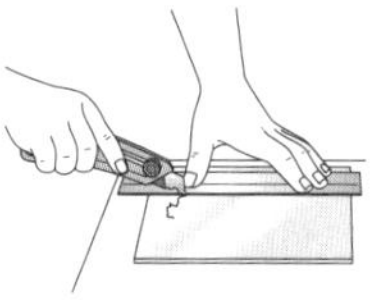

①(　　　)　②(　　　)　③(　　　)　④(　　　)
⑤(　　　)　⑥(　　　)

2 よく出る〔切　削〕次の(　)にあてはまる言葉を答えなさい。また，(1)は下線部A～Cにあたる部分を図中のア～オから選んで記号で答えなさい。(各3点－45点)

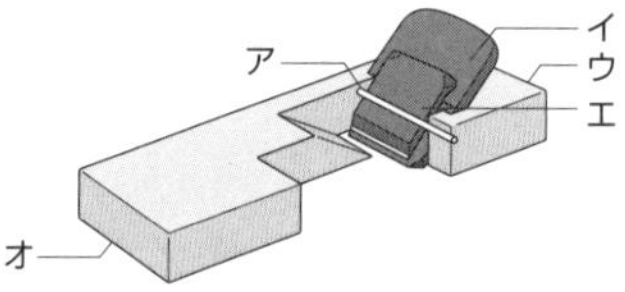

(1) かんなはA(①)のかしらをたたいて刃の出を調節する。また，(①)を抜くときはB(②)をたたく。(①)の刃先の出は0.05～(③)mmにして，C(④)の刃先は0.1～0.2mmに調節する。

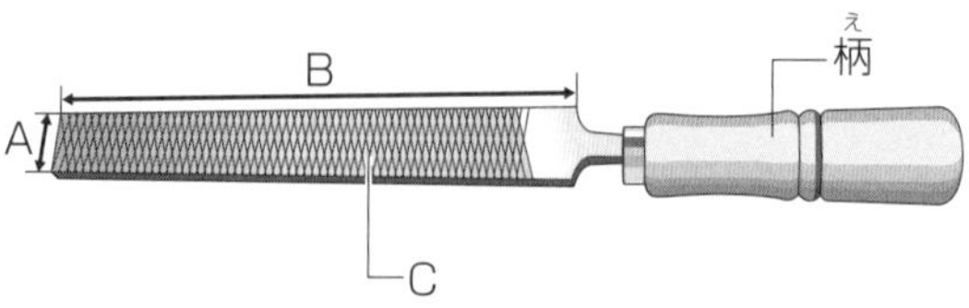

(2) やすりを使うときは，(⑤)が詰《つ》まって切れ味が悪くなったものだと怪我《けが》を引き起こすおそれがあるので，目に沿って(⑥)を使って払《はら》う。材料や万力についた(⑤)は(⑦)を使って払う。

上のやすりの図のA～Cのうち，面は(⑧)，やすりの長さ(呼び寸法)は(⑨)である。

(3) ベルトサンダは，電源を入れたら(⑩)が一定になるまで待つ。作業に取りかかるときは，(⑪)をせず，保護眼鏡や(⑫)を使う。ベルトには手を触《ふ》れないようにする。

得点アップ

●けがき

ハンマとセンタポンチは，金属に使用する。

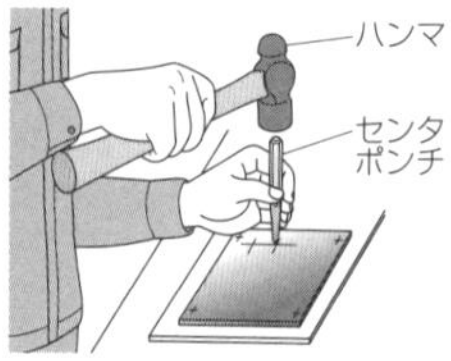

●切　断

＊糸のこ盤《ばん》は，木材，金属，プラスチック全てに使用できる。

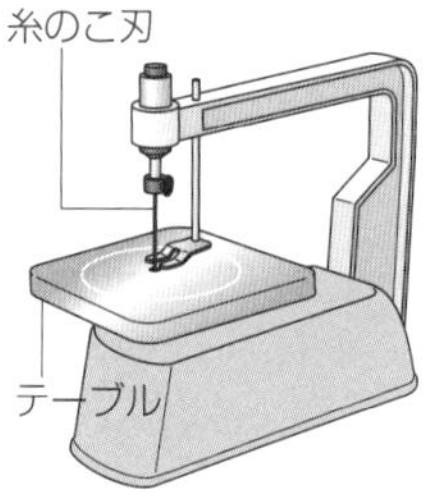

＊弓のこは，金属とプラスチックに使用可能。

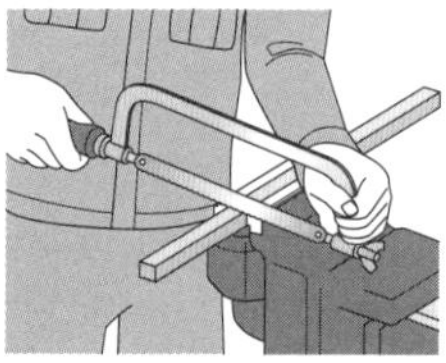

＊ジグソーは，木材に対して使用する。

①（　　　　　　）②（　　　　　　）
③（　　　　　　）④（　　　　　　）
⑤（　　　　　　）⑥（　　　　　　）
⑦（　　　　　　）⑧（　　　　　　）
⑨（　　　　　　）⑩（　　　　　　）
⑪（　　　　　　）⑫（　　　　　　）
A（　　）B（　　）C（　　）

3 重要〔穴あけ〕次の（　）にあてはまる言葉を答えなさい。

（各3点－27点）

卓上ボール盤

(1) 卓上ボール盤は（　①　）を着けて作業してはならない。また，回転している（　②　）には顔を近づけない。

(2) （　③　）や万力《まんりき》（機械万力）などで材料を固定する。

(3) （　④　）をゆっくりおろし，均一な力加減で穴をあける。その際，穴をあける（　⑤　）速度が適切かどうかをよく見る。

(4) 部品はドリルの回転が止まってから取り外し，（　⑥　）を取り除く。

(5) 通し穴のときは捨て板まで穴をあけ，それによってできた（　⑦　）で手を切らないようにする。

き　り

(6) くぎ接合の下穴は（　⑧　）であける。

(7) ねじ接合の下穴は（　⑨　）であける。

①（　　　　　　）②（　　　　　　）
③（　　　　　　）④（　　　　　　）
⑤（　　　　　　）⑥（　　　　　　）
⑦（　　　　　　）⑧（　　　　　　）
⑨（　　　　　　）

4 〔折り曲げ・組み立て〕次の説明は，作業時の注意事項です。それぞれの説明にあてはまる工具や機器として適当なものを，あとから選んで記号で答えなさい。なお，記号は何度使用してもよい。

（各4点－16点）

（　①　）：金属の板材を曲げるときに使う。
（　②　）：はじめと終わりで使用する面を変える。
（　③　）：中心に触れると，やけどなどのおそれがある。
（　④　）：柄《え》がしっかり固定されているかどうかを確かめる。

ア　当て木　　イ　げんのう　　ウ　曲げ用ヒータ

①（　　）②（　　）③（　　）④（　　）

ここに注目

●削る（旋盤《せんばん》）

外周削り，端面削り，穴あけ

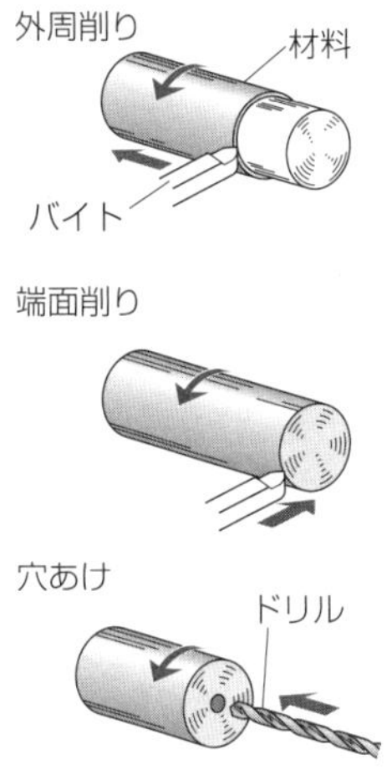

●ねじ切り

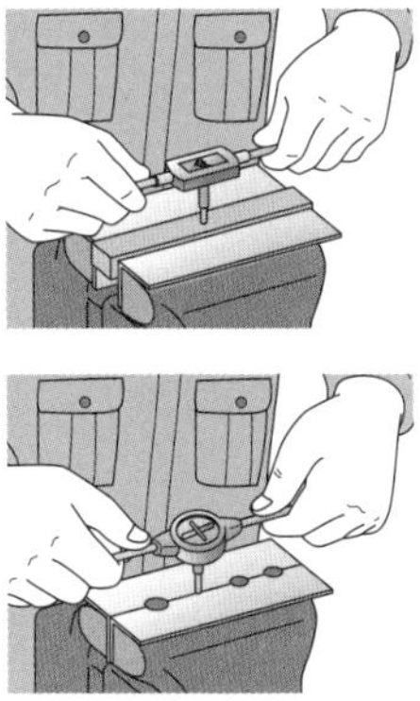

●仕上げ

塗装《とそう》をする際は，換気をよくして，塗料や溶剤を吸い込まないように注意する。また，火気のある場所では塗装しないようにする。

3 じょうぶな構造を知ろう

目標30分／70点
得点　　　点

1 よく出る〔材料の使い方①〕次の木材を使ったアとイの構造ではどちらがじょうぶか。記号で答えなさい。（6点）

ア

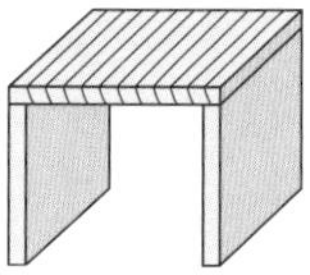

イ

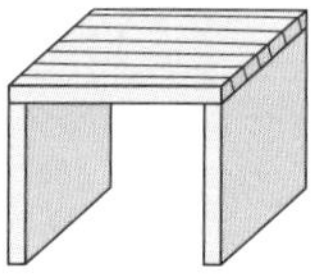

（　　）

2 よく出る〔材料の使い方②〕次の図は，材料の使い方を示したものです。（ ）にあてはまる数字として適当なものを答えなさい。

（各5点－10点）

A　　B　　C

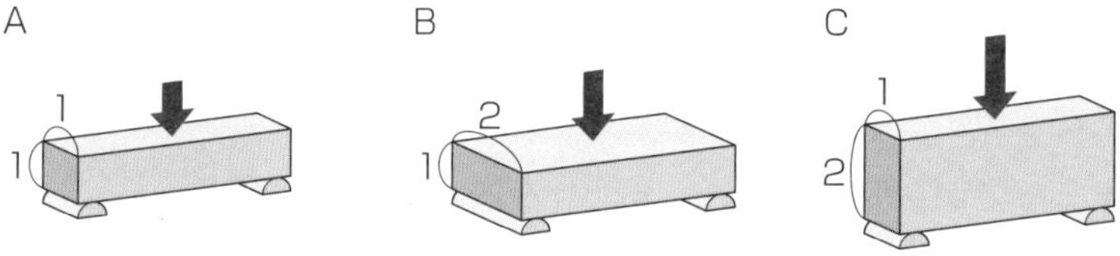

Aを基準とした場合，Bの曲げ強さはAの（ ① ）倍となり，Cの曲げ強さはAの（ ② ）倍となる。

①（　　　　）②（　　　　）

3〔補強構造〕次の各問いに答えなさい。（各6点－30点）

(1) 構造をじょうぶにするための工夫について，（ ）にあてはまる言葉を書きなさい。

図のAは，（ ① ）を使って木材を接合している。Bは（ ② ）という伝統的な接合方法で，ほぞ穴にほぞという木の出っ張りを差し込んでいて，くぎなどは使わず，（ ③ ）だけで接合することができる。そのほか，引っ張りや圧縮の力を受ける部材の場合は，（ ④ ）を大きくすることでじょうぶにすることができる。

A　B

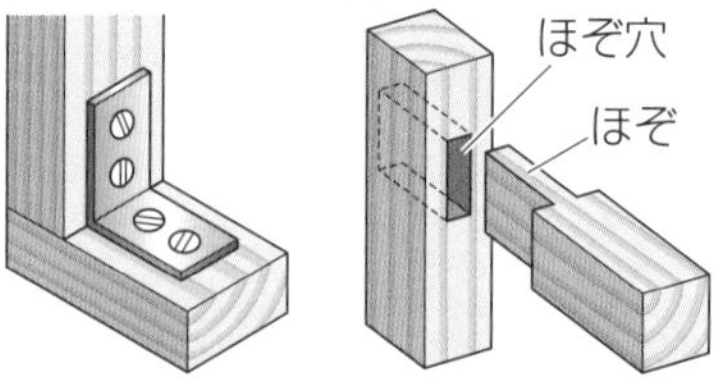

①（　　　　）②（　　　　）

③（　　　　）④（　　　　）

(2) くぎ接合においては，何を使用して補強すると強度が上がるか。

（　　　　）

得点アップ

●斜め材による補強

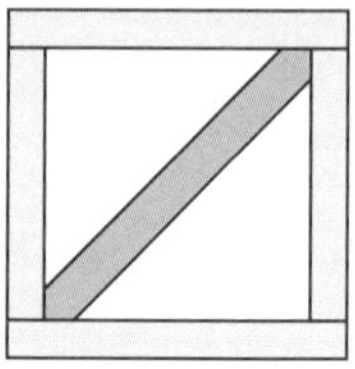

斜め材を入れて
三角形の構造にする

●面(耐力壁)による補強

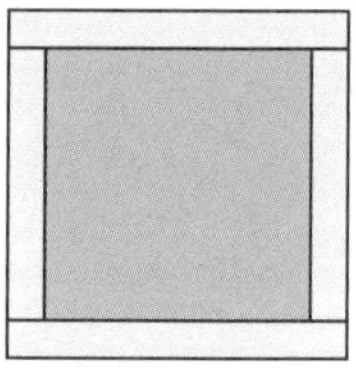

面全体あるいは
一部を板で固定

●補強金具による補強

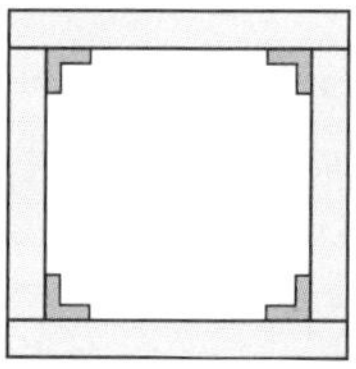

接合部を補強金
具などで固定

4 重要〔組み方〕次の図は，組み方の構造を工夫する際のものです。

（　）にあてはまる言葉を答えなさい。（各6点－12点）

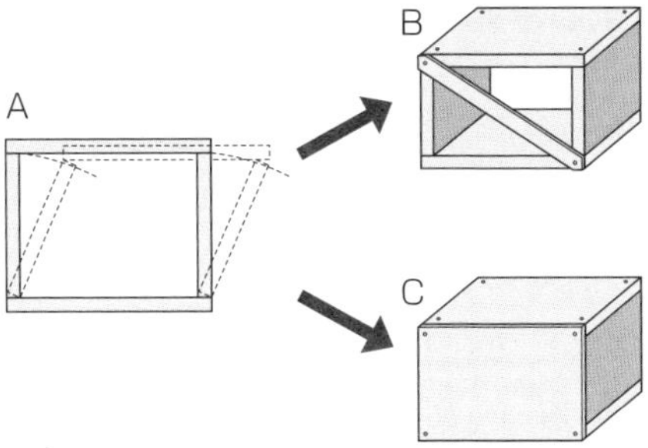

Aにみられるような（　①　）形の構造は，力に弱く不安定である。強度を上げる方法としては，Bのように板を加えて（　②　）形の構造にする，Cのように全面を板でおおうなどの工夫をするとよい。

①（　　　　　　　）②（　　　　　　　）

5〔材料の断面〕次の図は，強度を上げるために材料の断面の形状を工夫したものです。

断面の形状の名称を，それぞれ答えなさい。（各6点－42点）

①

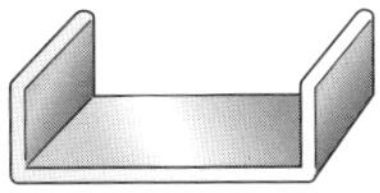

②

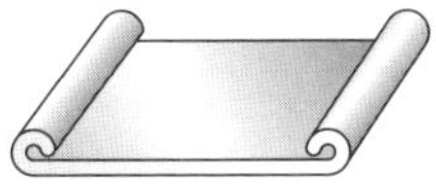

③

④

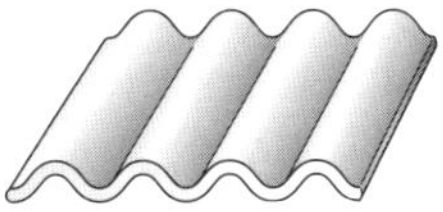

⑤

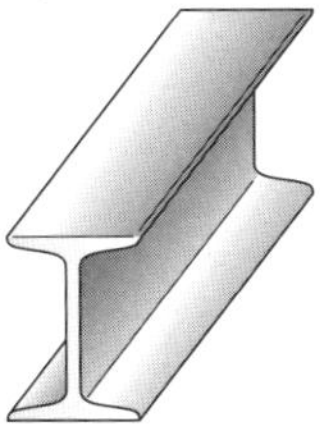

⑥

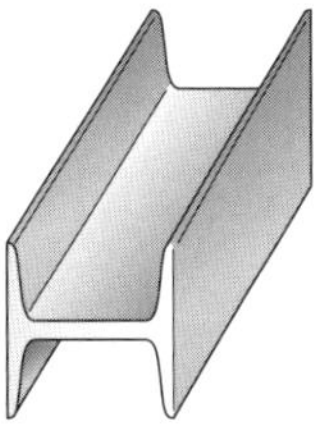

⑦

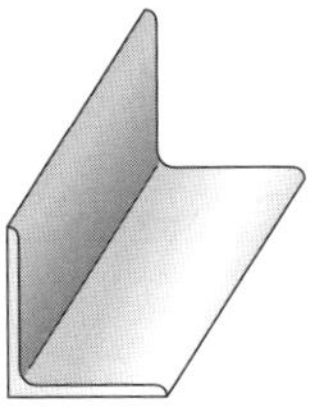

①（　　　　　　　）②（　　　　　　　）
③（　　　　　　　）④（　　　　　　　）
⑤（　　　　　　　）⑥（　　　　　　　）
⑦（　　　　　　　）

ここに注目

●くぎによる補強

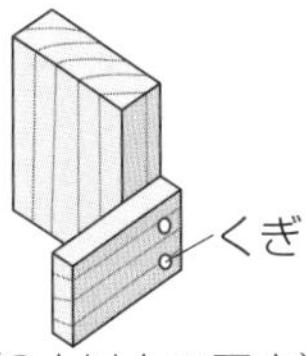

（2本以上で固定）

●補強金具による補強

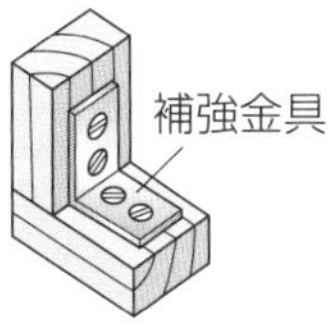

●補強材と接着剤による補強

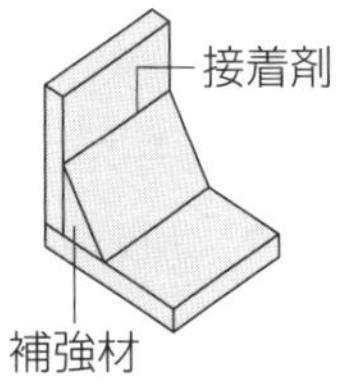

●はんだによる補強

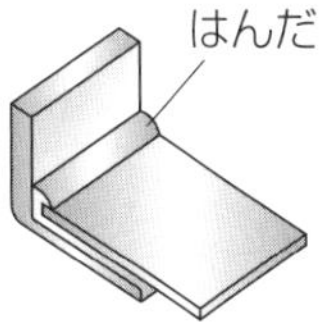

4 製作のための設計と製図 (1)
設計の方法

目標30分／70点
得点　　点

1 重要〔課題の設定〕次の（　）にあてはまる言葉を答えなさい。

（各4点－24点）

私たちの生活の中で，（　①　）や不快さを感じることがある。解決方法などを考え（　②　）を設定し，何かを作り出すことで，これらの問題を解決できることがある。身の回りの製品も（　③　）や（　④　）などに配慮《はいりょ》して製造されていて，そこには製造者の思いや工夫がこめられている。製品に使われている（　⑤　）や（　⑥　）の技術にも注目し，身の回りの問題点の解決に生かす。

①（　　　　　　）②（　　　　　　）
③（　　　　　　）④（　　　　　　）
⑤（　　　　　　）⑥（　　　　　　）

2 よく出る〔構想の具体化〕次の項目は，製作構想の具体化の際に考えるものです。**それぞれの項目の（　）にあてはまる言葉として適当なものを，あとから選んで記号で答えなさい。**（各2点－20点）

(1) 材　料：（　①　）（　②　）（　③　）
(2) 機　能：（　④　）（　⑤　）（　⑥　）
(3) 構　造：（　⑦　）（　⑧　）
(4) 加工法：（　⑨　）（　⑩　）

ア　加わる力の大きさと方向　　イ　形や大きさ
ウ　価　格　　エ　使う場所
オ　制約条件に適合するか　　カ　工具，機器
キ　じょうぶな構造　　ク　使いやすさ
ケ　デザイン　　コ　加工できるか

①（　　）②（　　）③（　　）④（　　）
⑤（　　）⑥（　　）⑦（　　）⑧（　　）
⑨（　　）⑩（　　）

3 〔加工法と工具〕**次の加工をするとき，必要な工具として適当なものを，あとから選んで記号で答えなさい。**（各2点－8点）

(1) 木材のけがき：（　①　）
(2) 木材の切断面のけずり：（　②　）
(3) 木材の組み立て：（　③　）（　④　）

ア　かんな，やすり　　イ　さしがね，直角定規
ウ　接着剤　　エ　げんのう，ねじ回し

①（　　）②（　　）③（　　）④（　　）

得点アップ

●使う場所を考える

製作品を使う場所がどれだけ広いか，置く向きはどのようにしたらよいかを考える。

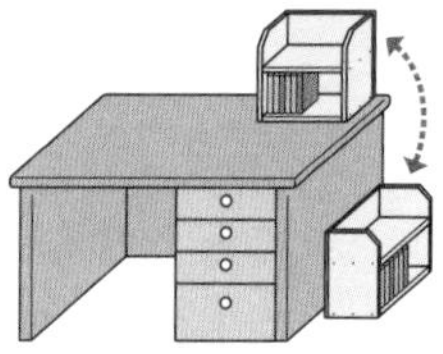

●使いやすさの工夫

収納してある物を見やすくして，すぐ取り出せるようにする。

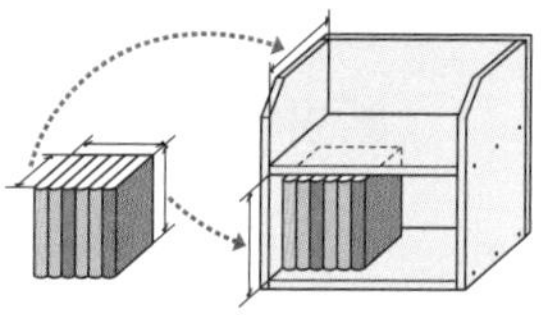

●全体の形と大きさの決定

収納する物や上に載せる物をもとにして，全体の形や大きさを決める必要がある。

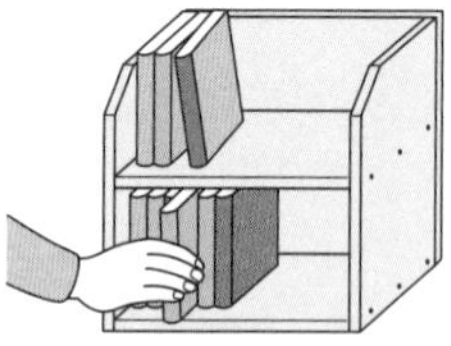

4 〔じょうぶにする方法〕次の図は，マルチラックをじょうぶにする方法を示したものです。(　) にあてはまる言葉を答えなさい。

(各３点－12点)

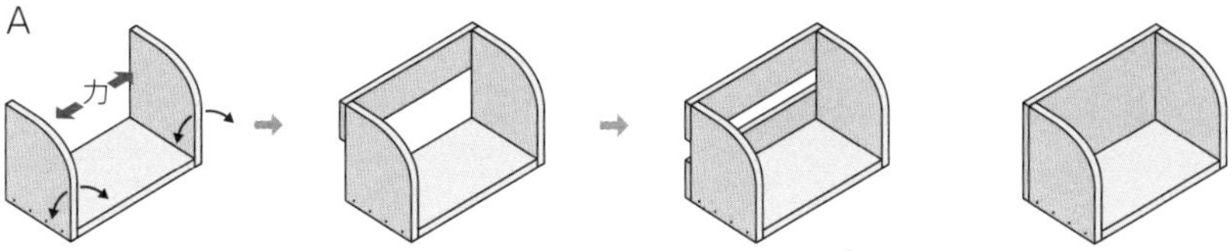

Aのように（　①　）をしただけだと，（　②　）方向からの力に対して弱いので，（　③　）をつけることによって強度を上げる。別の方法としては，（　③　）の代わりに（　④　）全体を固定する方法があり，より強固な構造になる。

①（　　　　　　　）②（　　　　　　　）

③（　　　　　　　）④（　　　　　　　）

5 〔図の制作〕次の(　) にあてはまる言葉を答えなさい。(各３点－15点)

構想がまとまったら，全体の寸法，構造をくわしくするために図を作成する。その際に，（　①　）や（　②　）を用いて作成し，各部がくわしくわかるように注意する。図面を鉛筆《えんぴつ》で描《か》くときは(　③　）や（　④　）の芯《しん》の鉛筆を使うとよい。形が複雑なときは，（　①　）や（　②　）の代わりに（　⑤　）を使って表すようにする。

①（　　　　　　　）②（　　　　　　　）

③（　　　　　　　）④（　　　　　　　）

⑤（　　　　　　　）

6 〔製作図〕次の項目の（　）にあてはまる言葉として適当なものを答えなさい。(各３点－21点)

製作に用いられる図面は，誰が見ても内容が正しく伝わるよう，右図のようなマークで示される（　①　）規格で定められている。製作図には，全体の形，（　②　），構造などを描いた図である（　③　）や，2つ以上の部品を組み立てるときに必要な（　④　）などを書き込んだ図である（　⑤　），（　⑥　）についての全ての事柄を示す図である（　⑦　）などがある。

①（　　　）②（　　　）③（　　　）④（　　　）

⑤（　　　）⑥（　　　）⑦（　　　）

復習のポイント

●構想のまとめと修正

必要な機能がしっかり備わっていて，じょうぶな構造になっているかを確認する。また，使用する材料とその加工法は適切かの確認も繰り返し実施する。

組立が複雑な製作品や動く部分がある際は，厚紙で模型を作ってチェックする。

●図の作成

構想を図に表す。図面は，設計者の意図を製作者に正確に伝えるためのものである。

簡単なものであれば構想図のみで製作が可能だが，複雑なものの場合は精密な図面が必要とされる。

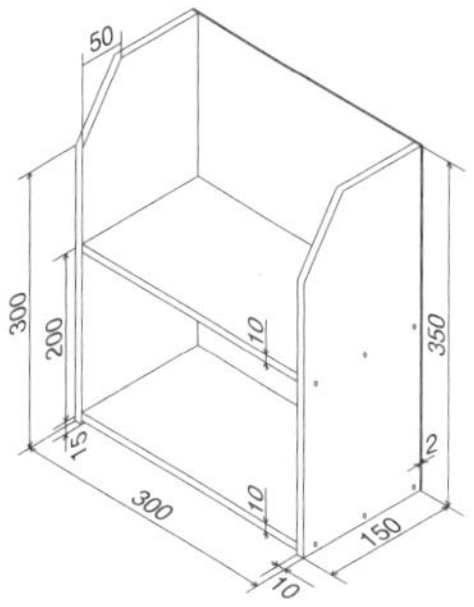

製作のための設計と製図 (2)
図面の描き方

目標30分／70点
得点　　点

1 重要〔キャビネット図と等角図〕次の図は，キャビネット図と等角図です。(　) にあてはまる角度と数字を答えなさい。(各 3 点－27 点)

a : b : c=(②):(③):(④)

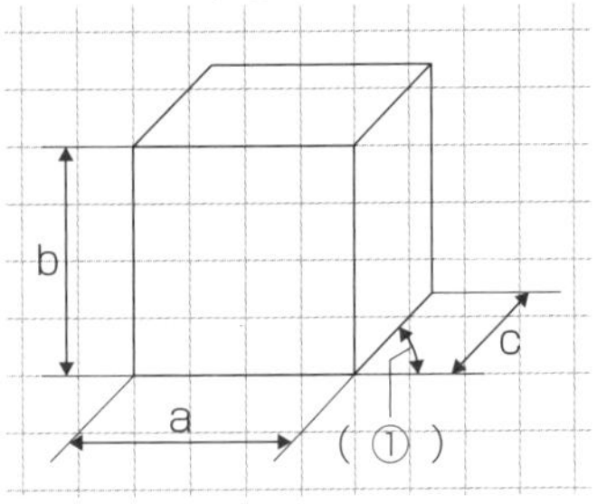

a : b : c=(⑦):(⑧):(⑨)

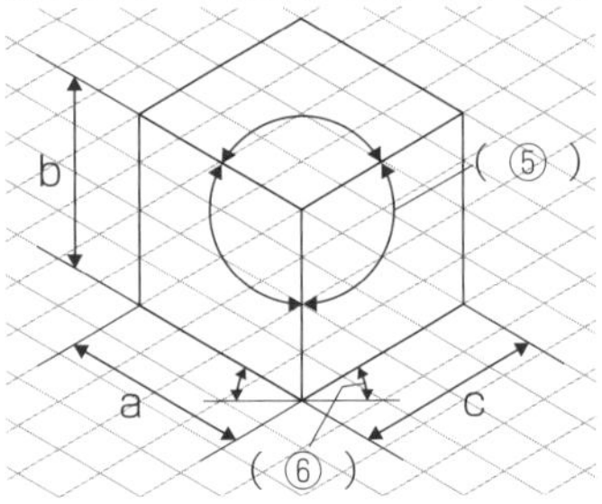

①(　　　　) ②(　　　　) ③(　　　　)
④(　　　　) ⑤(　　　　) ⑥(　　　　)
⑦(　　　　) ⑧(　　　　) ⑨(　　　　)

2 よく出る〔等角図と第三角法による正投影《とうえい》図〕次の (　) にあてはまる言葉を答えなさい。(各 3 点－27 点)

(1) 等角図を描くときは，(①) に対し (②)° の線と (③) を描き，(④) の長さと，(⑤) の目印を付ける。この目印を基準に左右の 2 面を描き，次に (⑥) を描く。下書き線などの不要な線を消して，最後に太い線で仕上げる。

(2) 第三角法による正投影図を描くときは，立体の特徴《とくちょう》を最もよく表す面を (⑦) とする。基準となる (①) と (③) を描き，必要な寸法をとって目印を描き入れる。目印を頼《たよ》りに (⑧) と右側面図の高さの線と (③) を描く。(⑨) を使って右側面図から寸法を平面図にうつし，平面図，(⑧)，右側面図の水平線を描く。

①(　　　　) ②(　　　　)
③(　　　　) ④(　　　　)
⑤(　　　　) ⑥(　　　　)
⑦(　　　　) ⑧(　　　　)
⑨(　　　　)

3 〔製図の用語〕次の用語を，3字のアルファベットで答えなさい。(各 3 点－6 点)

(1) 日本産業規格 (ジス)：(①)
(2) コンピュータ支援《しえん》設計 (キャド)：(②)

①(　　　　) ②(　　　　)

得点アップ

●キャビネット図の描き方

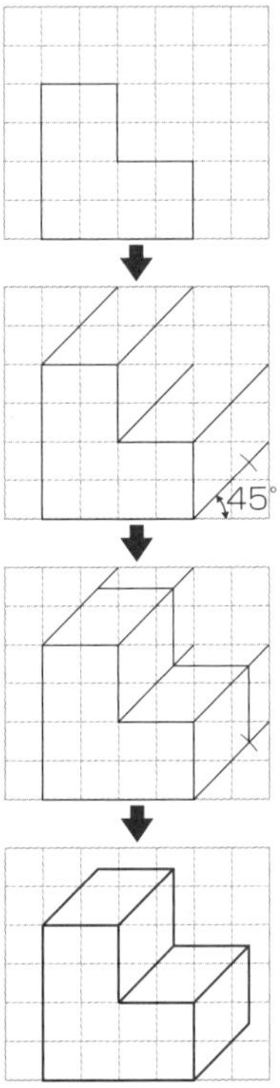

●等角図の描き方

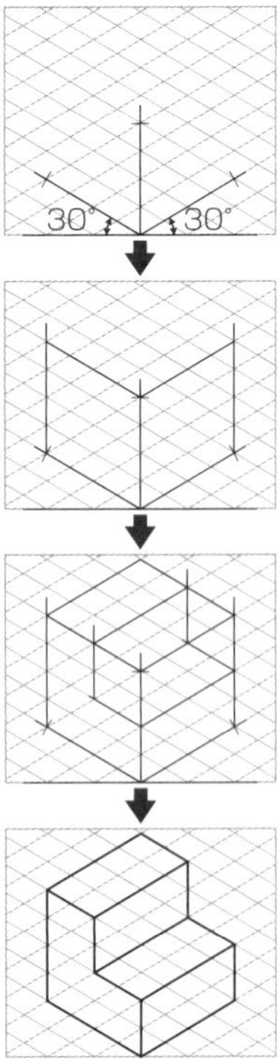

4〔第三角法による正投影図〕次の図は，第三角法による正投影図です。（　）にあてはまる言葉を答えなさい。(完答 10 点)

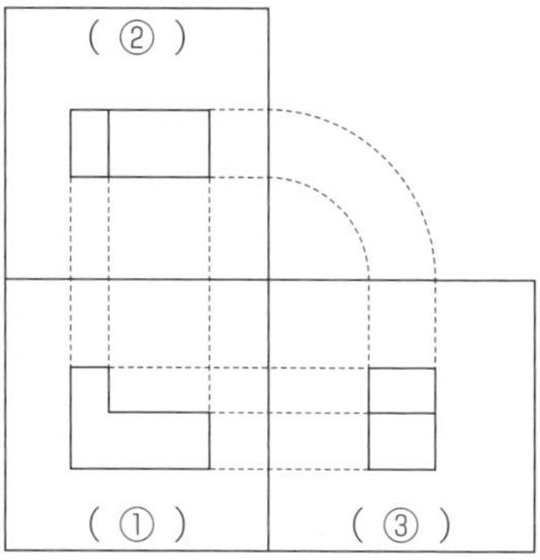

①（　　　　　　）②（　　　　　　）
③（　　　　　　）

5〔線と記号〕次の表は，製図における線の種類と寸法補助記号についてまとめたものです。

（　）にあてはまる言葉として適当なものを，あとから選んで記号で答えなさい。なお，記号は何度使用してもよい。(各 2 点－30 点)

線の用途	線の形	線の太さ	線の描き方
外形線	(①)	太　線	
(②)	破　線	(③)	
中心線	(④)	細　線	
(⑤)	二点鎖線	(⑥)	
寸法線	(⑦)	細　線	
(⑧)	実　線	(⑨)	

用　途	記　号
(⑩)	*φ*
(⑪)	*R*
(⑫)	*t*

用　途	記　号
(⑬)	□
(⑭)	*C*
(⑮)	↧

ア　細線または太線　　イ　寸法補助線　　ウ　細線　　エ　実線
オ　かくれ線　　カ　一点鎖線　　キ　想像線
ク　穴の深さ　　ケ　板の厚さ　　コ　半径　　サ　直径
シ　正方形の辺　　ス　45°の面取り

①（　　）②（　　）③（　　）④（　　）
⑤（　　）⑥（　　）⑦（　　）⑧（　　）
⑨（　　）⑩（　　）⑪（　　）⑫（　　）
⑬（　　）⑭（　　）⑮（　　）

●第三角法による正投影図の描き方

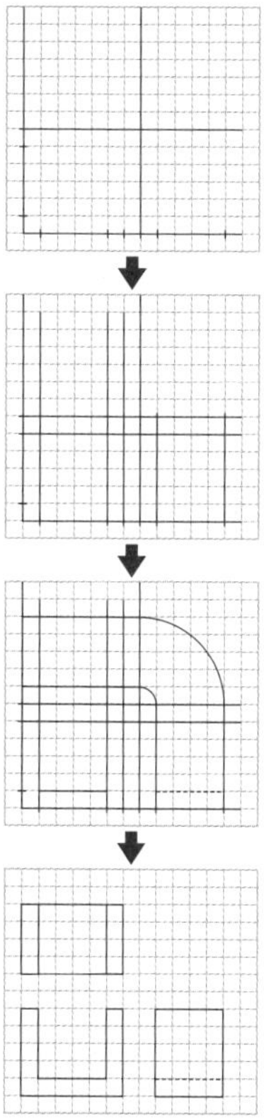

ここに注目

●製図用具の使い方

＊水平線の描き方

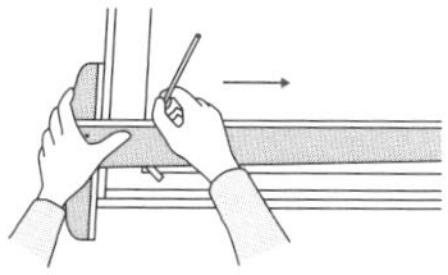

＊垂直線の描き方

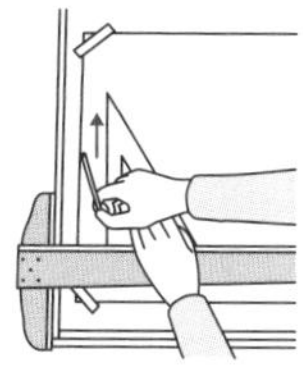

＊円・円弧《えんこ》の描き方

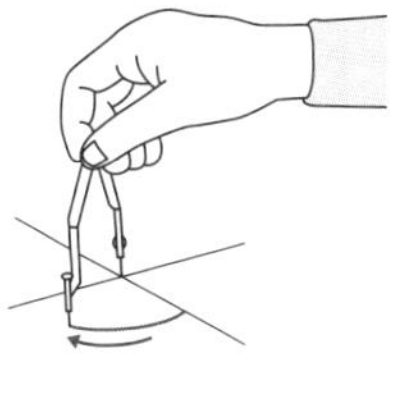

6 けがき・切断・切削

目標30分／70点
得点　　点

1 〔けがき〕次の（　）にあてはまる言葉を答えなさい。（各2点－20点）

木材の板材のけがきには，さしがねを使う。さしがねの（ ① ）で部品の長さ方向の寸法をとり，板材に印をつける。そのあと，（ ① ）の内側を（ ② ）に密着させ，（ ② ）と直角な線を引き，最後に幅を決める線を書く。これが（ ③ ）寸法線になる。これに（ ④ ）と（ ⑤ ）を合わせたものが（ ⑥ ）寸法線になる。

金属の板材のけがきには，（ ⑦ ）や直定規と（ ⑧ ）を使う。基準とする辺に目盛りを合わせて，それらの端に（ ⑧ ）を当てて寸法をとる。そして，（ ⑦ ）や直定規に（ ⑧ ）の先端を密着させ，進行方向にやや傾けながら軽くけがく。金属の穴や円の中心のけがきには，ハンマと（ ⑨ ）を使う。

プラスチックをけがくときは，（ ⑩ ）がはってあればそこにそのまま鉛筆でけがく。

① (　　　　　) ② (　　　　　)
③ (　　　　　) ④ (　　　　　)
⑤ (　　　　　) ⑥ (　　　　　)
⑦ (　　　　　) ⑧ (　　　　　)
⑨ (　　　　　) ⑩ (　　　　　)

得点アップ

●木材のけがき

・部品の長さ方向と木材の繊維方向を合わせるようにする。
・繊維の方向を考えて，大きな部品から行う。正面になる部品は，木目がきれいな面を選ぶようにする。
・同じ幅の部品はいっしょにけがく。
・木材が割れたり，傷《きず》がつかないように注意する。

●金属のけがき

鋼尺で目盛りを読むときは真上(B)の位置から。

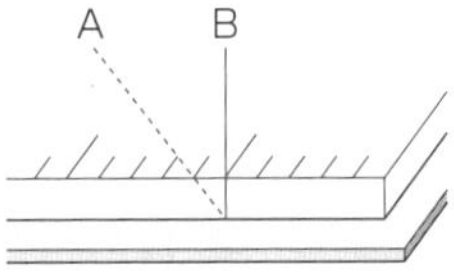

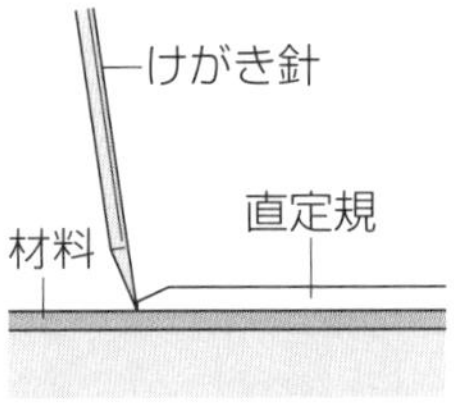

・けがき線が見えにくい場合は，落ちないようなインクをけがき面に塗ってからけがきをする。

2 よく出る〔切　断〕次の図の（　）にあてはまる各部の名称として適当なものを，あとから選んで記号で答えなさい。（各2点－34点）

(1)

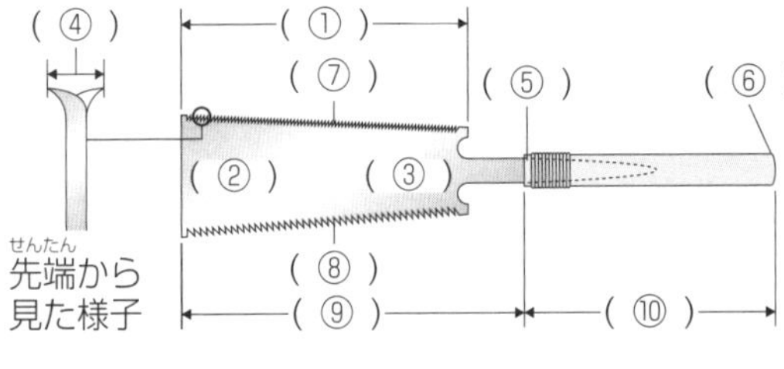

(2)

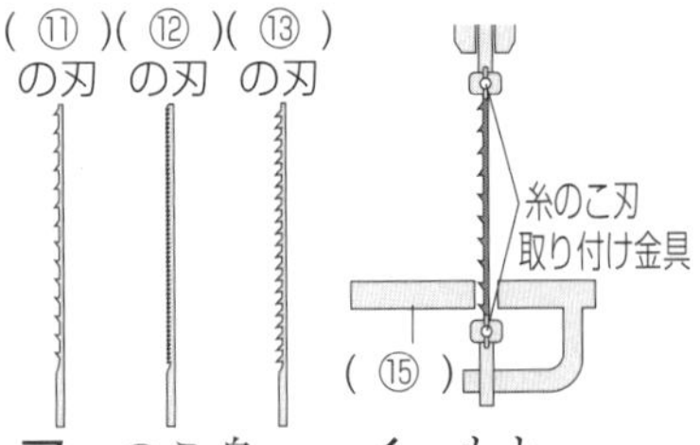

(3)

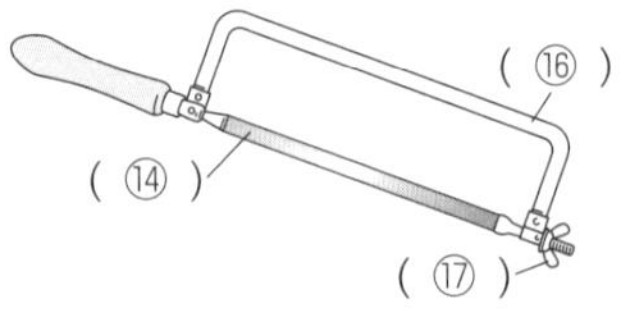

ア　のこ身　イ　もと　ウ　先　エ　刃わたり
オ　あさり幅《はば》　カ　柄がしら　キ　柄じり　ク　横びき用の刃
ケ　柄　コ　縦びき用の刃　サ　木材用
シ　プラスチック用　ス　金属用　セ　テーブル
ソ　取り付けねじ　タ　のこ刃　チ　フレーム

① (　　　) ② (　　　) ③ (　　　) ④ (　　　)
⑤ (　　　) ⑥ (　　　) ⑦ (　　　) ⑧ (　　　)
⑨ (　　　) ⑩ (　　　) ⑪ (　　　) ⑫ (　　　)
⑬ (　　　) ⑭ (　　　) ⑮ (　　　) ⑯ (　　　)
⑰ (　　　)

3 よく出る 〔切削①〕次の図の（　）にあてはまる各部の名称として適当なものを，あとから選んで記号で答えなさい。（各2点－18点）

(1)
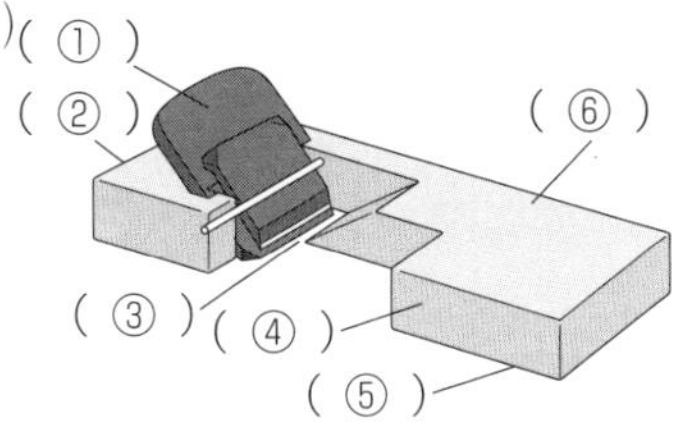

(2)
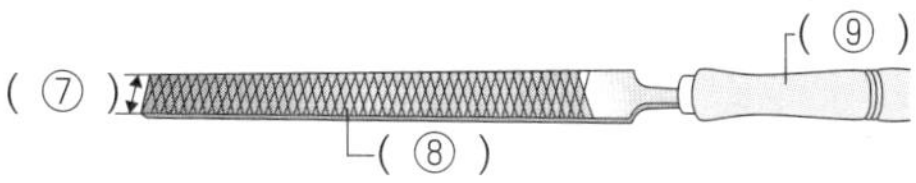

ア　台がしら　イ　こ　ば　ウ　したば　エ　うわば
オ　刃　口　カ　かんな身　キ　面　ク　幅
ケ　柄

① (　　　) ② (　　　) ③ (　　　) ④ (　　　)
⑤ (　　　) ⑥ (　　　) ⑦ (　　　) ⑧ (　　　)
⑨ (　　　)

4 〔切削②〕次の（　）にあてはまる言葉を答えなさい。

（各4点－24点）

(1)　かんな身を出すときは，かんな身の（　①　）をたたく。

(2)　かんな身を抜くときは，かんな身と（　②　）に（　③　）の角を左右交互にたたく。

(3)　こばけずりでは，板材を（　④　）に固定する。かんなのこば面を一気に引いて削る。

(4)　こぐちけずりをする際は，先端から板幅の（　⑤　）ほどをけずり，板材を裏返し，もう一方の先端から残りの（　⑥　）をけずる。

① (　　　　　　) ② (　　　　　　)
③ (　　　　　　) ④ (　　　　　　)
⑤ (　　　　　　) ⑥ (　　　　　　)

5 〔切　断〕次の文が正しければ○，まちがっていれば×を答えなさい。（各2点－4点）

①　両刃のこぎりの横びき用の刃は，のみのような形になっている。

②　金属の薄板は弓のこで，棒材は金切りばさみで切断する。

① (　　　) ② (　　　)

ここに注目

●のこぎりの引き込み角度

木材の硬さや厚さによって調整する。

＊軟《やわ》らかい板材や薄い板材

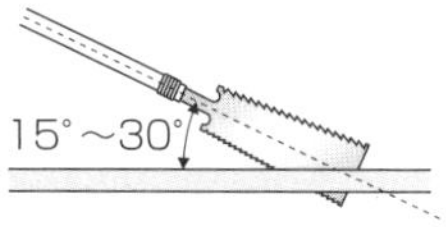

＊硬い板材や厚い板材

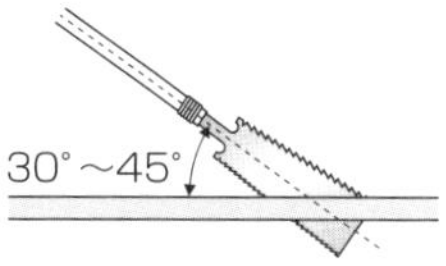

●やすりがけ

・直進法は，一般的な方法で仕上がりがきれい。

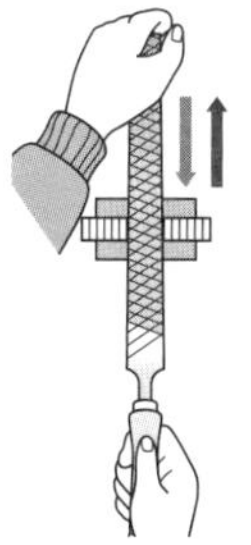

・斜進《しゃしん》法は，けずる量が多いため，荒けずりに合っている。

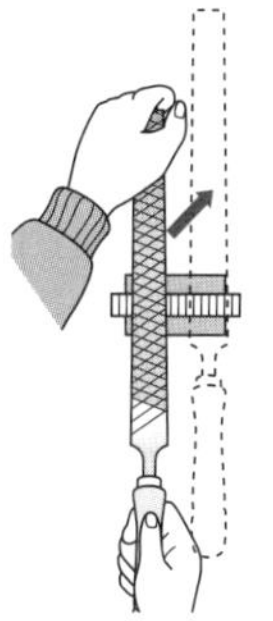

7 製作の工程 (2)
穴あけ・折り曲げ・ねじ切り

目標30分／70点
得点　　点

1 重要〔穴あけ①〕次の説明は，卓上《たくじょう》ボール盤《ばん》を使用して穴あけをする際の手順や注意事項を記したものです。（　）にあてはまる言葉を答えなさい。（各3点－21点）

手　順

最初にテーブルの高さを固定し，ドリルを（　①　）に固定する。次に，穴あけの深さを調整する（　②　）を下げ，ドリルの先端を穴あけの中心に合わせて，（　③　）や万力で板材を固定する。通し穴をあけるときは，（　④　）を下にしく。穴があけたい深さまで達したら，止める。通し穴をあけるときは（　④　）まで穴をあける。

注意事項

卓上ボール盤を使うときは，（　⑤　）や防じんマスクを使用するが，（　⑥　）は，まきこまれる危険があるので装着してはいけない。穴をあけ終わったら，出た切りくずを吹いたりせずに（　⑦　）で取り除く。

①（　　　　　　　）　②（　　　　　　　）
③（　　　　　　　）　④（　　　　　　　）
⑤（　　　　　　　）　⑥（　　　　　　　）
⑦（　　　　　　　）

2〔穴あけ②〕次の図の（　）にあてはまる各部の名称として適当なものを，あとから選んで記号で答えなさい。（各3点－45点）

(1)

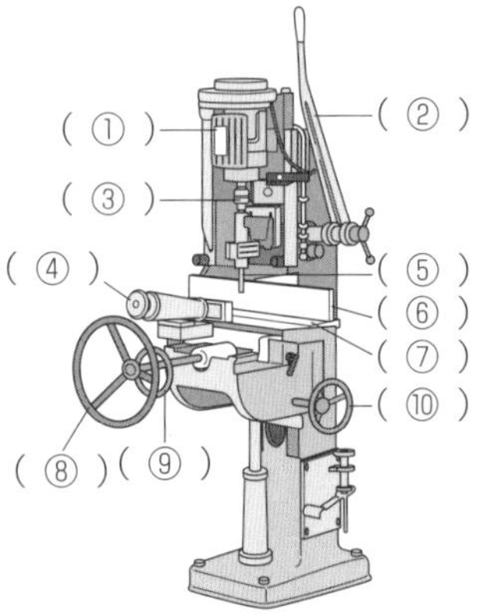

(2)

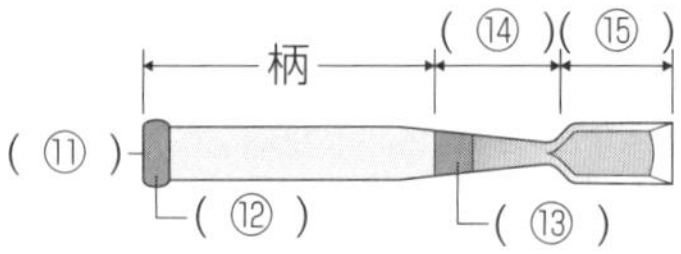

ア　主　軸　　イ　材料しめつけハンドル　　ウ　角のみ
エ　案内定規　　オ　テーブル前後移動ハンドル　　カ　電動機
キ　テーブル左右移動ハンドル　　ク　テーブル
ケ　主軸上下ハンドル　　コ　テーブル昇降ハンドル
サ　首　　シ　かつら　　ス　柄がしら　　セ　穂
ソ　口　金

得点アップ

●卓上ボール盤の各部の名称

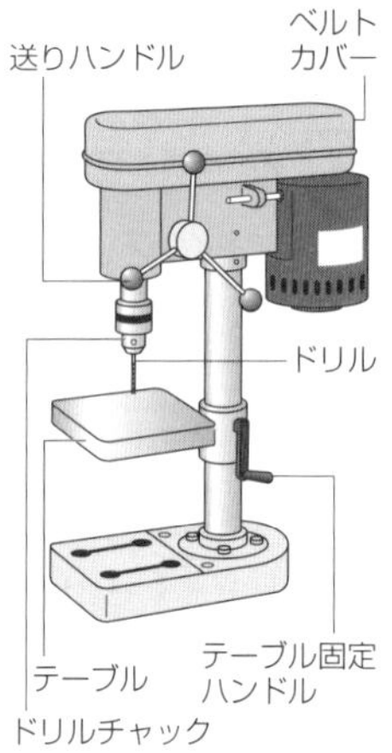

●卓上ボール盤のドリルの種類

プラスチック用

木材用

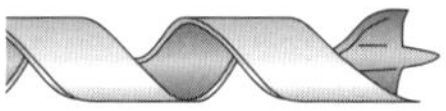

木材・金属・プラスチック用

●穴あけの注意事項
・手《て》袋《ぶくろ》を着用しないようにする。
・髪や頭を卓上ボール盤に近づけない。また，そでや髪が巻き込まれないように注意しながら作業する。
・作業後は，回転が完全に止まるまでドリルに触らない。

① (　　) ② (　　) ③ (　　) ④ (　　)
⑤ (　　) ⑥ (　　) ⑦ (　　) ⑧ (　　)
⑨ (　　) ⑩ (　　) ⑪ (　　) ⑫ (　　)
⑬ (　　) ⑭ (　　) ⑮ (　　)

3 よく出る〔折り曲げ〕次の（　）にあてはまる言葉を答えなさい。

（各2点－14点）

金　属

けがき線を（　①　）のふちに合わせ,（　②　）で両端から中央の順に打ち,折り曲げる。（　②　）で折り曲げにくいところは,（　③　）で折り曲げる。折り曲げ機を使用する場合は,（　④　）にけがき線を合わせて折り曲げるようにする。

プラスチック

（　⑤　）に曲げたい部分を合わせてのせ，温める。温まったら台などの（　⑥　）にあてて曲げる。その際，（　⑦　）と換気に注意する。

① (　　　　) ② (　　　　)
③ (　　　　) ④ (　　　　)
⑤ (　　　　) ⑥ (　　　　)
⑦ (　　　　)

4〔ねじ切り〕次の（　）にあてはまる言葉を答えなさい。（各2点－20点）

(1)　めねじを切る場合は,（　①　）と（　②　）を用いる。（　②　）は,（　③　）,（　④　）,（　⑤　）の順に仕上げると下穴の奥までねじを切ることが可能である。めねじの切り方は，下穴が（　⑥　）になるように材料を万力で固定する。タップを下穴に当て，押さえながら（　⑦　）方向に水平に回す。

(2)　おねじを切る場合は，（　⑧　）と（　⑨　）を用いる。（　⑨　）の刻印面が見えるように（　⑧　）に取り付ける。おねじの切り方は，（　⑨　）を材料に押し当てる。（　⑨　）が食いついたら,（　⑩　）方向に水平に回す。

① (　　　　) ② (　　　　)
③ (　　　　) ④ (　　　　)
⑤ (　　　　) ⑥ (　　　　)
⑦ (　　　　) ⑧ (　　　　)
⑨ (　　　　) ⑩ (　　　　)

ここに注目

●金属板の折り曲げ

金属材料は，塑性を利用して，工具などで折り曲げることができる。

＊折り台

＊折り曲げ機

＊万　力

●ねじ切り

ほとんどのねじは機械で作られているが，工具を使えば自作することもできる。

＊めねじの切り方

＊おねじの切り方

8 製作の工程 (3)
接合・仕上げ・塗装

目標30分／70点
得点　　点

1 重要〔くぎ接合〕次の各問いに答えなさい。(各4点－40点)

(1) くぎ接合について正しく述べたものを選んで記号で答えなさい。

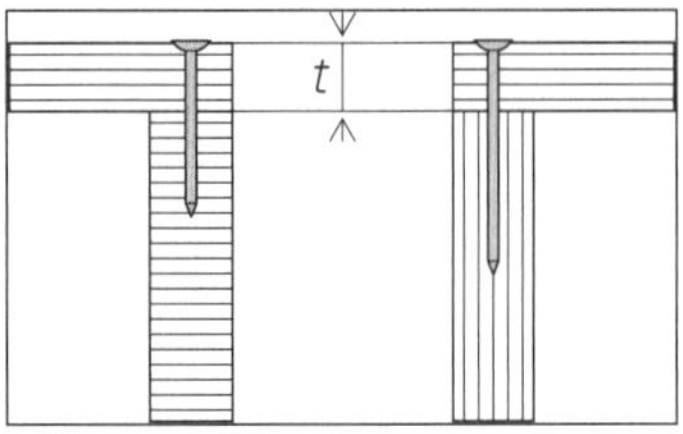

ア　くぎの長さは，板の厚さ (t) のおよそ2.5倍のものを使い，板材の木目によって長さの違うくぎを使い分ける。

イ　こぐちに打つときは，こばに打つときよりも短いくぎを使用し，板材が割れるのを防ぐ。

ウ　くぎ接合のときには，くぎの劣化を防ぐために，接着剤を併用してはならない。

(　　)

(2) くぎ接合についてまとめた次の文を読んで，あとの各問いに答えなさい。

くぎを打つ際，(ア) を用いて下穴をあける。下穴は，板の面に対して (イ) にあける。上板は (ウ) させ，下板にはくぎが入る (エ) 程度の深さをあける。

くぎ打ちをするときは，(オ) を用いる。A打ち始めは，(オ) の (カ) な面で打ち，打ち終わりは (キ) 面で打つ。板材にBくぎを打つ順番にも注意する。

① (ア) ～ (キ) にあてはまる言葉を書きなさい。

ア (　　　　)　イ (　　　　)

ウ (　　　　)　エ (　　　　)

オ (　　　　)　カ (　　　　)

キ (　　　　)

② ――線Aのように，打ち終わりで使う面を変えるのはなぜか。

(　　　　　　　　　　)

③ ――線Bについて，くぎを打つ順番を書き入れなさい。(完答)

(1) (　) (　) (3) (　)

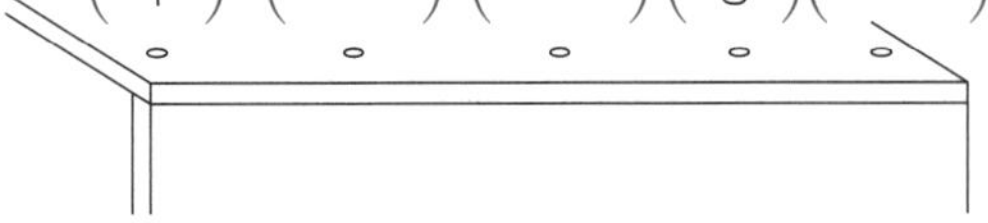

得点アップ

●木材のさまざまな接合

相がきつぎ

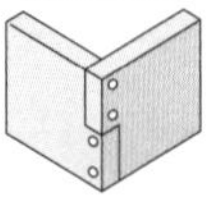

おおいれつぎ

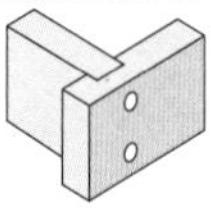

だぼつぎ

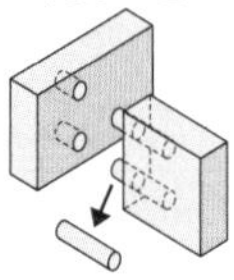

通しほぞつぎ

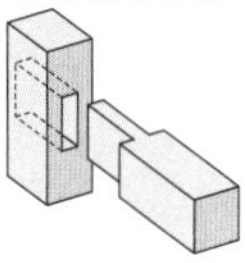

留《と》めつぎ

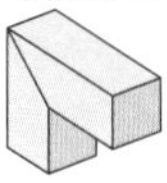

補強金具

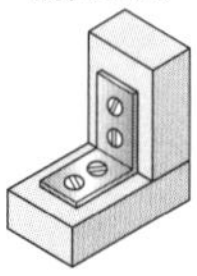

●金属板のリベット接合

①ハンマの平らな面で軽く打つ。

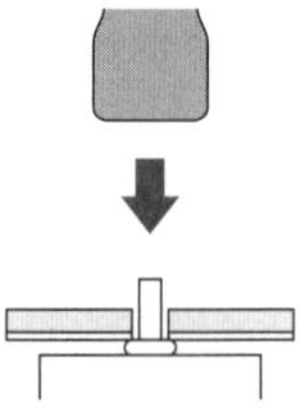

②ハンマの丸い面で軽く打って形を整える。

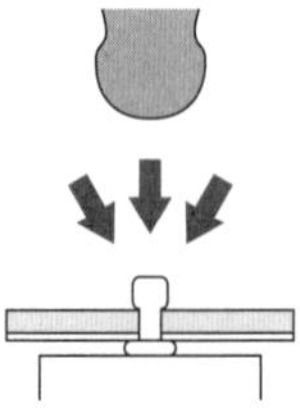

2 〔表面の仕上げ〕次の（　）にあてはまる言葉を答えなさい。

（各4点－36点）

(1)　木材の素地磨《みが》きをするときは，（　①　）を木片に巻いて，（　②　）方向に沿って磨く。（　①　）の目の細さは番号などで表される。面取りは（　③　）番の（　①　）を使う。

木材のはけ塗《ぬ》りをするときは，素地磨きのあと，あるいは（　④　）のあとに下塗りと上塗りを実施する。塗り重ねは（　⑤　）～（　⑥　）mm 程度にする。

下塗りが終わり，塗料《とりょう》が乾いてから（　⑦　）番の（　①　）で軽く磨いて上塗りする。

(2)　金属の素地磨きは，磨いたあとに（　⑧　）でけがいた線をアルコールで消す。金属の吹きつけ塗装は，スプレーを塗装面と（　⑨　）に移動させながら吹きつけをする。

①（　　　　　　）②（　　　　　　）
③（　　　　　　）④（　　　　　　）
⑤（　　　　　　）⑥（　　　　　　）
⑦（　　　　　　）⑧（　　　　　　）
⑨（　　　　　　）

3 〔塗《と》　装《そう》〕次の表は，塗料の種類と特徴をまとめたものです。

（　）にあてはまる言葉として適当なものを，あとから選んで記号で答えなさい。（各4点－24点）

種類	用　途	特　徴
（①）	木　材	着色と透明ニスが同時に可能。
（②）	木　材	木製品の着色に使用。
（③）	金　属	鉄部の下塗り塗料。
（④）	金　属	鉄部に直接塗装が可能。
（⑤）	金属，アクリル樹脂	塗膜が硬く，乾燥が早い。
（⑥）	木　材	光沢があり，耐水性や耐油性がある。

ア　水性さび止めペイント
イ　水性ステイン
ウ　水性ニス
エ　クリヤラッカー
オ　水性エナメル
カ　水性鉄部ペイント

①（　　）②（　　）③（　　）④（　　）
⑤（　　）⑥（　　）

ここに注目

●はけ塗り

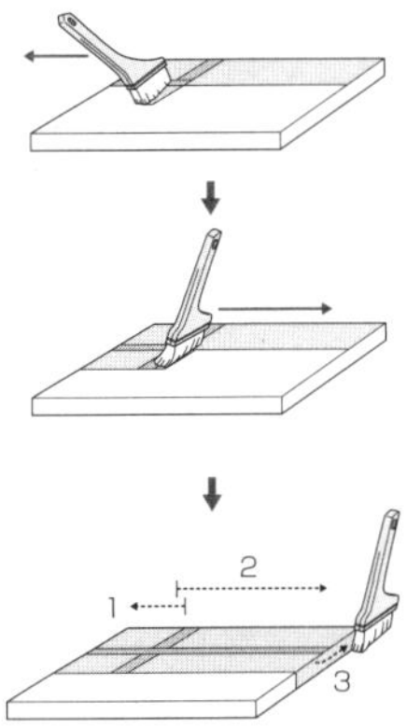

●ワックスのふき塗《ぬ》り

ワックスをスポンジかウエス（布きれ）に少しつけて円を描くようにしてすり込む。およそ1時間放置したあと，ウエスで余分なワックスをふき取る。

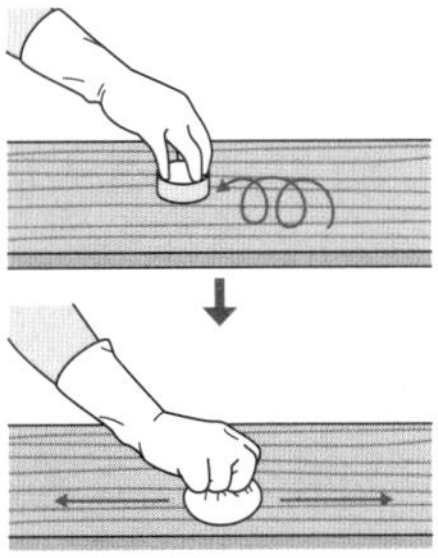

●金属への塗装《とそう》

金属に塗装する場合は，はけ塗りのほか，ひたし塗りや吹き付け塗装などの方法がある。

9 社会の発展と加工の技術

目標30分／70点
得点　　点

1〔材料と加工技術の最適化①〕次の文章は，材料と加工技術の最適化についてまとめたものです。これを読んで，あとの各問いに答えなさい。

（各4点－44点）

材料や加工技術を用いて問題の解決に取り組むことは，社会でも行われている。社会では，製品の（　①　）や（　②　）化，（　③　）の削減《さくげん》，（　④　）への配慮《はいりょ》など，幅《はば》広い問題への解決がなされている。しかし，（　⑤　）や（　⑥　）が変化すると（　⑦　）も変わるため，常に最適な解を求め続けていくことが重要である。

問題解決を考える際には，（　⑧　）（　⑨　）（　⑩　）など，A 複数の視点から考えることができる。

(1) （　）にあてはまる言葉として適当なものを，あとから選んで記号で答えなさい。

ア　省エネルギー　　イ　時　代　　ウ　社会の要望
エ　安全性　　オ　環《かん》　境《きょう》　　カ　健　康
キ　製品の安全性　　ク　経済性　　ケ　廃棄《はいき》物
コ　社会からの要求（機能性）

①（　　）②（　　）③（　　）④（　　）
⑤（　　）⑥（　　）⑦（　　）⑧（　　）
⑨（　　）⑩（　　）

(2) ――線Aについて，経済性の問題解決となる取り組みを選んで，記号で答えなさい。（　　）

ア　接合部に補強金具を取り付ける。
イ　同じ形の部品を機械で大量生産する。
ウ　木材には間伐《かんばつ》材を利用しない。
エ　使用用途に応じて製品のサイズを変えられるようにする。

2〔材料と加工技術の最適化②〕次の問いに答えなさい。（各6点－12点）

地震で崩落《ほうらく》した熊本城天《てん》守閣《しゅかく》の復旧では，どのような技術の最適化が行われたか。「耐震《たいしん》性の向上」と，「丈夫な構造の実現」のために使われた技術をそれぞれ具体的に説明しなさい。

得点アップ

●最適化

最適化とは，与えられた条件の中でもっとも適した解答のこと。

●問題解決の着眼点

社会的な問題解決

健康的な生活や安全・安心な暮らしを実現するために，製作者と消費者のそれぞれの立場から，製品や技術が社会に与《あた》える影響《えいきょう》について考える。

環境的な問題解決

森林資源の枯渇《こかつ》，地球温暖化，製品製造時の水質汚濁《おだく》や大気汚染《おせん》，大量の廃棄物など地球環境に与える環境負荷について考える。

経済的な問題解決

材料の調達が適切に行われているか，費用が適切に抑《おさ》えられているか，製品の性能にあった価格の設定，利益の社会的還元《かんげん》などについて考える。

ここに注目

●熊本地震

2016年4月14日と16日に震度7を記録した一連の地震活動。熊本県と大分県に大きな被害《ひがい》が出た。

耐震性の向上
(　　　　　　　　　　　　　　　　　　　　　　　　　　　　　)
じょうぶな構造の実現
(　　　　　　　　　　　　　　　　　　　　　　　　　　　　　)

3〔これからの材料と加工の技術〕次の文章は，これからの材料と加工技術についてまとめたものです。**これを読んで，あとの各問いに答えなさい。**(44点)

これからの材料や技術には，A世代を超えて，(　①　)，(　②　)，(　③　)の三要素のバランスがとれた社会のあり方が求められる。このような社会は(　④　)な面だけでなく，(　⑤　)な面からも健やかで快適な暮らしを実現することができる。また，文化や伝統，地域のコミュニケーションなどを，将来の世代につなぐことができると考えられている。

Aのような社会の実現には，Bさまざまな視点から材料と加工の技術を適切に評価し，技術の適切な(　⑥　)の方法などについても考えることが大切である。

(1) (　) にあてはまる言葉を答えなさい。(各4点)
① (　　　　　　) ② (　　　　　　) ③ (　　　　　　)
④ (　　　　　　) ⑤ (　　　　　　) ⑥ (　　　　　　)

(2) ——線Aのような社会のことを何というか，答えなさい。(4点)
(　　　　　　　　　　　　　　　)

(3) ——線Bには，「生活における必要性」「耐久《たいきゅう》性」などが挙げられる。そのほかどのような視点があるか，2つ書きなさい。(各4点)
(　　　　　　　　　　　　　　　)
(　　　　　　　　　　　　　　　)

(4) ——線Aのような社会への取り組みの1つに，新しい技術の開発や資源のリサイクルがある。次の①～④にあてはまる言葉を選んで記号で答えなさい。(各2点)
① 製品を原料にまで戻《もど》して別の製品に利用する。
② 木材の繊維《せんい》方向が直角に交わるように接着・圧縮して作られた木質の材料。
③ 化学変化で資源を別の物質にして利用する。
④ 製品を燃やした時の熱を利用する。

ア サーマルリサイクル　　**イ** ケミカルリサイクル
ウ マテリアルリサイクル　**エ** CLT

① (　　) ② (　　) ③ (　　) ④ (　　)

得点アップ

● 持続可能な社会
人間が利用した自然資源の規模と自然が再生する力やはやさを管理し，資源を使い切らない配慮《はいりょ》が大切になる。ものの修理（リペア）や再生利用（リサイクル）などが欠かせない。

● 循環《じゅんかん》型社会を推進する法律
2000年に「循環型社会形成推進法」が整備され，「廃棄物処理法」や「資源有効利用促進法」，「小型家電リサイクル法」などの廃棄物・リサイクルに関する政策基盤《きばん》が確立された。

● CLT
Cross《クロス》 Laminated《ラミネイティッド》 Timber《ティンバー》の略。木材の強度をコンクリート同様にまで高めることで，大規模な建築にも利用できるようになった。

10 発電と電気の基礎知識

目標30分／70点
得点　　点

1 重要〔いろいろな発電方式〕次の文章は，いろいろな発電方式についてまとめたものです。これを読んで，あとの各問いに答えなさい。

（各3点－33点）

火力発電

A（　①　），石炭，天然ガスなどを使用する。これらを燃やして発生した（　②　）で（　③　）を回して発電する。地球温暖化の原因と考えられている（　④　）などを排出する点が課題である。

原子力発電

Bウランなどを使用する。そのため，安全性に十分な配慮をする必要がある。エネルギー変換《へんかん》効率は（　⑤　）％である。

水力発電

ダムなどの水を利用する。（　⑥　）エネルギーを運動エネルギーに変え，それをもとに電気エネルギーを発生させる。

風力・太陽光発電

風や太陽光を利用する。これらは，燃料や資源に（　⑦　）がかからず，太陽光発電は住宅や建物に設置できる。発電量は，（　⑧　）に左右されやすい。

(1)（　）にあてはまる言葉を答えなさい。

①（　　　　　）②（　　　　　）
③（　　　　　）④（　　　　　）
⑤（　　　　　）⑥（　　　　　）
⑦（　　　　　）⑧（　　　　　）

(2) 火力発電の燃料になる，──線Aを総称して何というか。

（　　　　　）燃料

(3) 原子力発電の燃料になる，──線Bなどを総称して何というか。

（　　　　　）燃料

(4) 水，風，太陽光など，枯渇《こかつ》することのないエネルギーのことを何というか。（　　　　　）

2〔送電と配電〕次の（　）にあてはまる言葉を答えなさい。（各5点－10点）

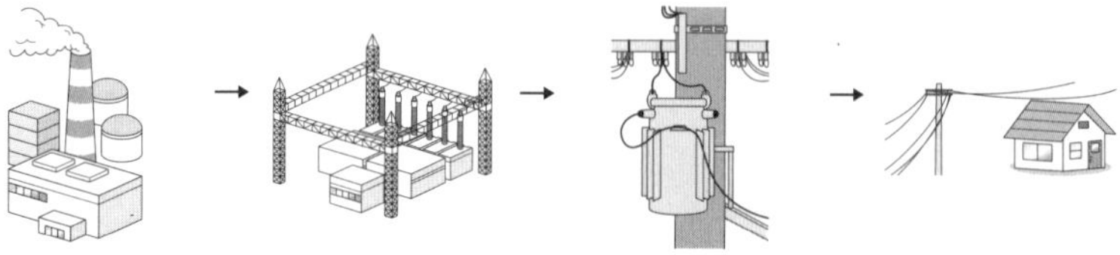

発電所　（　①　）　（　②　）　家庭

①（　　　　　）②（　　　　　）

得点アップ

●変電所

変電所には，超高圧変電所，一次変電所，中間変電所，配電用変電所がある。

●一次電池

使い切りの電池のこと。マンガン乾電池やリチウム電池，アルカリ乾電池が一次電池にあたる。

マンガン乾電池

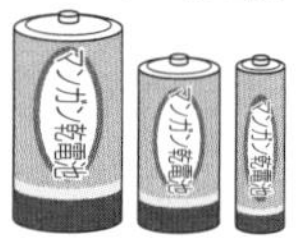

リチウム電池

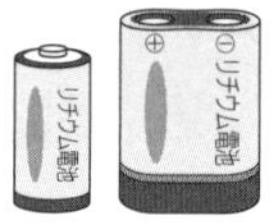

アルカリ乾電池

●二次電池

二次電池とは，充電が可能な電池。鉛蓄電池，ニッケル水素蓄電池，リチウムイオン電池が二次電池にあたる。

鉛蓄電池

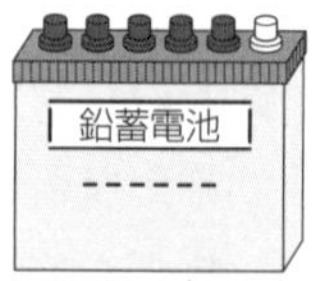

ニッケル水素蓄電池

リチウムイオン電池

3 よく出る〔電気に関する基礎知識〕次の（　）にあてはまる言葉を答えなさい。（各３点－33点）

(1)　電気回路に流れる電気の量を（　①　）といい，単位は（　②　）を使う。

(2)　（　①　）を流そうとする力を（　③　）といい，単位は（　④　）を使う。

(3)　（　①　）の流れにくさを電気（　⑤　）といい，単位は（　⑥　）を使う。

(4)　マンガン乾電池の電気は（　⑦　）で，電力会社から家庭などに供給されている電気は（　⑧　）である。

(5)　（　①　）と（　③　），（　⑤　）の間には，（　③　）＝（　⑤　）×（　①　）の関係があり，このことを（　⑨　）という。

(6)　（　⑤　）に（　③　）を加えた際に流れる（　①　）によって１秒間に消費される電気エネルギーを（　⑩　）といい，単位は（　⑪　）を使う。

①（　　　　　　）　②（　　　　　　）

③（　　　　　　）　④（　　　　　　）

⑤（　　　　　　）　⑥（　　　　　　）

⑦（　　　　　　）　⑧（　　　　　　）

⑨（　　　　　　）　⑩（　　　　　　）

⑪（　　　　　　）

4〔電気用図記号〕次の（　）にあてはまる言葉として適当なものを，あとから選んで記号で答えなさい。（各３点－24点）

名称	記　号
（①）	
（②）	
（③）	
（④）	

名称	記　号
（⑤）	
（⑥）	
（⑦）	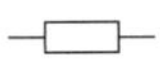
（⑧）	

ア　抵抗器　　イ　ランプ　　ウ　コンセント
エ　電　池　　オ　スイッチ　カ　電源プラグ
キ　導線の接続　ク　モータ

①（　　）②（　　）③（　　）④（　　）
⑤（　　）⑥（　　）⑦（　　）⑧（　　）

ここに注目

●周波数

電波などが１秒間に周期的に変化する回数のこと。単位はHz（ヘルツ）が用いられる。

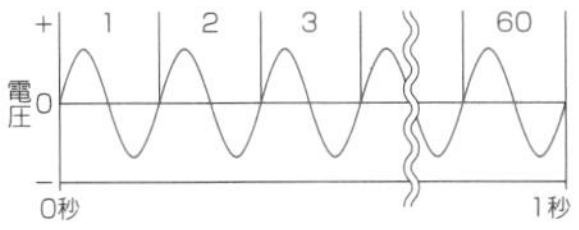

＊日本の周波数分布（県別）

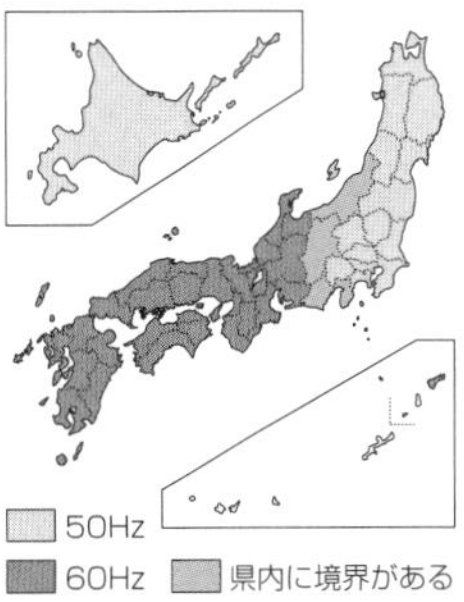

復習のポイント

●直流電源の特徴
・貯めることが可能で，電池などによって持ち運びできる。
・電子機器の電源に利用可能。

●交流電源の特徴
・大きな量の発電ができる。
・大きな電力を扱いやすい。
・貯めることができない。
・高電圧で送電すると失われる量が少ない。

11 エネルギー変換・動力を伝達する仕組み

目標30分／70点　得点　　点

1 〔光エネルギーへの変換〕次の各問いに答えなさい。（各３点－30点）

(1)　次の表は，電球とランプの特徴をまとめたものです。

（　）にあてはまる数字として適当なものを，あとから選んで記号で答えなさい。

	白熱電球	蛍光ランプ	LED ランプ
消費電力	約（①）W	約（②）W	約（③）W
寿　命	約（④）時間	約（⑤）時間	約（⑥）時間

ア　8　　イ　4.1　　ウ　36　　エ　6000　　オ　1000

カ　40000

①（　　）②（　　）③（　　）④（　　）

⑤（　　）⑥（　　）

(2)　次の①～④で，白熱電球について述べているものには ア を，蛍光ランプについて述べているものには イ を，LED ランプについて述べているものには ウ を書きなさい。

①　性質の異なる半導体を接合し，その接合面で放出されるエネルギーを利用して発光する。

②　フィラメントが高温になることによって発光する。

③　放電を利用して，ガラス管内の物質を発光させる。

④　決められた値以上の電流を流すと破損《はそん》する。

①（　　）②（　　）③（　　）④（　　）

2 よく出る〔運動エネルギーへの変換〕次の特徴を持つモータの名称を答えなさい。（各４点－16点）

①　模型用などに使われ，乾電池でも使用できる。

②　回転を角度単位で制御することが可能である。

③　携帯電話などに使われ，小型で音が静かである。

④　洗たく機などに使われ，周波数や電圧で回転数を制御することができる。構造が単純で寿命が長い。

①（　　　　）②（　　　　）

③（　　　　）④（　　　　）

3 よく出る〔回転運動を伝達する仕組み〕次の図は，かみ合いによって回転運動を伝達する仕組みです。

①～⑥は ア～カ の中からあてはまる名称を，⑦～⑫は キ～シ の中からあてはまる用途例を，それぞれ選んで記号で答えなさい。

得点アップ

●白熱電球の発光の仕組み

フィラメントに電流が流れると，電流による発熱作用がフィラメントを高温にして発光する。

●蛍光ランプの発光の仕組み

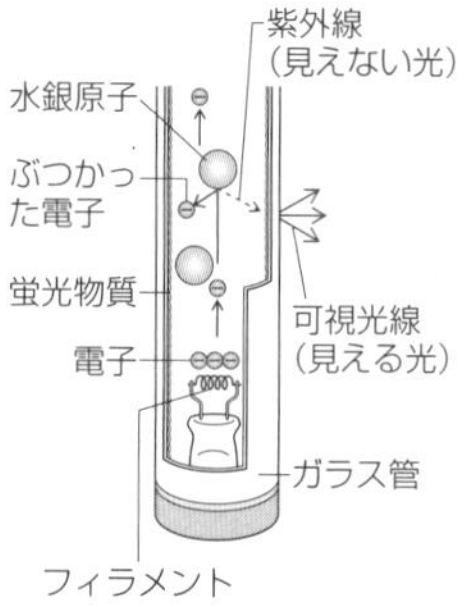

●直流モータの分解図

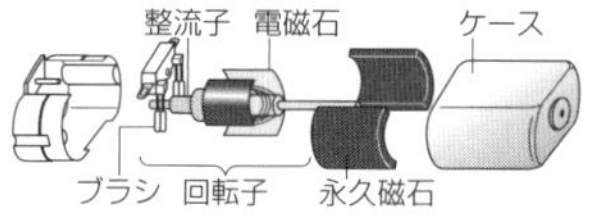

（各３点－36点）

(1)

（ ① ）（ ⑦ ）

(2)

（ ② ）（ ⑧ ）

(3)

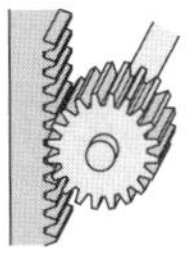

（ ③ ）（ ⑨ ）

(4)

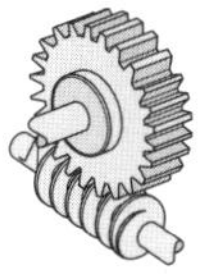

（ ④ ）（ ⑩ ）

(5)

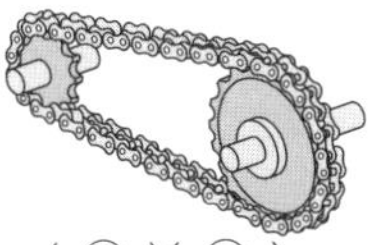

（ ⑤ ）（ ⑪ ）

(6)

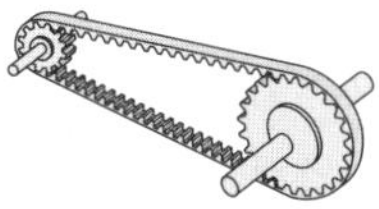

（ ⑥ ）（ ⑫ ）

ア　ウォームギヤ
イ　かさ歯車
ウ　スプロケットとチェーン
エ　ラックとピニオン
オ　歯付きベルトと歯付きプーリ
カ　平歯車

キ　カメラの三脚
ク　ハンドドリル
ケ　時計
コ　プリンタヘッド
サ　自転車のチェーン
シ　オルゴール

①（　　）　②（　　）　③（　　）　④（　　）
⑤（　　）　⑥（　　）　⑦（　　）　⑧（　　）
⑨（　　）　⑩（　　）　⑪（　　）　⑫（　　）

4〔リンク装置〕次の（　）にあてはまる言葉や数字を答えなさい。

（各３点－18点）

(1)　リンク装置は，基本的に（　①　）本のリンクで成り立っている。リンクの長さや固定するリンクを変えることで，回転運動を（　②　）や（　③　）に変えることなどが可能である。

(2)　両てこ機構は，（　④　）本のてこが揺動する。

(3)　（　⑤　）は，てことクランクが平行に回転する。（　⑥　）は，クランクの回転運動を，てこの（　②　）に変える。これは，その逆にも使われる。

①（　　　　）　②（　　　　）
③（　　　　）　④（　　　　）
⑤（　　　　）　⑥（　　　　）

ここに注目

●モータの用途

・直流モータは模型用などに，交流誘導モータは洗たく機や冷蔵庫などに使用される。
・ステッピングモータはプリンタ，振動モータは携帯《けいたい》電話に使われている。
・ブラシレス直流モータは扇風機《せんぷうき》に，超音波モータは医療機器やカメラに用いられている。

●摩擦《まさつ》で回転運動を伝達する仕組み

・摩擦車は円筒や円板を押しつけることで，摩擦を利用して回転運動を伝達。自転車の発電機などに使われている。
・Ｖプーリと V ベルトは，これらの接触面が摩擦することによって伝達。コンピュータの DVD 装置などに用いられている。

●カム装置

回転軸などにカムという特殊な形の円盤などを取り付けることによって，回転運動を往復直線運動や揺動《ようどう》運動に変える仕組み。

12 製品の設計と製作

目標30分／70点
得点　　点

1〔機械の共通部品〕次の（　）にあてはまる言葉を選んで記号で答えなさい。（各2点－20点）

(1)　機械にはさまざまな種類の部品が使われているが，部品からつくると効率がよくないので，（　①　）（日本産業規格）や（　②　）（国際標準化機構）という規格に合わせた，（　③　）がつくられている。（　①　）は（　④　）という法律に基づいて定められている。

(2)　（　③　）には，ねじやばね，軸と軸受などがある。

ねじの形は（　⑤　）で，ねじ山をもつ。使用の主な目的は（　⑥　）である。

ばねは，金属を（　⑦　）に巻いたもので，ひっぱったりした時に金属が元に戻ろうとする（　⑧　）を利用している。

軸《じく》と軸受は（　⑨　）する製品で利用している。軸と軸受の（　⑩　）を減らして，滑《なめ》らかに動かす。

ア　産業標準化法　　イ　回転運動　　ウ　固　定
エ　ISO　　オ　JIS　　カ　摩《ま》擦《さつ》
キ　コイル状　　ク　弾《だん》性《せい》　　ケ　円筒形《えんとうけい》
コ　共通部品

①（　　）②（　　）③（　　）④（　　）
⑤（　　）⑥（　　）⑦（　　）⑧（　　）
⑨（　　）⑩（　　）

2 よく出る〔工具・はんだごての使い方〕次の問いに答えなさい。
（各3点－45点）

(1)　それぞれの説明にあてはまる工具や言葉を，あとから選んで記号で答えなさい。

（　①　）:（　②　）やリード線を切る。ビニル被覆《ひふく》をとる。

（　③　）: 心線を傷つけることなくビニル被覆をとる。

（　④　）: ものをつかむ，ものを曲げる。細かい作業をすることができる。

（　⑤　）: 電子部品のはんだづけをする。

ア　コード　　イ　はんだごて　　ウ　ワイヤストリッパ
エ　穴あきニッパ　　オ　ラジオペンチ

①（　　）②（　　）
③（　　）④（　　）
⑤（　　）

得点アップ

● JIS と ISO

・JIS は Japanese Industrial Standards の略。

・ISO は International Organization for Standardization の略。

ここに注目

● 共通部品の用途の例

・ねじ：ナットなどと組み合わせて使うこともある。

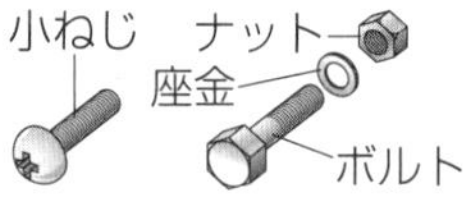

・ばね：金属が縮んだり，金属をひっぱったりした時に元に戻ろうとする力を利用している。

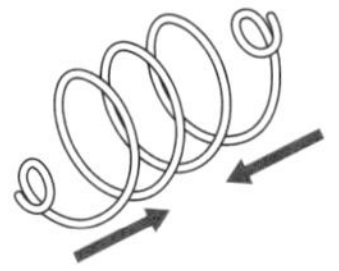

・軸と軸受：軸は回転運動をし，軸受は回転を滑《なめ》らかに行うための部品。

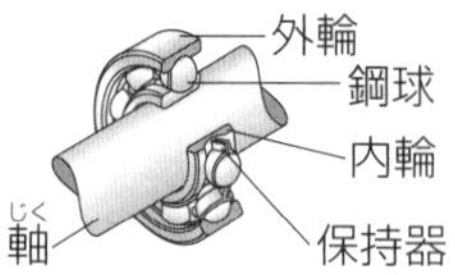

(2) はんだづけのしかたについて，次のようにまとめました。(　)にあてはまる言葉を答えなさい。

　一般《いっぱん》的なはんだごてのワット数は（　①　）～（　②　）W である。鉛《なまり》フリーはんだの場合は融点《ゆうてん》が（　③　）～（　④　）℃になり，こて先は（　⑤　）℃にもなるので注意する。

　基盤《きばん》上のはんだづけは，まず（　⑥　）で（　⑦　）を温めてから，はんだを溶《と》かし込《こ》む。はんだを溶かし込んだあとは，（　⑧　）→（　⑨　）の順で基盤から離《はな》す。余分な（　⑩　）はニッパで切る。

①（　　　　　）②（　　　　　）③（　　　　　）

④（　　　　　）⑤（　　　　　）⑥（　　　　　）

⑦（　　　　　）⑧（　　　　　）⑨（　　　　　）

⑩（　　　　　）

3〔設計と制作〕次の文章は，電気回路の設計と制作についてまとめたものです。**あとの各問いに答えなさい。**(35点)

　電気回路を設計するには，どのような問題解決のためにつくるのか目的を明らかにし，電気を供給する（　①　），スイッチやセンサなど，A電気回路の（　②　）に必要な道具を検討する。Bモジュールを使ってもよい。

(1) (　)にあてはまる言葉を答えなさい。(各5点)

①（　　　　　）②（　　　　　）

(2) ──線 A について，以下の名前を書きなさい。(各4点)

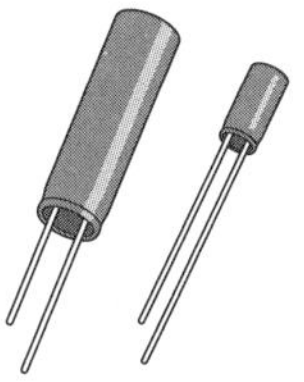

①（　　　　　）

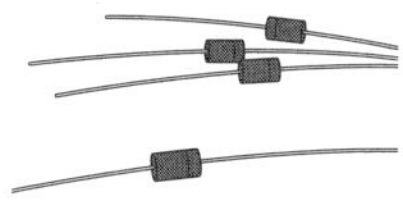

②（　　　　　）

③（　　　　　）

④（　　　　　）

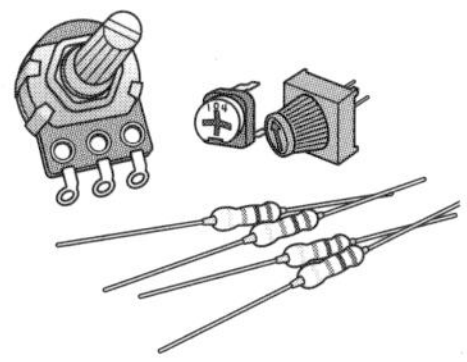

⑤（　　　　　）

(3) ──線 B について，昇圧《しょうあつ》モジュールはア，イのどちらか答えなさい。(5点)

（　　　　　）

ア

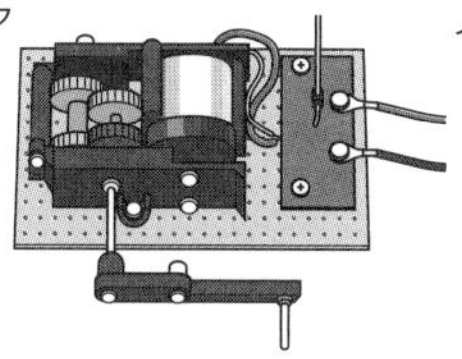

イ

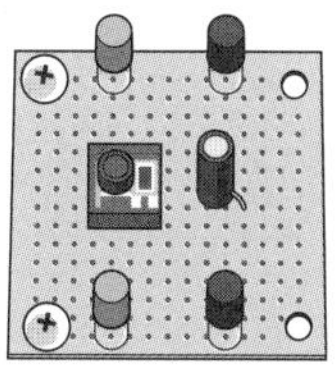

●●ここに注目●●

●はんだづけの例

　加熱不足に注意し，適切な量のはんだを使用する。

良い例　○

悪い例　×

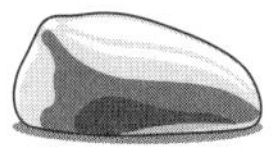

●モジュール

　いくつかの部品でできていて，システムを構成する要素となるもの。

●センサ

　光に反応する光センサ，人の動きに反応する人感センサなどがある。

光センサ

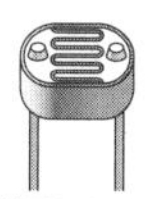

光導電セル(CdS)

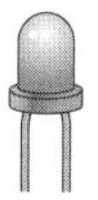

フォトトランジスタ

赤外線センサ
(人感センサ)

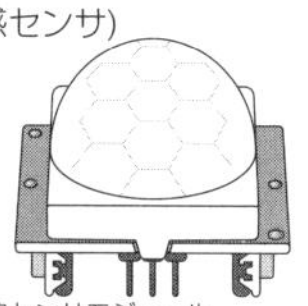

赤外線センサモジュール

13 機器の安全な扱い方

目標30分／70点
得点　　点

1 重要〔電気による事故〕次の文章を読んで，あとの各問いに答えなさい。(43点)

・故障や配線不良による事故を防止するために，(　①　)には，A ブレーカが設けられている。

・電気の事故には，B ろう電，人体に電気が流れる(　②　)，2つの銅線が触れ合うなどして起こる(　③　)，コンセントとプラグのすき間にたまったほこりが原因で起こる(　④　)現象などがある。

・電気部品を安全に使用するためには，電流・電圧を，定められた範囲で使うようにすることが大切である。この定められた電流を(　⑤　)，電圧を(　⑥　)という。

(1) (　)にあてはまる言葉を答えなさい。(各3点)

①(　　　　　　)　②(　　　　　　)
③(　　　　　　)　④(　　　　　　)
⑤(　　　　　　)　⑥(　　　　　　)

(2) ――線Aについて，次の各ブレーカは，どのようなときに作動するか，簡単に答えなさい。(各5点)

① 電流制限器
(　　　　　　　　　　　　　　　　　　)

② ろう電遮断《しゃだん》器
(　　　　　　　　　　　　　　　　　　)

③ 配線用遮断器
(　　　　　　　　　　　　　　　　　　)

(3) ――線Bを防ぐために，もれ出した電気を大地に逃がす役割をもつ電線を何というか答えなさい。(4点)

(　　　　　　)

(4) ビニルコードの許容《きょよう》電流(周囲温度30℃以下)をまとめた次の表の(　)にあてはまる数字を答えなさい。(各2点)

全断面積(㎟)	心線数(本)	心線の直径(㎜)	許容電流(A)
0.75	30	0.18	(　①　)
1.25	50	0.18	(　②　)
2.00	70	0.26	(　③　)

①(　　　　)　②(　　　　)　③(　　　　)

得点アップ

●定格表示の一例

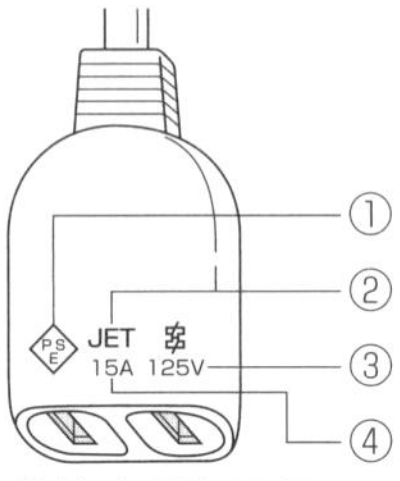

①特定電気用品
②認定検査機関
③電圧の定格値
④電流の定格値

ここに注目

●特定電気用品

・構造や使用方法，使用状況が不適切だと，危険な状況におちいったり，障害が発生したりする可能性の高い電気用品のこと。

・電線や電熱器具など116品が電気用品安全法によって定められている。

●安全な使い方

・電気機器を使う際，電流などの定められた値を超えると火災につながるおそれがあるので絶対に避ける。値を超えていないかどうかを計算し，チェックすることを心がける。

・ほこりがたまりやすい箇所は定期的に掃除《そうじ》するようにする。

2 〔電気機器の安全な使い方〕次の場合，電気機器を安全に使うためにどのようなことに注意すればよいか，簡単に答えなさい。（各6点－24点）

① 電気機器の電源プラグをテーブルタップからぬく場合
② ほこりのたまりやすい場所でコンセントを使用している場合
③ 1つのテーブルタップで複数の電気機器を使う場合
④ 長いコードの付いた電気機器を使用する場合

①（　　　　　　　　　　　　　　　　　　　　　　　　）
②（　　　　　　　　　　　　　　　　　　　　　　　　）
③（　　　　　　　　　　　　　　　　　　　　　　　　）
④（　　　　　　　　　　　　　　　　　　　　　　　　）

3 〔電気機器の保守点検〕次の文章を読んで，あとの各問いに答えなさい。（21点）

電気機器の性能を最もよい状態で継続的に発揮《はっき》させるためには保守点検が必要である。そのため，（ ① ）に記載《きさい》されている項目に基づいて点検を行う。万が一，$_A$異常が発見されたら，まず（ ② ）を抜く。また，電気機器は勝手に（ ③ ）してはいけないものが多い。

(1) （ ）にあてはまる言葉を答えなさい。（各3点）
①（　　　　　　）②（　　　　　　）
③（　　　　　　）

(2) ――線Aについて，電気機器が作動しないので，電気機器の故障《こしょう》かそれ以外の理由かを確かめたい。どのような点を確認すればよいか。2つ答えなさい。（各6点）
（　　　　　　　　　　　　　　　　　　　　　　　　）
（　　　　　　　　　　　　　　　　　　　　　　　　）

4 よく出る 〔機械の整備用品〕次の（ ）にあてはまる言葉を答えなさい。（各2点－12点）

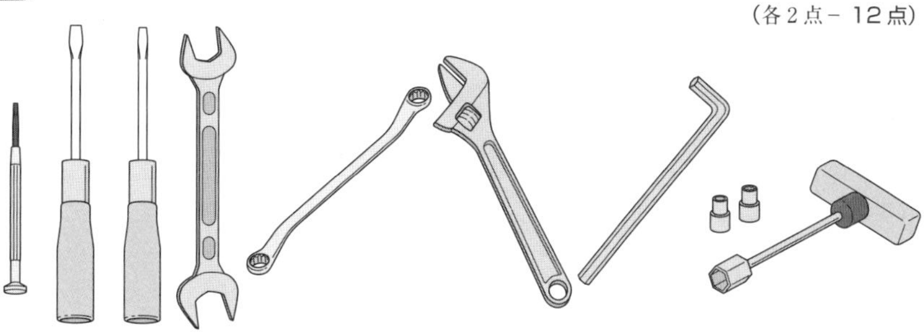

（①）（②）（③）（④）（⑤）（⑥）

ア 六角棒スパナ　　イ モンキレンチ
ウ めがねレンチ　　エ ねじ回し
オ ボックスレンチ　カ 両口スパナ

①（　　）②（　　）③（　　）④（　　）
⑤（　　）⑥（　　）

ここに注目

自転車の保守点検

●サドル
サドルの位置を調整する。実際にまたがって両足が地面に届くかを確かめる。調整する場合は，ねじを緩めて高さを変える。

●ブレーキ
ブレーキをかけたらきちんと自転車が止まるか，ブレーキパッドが消耗していないかをチェックする。調整する場合は，調整ねじを回してケーブルの張りを強めるなどする。

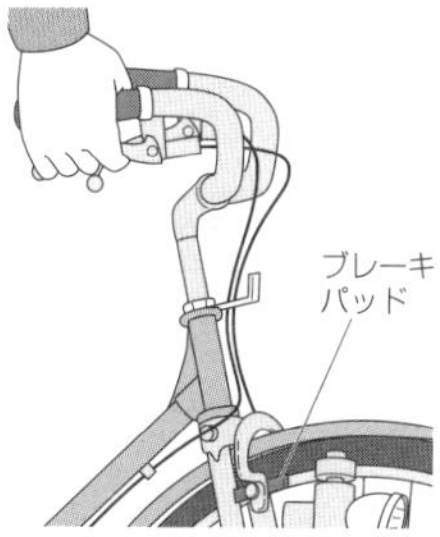

●タイヤ
空気がしっかり入っているかを確かめる。調整する場合は，乗ったときにタイヤが地面と接する面の長さがおよそ10cmになるように空気を入れる。

●チェーン
たるみがないかを確かめる。調整する場合は，チェーン引きナットを締《し》める。

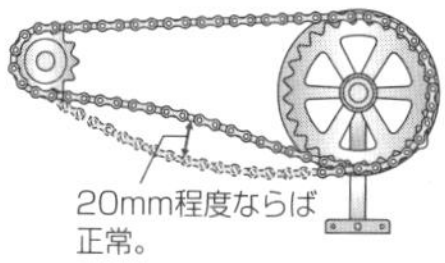

14 社会の発展とエネルギー変換

目標30分／70点
得点　　　点

1 重要〔エネルギー変換《へんかん》技術の最適化〕次の（　）にあてはまる言葉を答えなさい。（各3点－30点）

(1)　エネルギー変換の技術の最適化には，さまざまな条件との折り合いが必要である。その限られた中で（　①　），（　②　），（　③　），などの特性を活用し，（　④　）な仕組みや（　⑤　）な仕組みをもつ。

(2)　エネルギー変換の技術には，マイナスの面もある。石油などの（　⑥　）は，使い続けることで資源が（　⑦　）する心配がある。また，二酸化炭素などの（　⑧　）を排出《はいしゅつ》し，（　⑨　）に負荷をかけたり，重大な（　⑩　）が発生することもある。

①（　　　　　）②（　　　　　）③（　　　　　）
④（　　　　　）⑤（　　　　　）⑥（　　　　　）
⑦（　　　　　）⑧（　　　　　）⑨（　　　　　）
⑩（　　　　　）

得点アップ

●エネルギー変換のプラス面とマイナス面

＜プラス面＞
・快適性の向上
・労働や作業の軽減
・運輸などの効率化
・生産性の向上
など

＜マイナス面＞
・資源の枯渇《こかつ》
・環境《かんきょう》への負荷
・事故の発生
など

2〔温室効果ガスの排出〕次の図は，家庭からの二酸化炭素の排出量を示したものです。（　）にあてはまる言葉を，あとから選んで記号で答えなさい。（各2点－10点）

世帯あたりの用途別の二酸化炭素排出量　単位：kgCO_2

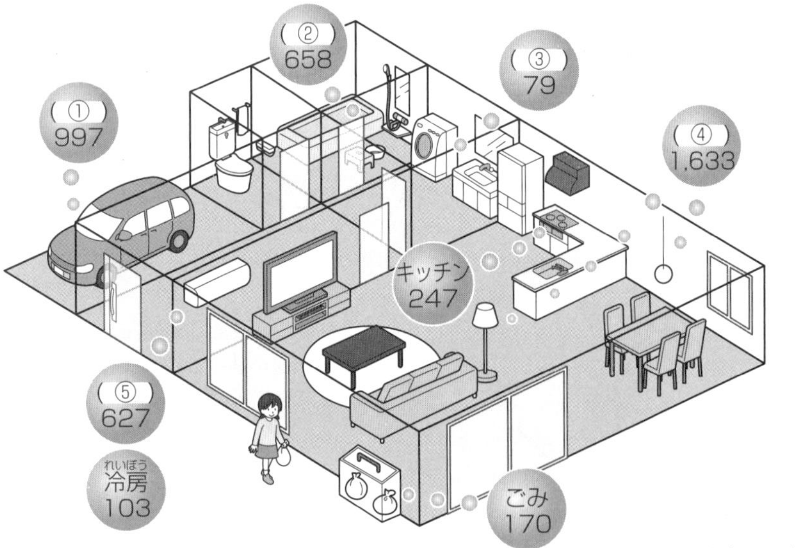

国立環境研究所（2016）

ア　照明・家電製品など　　イ　暖《だん》房《ぼう》　　ウ　水　道
エ　自動車　　オ　給　湯

①（　　　）②（　　　）③（　　　）④（　　　）
⑤（　　　）

ここに注目

●地球温暖化対策

2016年11月に，2020年以降の地球温暖化対策の国際的枠《わく》組《ぐ》みを定めた「パリ協定」が発効された。パリ協定では，世界の平均気温の上昇《じょうしょう》を産業革命以前に比べて2℃未満（努力目標1.5℃）に抑え，21世紀後半には温室効果ガスの排出をゼロにすることを目標としている。

3 重要〔新しいエネルギー変換技術〕これからのエネルギー変換の技術について，環境面，社会面，経済面での視点をまとめました。**次の（　）にあてはまる言葉として適当なものをあとから選んで記号で答えなさい。**（各2点－28点）

(1)　環境面：（　①　）（　②　）（　③　）（　④　）（　⑤　）

(2)　社会面：（　⑥　）（　⑦　）（　⑧　）（　⑨　）（　⑩　）（　⑪　）

(3)　経済面：（　⑫　）（　⑬　）（　⑭　）

ア　新しい産業の創出　　**イ**　防　災

ウ　3R（リデュース，リユース，リサイクル）

エ　子育て，教育　　**オ**　介護《かいご》・福祉《ふくし》

カ　低炭素社会から脱炭素社会へ　　**キ**　安全対策のための費用

ク　省エネルギー　　**ケ**　安定的なエネルギー供給

コ　健康的な生活　　**サ**　発電コスト

シ　自然環境，生物多様性　　**ス**　安全・安心

セ　ライフサイクルアセスメント

①（　　　）②（　　　）③（　　　）④（　　　）

⑤（　　　）⑥（　　　）⑦（　　　）⑧（　　　）

⑨（　　　）⑩（　　　）⑪（　　　）⑫（　　　）

⑬（　　　）⑭（　　　）

4〔エネルギー変換の技術〕次の文章は，エネルギー変換の技術についてまとめたものです。**あとの各問いに答えなさい。**（32点）

エネルギー変換の技術には，A「省エネルギーの技術」や，「エネルギーを（　①　）技術」，「エネルギーを（　②　）技術」などがある。「エネルギーを（　①　）技術」には，潮《しお》の満《み》ち干《ひ》を利用した（　③　）の技術や，水素と酸素を化学反応させて電気を発生させる（　④　）などがある。「エネルギーを（　②　）技術」には電気自動車で用いられている（　⑤　）や，（　⑥　）の技術を用いた蓄電《ちくでん》システムなどがある。

(1)　（　）にあてはまる言葉を答えなさい。（各3点）

①（　　　　　　　）②（　　　　　　　）

③（　　　　　　　）④（　　　　　　　）

⑤（　　　　　　　）⑥（　　　　　　　）

(2)　――線Aについて，具体的な技術名を2つ書きなさい。（各5点）

①（　　　　　　　　　）②（　　　　　　　　　）

(3)　燃料電池車は，何の排出を抑《おさ》えることができるか書きなさい。（4点）

（　　　　　　　　　）

ここに注目

●ライフサイクルアセスメント

ライフサイクルアセスメントとは，資源の採取，商品の製造，輸送，商品の使用，再生などの全ての段階を通して環境への影響《えいきょう》を評価する手法のこと。

●エネルギー変換の技術

- 省エネルギーの技術にはヒートポンプや排気熱利用技術などがある。
- エネルギーをつくる技術には潮流《ちょうりゅう》発電技術，燃料電池がある。
- エネルギーをためる技術にはリチウムイオン電池や超電導フライホイール蓄電システムなどがある。

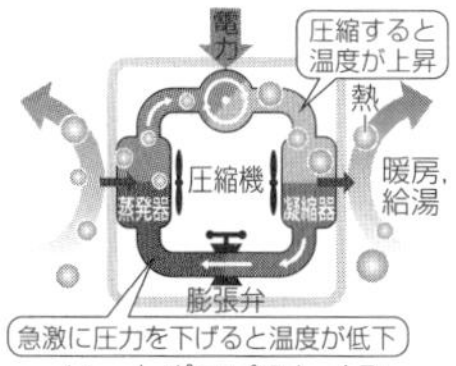

ヒートポンプのしくみ

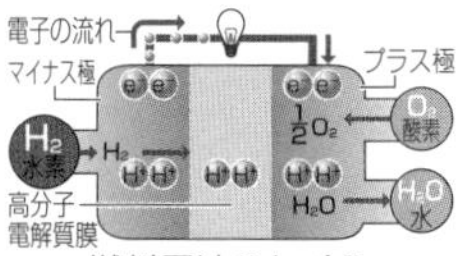

燃料電池のしくみ

15 生物育成の環境と技術

目標30分／70点
得点　　　点

1 重要〔生物育成〕次の（　）にあてはまる言葉を答えなさい。

（各3点－15点）

人間は，食物や材料などに利用するために（　①　）が育ちやすいように畑を耕《たがや》して（　②　）をまき，（　③　）や水を与えて虫などの害を防ぐようにしてきた。また，育てた（　①　）をえさにして，（　④　）を育ててきた。このように，（　①　）や（　④　）を育成していく中で，気候条件など様々な問題に対して人間の都合のよい生物になるように（　⑤　）を重ねて現在のものになっている。

①（　　　　　　　）②（　　　　　　　）
③（　　　　　　　）④（　　　　　　　）
⑤（　　　　　　　）

2 よく出る〔生物育成の環境〕生物育成の環境要因を次のようにまとめました。（　）にあてはまる言葉として適当なものを，あとから選んで記号で答えなさい。（各2点－26点）

(1)　気象要因：（　①　）（　②　）（　③　）（　④　）（　⑤　）
(2)　生物要因：（　⑥　）（　⑦　）（　⑧　）（　⑨　）（　⑩　）
(3)　土壌要因：（　⑪　）（　⑫　）（　⑬　）

ア　雑　草　　イ　日　長　　ウ　日射量　　エ　鳥《ちょう》　獣《じゅう》
オ　通気性　　カ　昆　虫　　キ　降水量　　ク　微生物
ケ　水はけ　　コ　保水・保肥性　　サ　温　度
シ　土中の小動物　　ス　湿　度

①（　　　）②（　　　）③（　　　）④（　　　）⑤（　　　）
⑥（　　　）⑦（　　　）⑧（　　　）⑨（　　　）⑩（　　　）
⑪（　　　）⑫（　　　）⑬（　　　）

3 〔栽培方法〕作物の栽培方法の説明を次のようにまとめました。（　）にあてはまる言葉を答えなさい。（各3点－15点）

(1)　（　①　）：屋外の畑で育てる。
(2)　（　②　）：ビニルハウスや温室などで育てる。最近では，（　③　）工場が広がりを見せており，土ではなく（　④　）で栽《さい》培《ばい》される場合もある。
(3)　（　⑤　）：鉢やプランター，コンテナなどで育てる。

①（　　　　　　　）②（　　　　　　　）
③（　　　　　　　）④（　　　　　　　）
⑤（　　　　　　　）

得点アップ

●生物育成に関わる技術の現状

・農業がなされなくなった農地を耕作放棄地《こうさくほうき》という。農業に就《つ》いている人口の高齢化と後継者不足によって，この面積は年々増え続けている。
・農地は普段から管理をしておかないと荒れてしまう。そのようにして，一度荒れてしまった農地を元に戻すのは難しい。
・2009年には農地法が改正されたことによって農地の貸し付けをしやすくなったために，農業に参入する企業も出てきている。

●森林の育成

・木を伐採《ばっさい》してから，手を加えないで自然のままに木が生えてくるのを待つ方法を天然更新という。それとは逆に，木を伐採してから苗を植え，育てていくのが人工造林である。
・木を植えてから伐採するまでには50年以上がかかる。
・その間には，周りの雑草を刈《か》りとる「下草刈り」，木の成長によって間引きをする「間《かん》伐《ばつ》」，節のない上質な木材を作るための「枝打ち」といった重要な作業がある。

4 〔家畜を育てる技術〕次の（　）にあてはまる言葉を答えなさい。

（各3点－30点）

（　①　）とは，人に飼われて保護されながら繁殖《はんしょく》し，農業における生産に役立つ動物をさす。

給《きゅう》餌《じ》

給餌においては，動物の種類や（　②　）の段階，肉や卵といった種類や量に合わせ，（　②　）のために必要な（　③　）を与える。

環《かん》境《きょう》

動物の育成には，種類や時期によって効率よく育成ができる（　④　）がある。育成時には，それに適した（　④　）を保つことを意識する。また，成長の過程で病気への（　⑤　）を防ぐことも重要である。そのためには，畜舎を必要に応じて（　⑥　）したり，（　⑦　）したりするといった居住環境の管理に加え，消毒や（　⑧　）の投与といった（　⑨　）面の管理が重要になる。

繁　殖

（　⑩　）による繁殖によって品種改良が進み，よりよい（　①　）が生産されるようになった。

①（　　　　　　）②（　　　　　　）
③（　　　　　　）④（　　　　　　）
⑤（　　　　　　）⑥（　　　　　　）
⑦（　　　　　　）⑧（　　　　　　）
⑨（　　　　　　）⑩（　　　　　　）

5 〔水産生物を育てる技術〕次の（　）にあてはまる言葉を答えなさい。

（各2点－6点）

水産生物においても，人の手で育てる（　①　）が行われるようになっている。（　①　）とは，（　②　）された環境で人の手によって水産生物を（　③　）する技術のこと。

①（　　　　　　）②（　　　　　　）
③（　　　　　　）

6 〔生物育成の目的〕次の生物育成の目的を，あとから選んで記号で答えなさい。なお，記号は何度使用してもよい。（各2点－8点）

① スギ林の育成
② 乳牛の飼育
③ 地域の花壇《かだん》の整備
④ カキの養殖

ア　食料の生産　　イ　燃料・材料の生産　　ウ　自然環境の保全

①（　　）②（　　）③（　　）④（　　）

ここに注目

生物を育てる技術で，イネを例にとった場合，環境条件と成長の管理には以下のようなものがある。

●環境条件

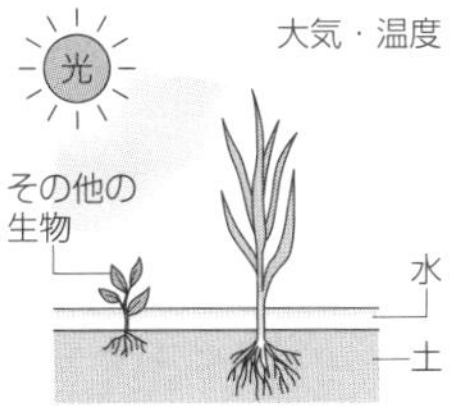

・田おこしをすることで健康な土を作る。

・除草剤をまいて雑草を枯らす。

●成長の管理

・田植えは，苗の成長と田の準備などの状況に合わせて行う。

・イネの成長を観察して必要な作業を実施する。

・もみが黄色くなって，稲穂が垂れ下がるころに収穫する。

16 生物育成技術の利用 (1)
生物を育てる

目標30分／70点
得点　　点

1 重要〔人と動物のかかわり〕人と動物のかかわりについてまとめました。あとの各問いに答えなさい。(28点)

人が利用するために飼育する動物のことを（　①　）という。私たちは（　①　）からたくさんの恩恵《おんけい》を受けている。たとえば（　②　）や（　③　），（　④　）などの食料，衣類の原料となる（　⑤　），（　⑥　），（　⑦　）を得ている。また，工業製品の原料や，（　⑧　）の原料となることもある。そのほか，（　⑨　）（愛玩《あいがん》動物）など，動物は人の生活にさまざまな場面でかかわっている。

（　①　）は人の要求に応じて_A（　⑩　）され_，さまざまな能力を備え，生産性が高められて生きている。

(1)（　）にあてはまる言葉を答えなさい。(各2点)

①（　　　　　）②（　　　　　）③（　　　　　）
④（　　　　　）⑤（　　　　　）⑥（　　　　　）
⑦（　　　　　）⑧（　　　　　）⑨（　　　　　）
⑩（　　　　　）

(2) ——下線部Aについて，ウシの変化をまとめました。

① ウシの原生種の名前を書きなさい。(5点)
（　　　　　　　　）

② 乳をとるための乳用型はどれか，図のア～ウから選んで，記号で答えなさい。(3点)
（　　　　）

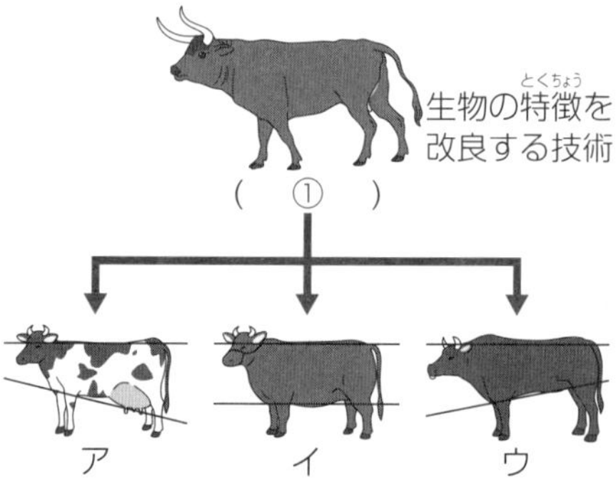

2〔家畜の一生〕ウシ，ニワトリ，ブタの一生についてまとめました。次の（　）にあてはまる言葉として適当なものをあとから選んで記号で答えなさい。(各3点－15点)

(1) ウシ：　（　①　）（　②　）
(2) ニワトリ：（　③　）（　④　）
(3) ブタ：　（　⑤　）

ア　6か月齢《れい》（体重100～120kg）で出荷される。
イ　メスは出産後約10か月間搾乳《さくにゅう》する。
ウ　5か月齢で卵を産み始める。　　エ　1年1産が基本
オ　早いものは4～5週齢（1.5～2.1kg）で出荷される。

①（　　　）②（　　　）③（　　　）④（　　　）⑤（　　　）

得点アップ

●健康に飼育する技術
・畜舎内の環境に配慮をしながら清潔に保つことが重要。
・飼料を与えるときは，動物の発育状況を見て，それぞれの段階に適した養分を満たせるようにする。

●乳牛の飼育計画の例
・乳牛の1日の飼育計画

時刻	乳牛の1日の飼育計画
5	搾乳
6	
7	朝の給餌
8	清掃
9	牛乳の出荷
10	
11	
12	
13	各種記録
14	外で運動
15	飼料の加工など
16	
17	搾乳
18	検診
19	夜の給餌
20	

・これらは綿密な飼育計画にもとづく必要がある。育成環境としては，運動場を併設することも必要である。

3 重要〔水産資源の有効利用〕水産資源についてまとめました。あとの問いに答えなさい。(32点)

A水産資源を人の手で育てることを（ ① ）という。日本は海で囲まれた（ ② ）なので，漁業ができる（ ③ ）は世界でも上位に入る。日本人は昔から水産資源を（ ④ ）の供給源として利用してきた。

(1) （ ）にあてはまる言葉を答えなさい。(各5点)

①（　　　　　　　）②（　　　　　　　）

③（　　　　　　　）④（　　　　　　　）

(2) ——線Aの形態について，次の（ ）にあてはまる言葉をあとから選んで記号で答えなさい。(各3点)

（ ① ）…休耕田を利用するなどして淡水魚《たんすいぎょ》の養殖《ようしょく》を行う。

（ ② ）…海面にいかだを設置しマガキや藻類《そうるい》を養殖する。

（ ③ ）…海にいけすをつくり，ブリなどを養殖する。

（ ④ ）…陸上に設備を作り閉鎖《へいさ》した環境《かんきょう》で養殖を行う。

ア　陸上水槽《すいそう》　　イ　海面いかだ

ウ　ため池，水田　　エ　海面いけす

①（　　　）②（　　　）③（　　　）④（　　　）

4 〔水産生物を育てる技術〕次の各問いに答えなさい。(25点)

(1) 下の図の（ ）にあてはまる言葉をあとから選んで記号で答えなさい。(各3点)

主な魚種の養殖《ようしょく》と天然の生産割合

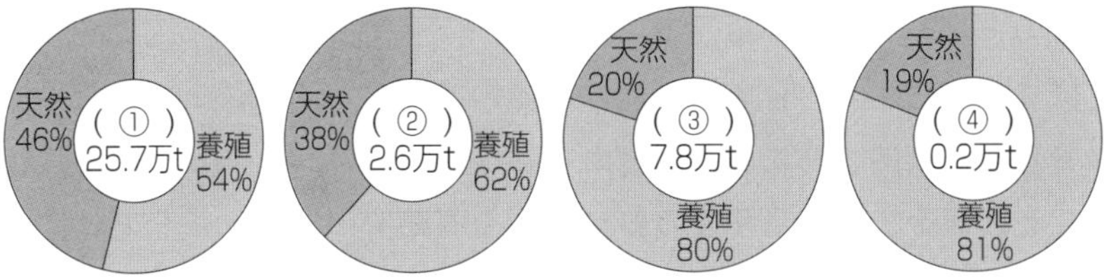

農林水産省「2017年漁業・養殖業生産統計」

ア　クルマエビ　　イ　ブリ類

ウ　マダイ　　エ　クロマグロ

①（　　　）②（　　　）③（　　　）④（　　　）

(2) 次の（ ）にあてはまる言葉を答えなさい。(各5点)

養殖には，人工生産した稚魚《ちぎょ》を種苗《しゅびょう》とする（ ① ）と，天然の稚魚を種苗とする（ ② ）とがある。

①（　　　　　　　）②（　　　　　　　）

(3) 完全養殖が確立されている魚の種類を1つ答えなさい。(3点)

（　　　）

得点アップ

●漁業の種類

漁業には「とる漁業」と「育てる漁業（養殖）」があるが，世界的に「育てる漁業（養殖）」が増えている。

世界の漁業・養殖《ようしょく》業生産量の推移

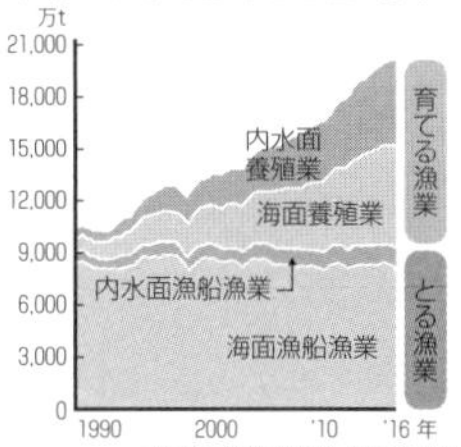

水産庁「2017年度 水産白書」

ここに注目

●養殖の技術

・完全養殖の技術が確立されているものにはマダイ，ヒラメ，トラフグなどがある。

・不完全養殖の魚にはニホンウナギ，ブリなどがある。

●飼育管理の技術

・飼育管理に求められる技術には，水質の管理，水産生物の成長に適する環境を調節する技術，給餌《きゅうじ》の技術，健康管理の技術などがある。

17 生物育成技術の利用 (2)
植物の育成

目標30分／70点
得点　　点

1 〔土　壌〕培養土の作り方の例を示した次の文章を読んで，あとの各問いに答えなさい。(22点)

土には，小さな粒子《りゅうし》だけで塊《かたまり》にならない（　①　）構造と，土の細かい粒子が集まって小さな塊になっている（　②　）構造とがある。植物の栽培《さいばい》に適しているのは（　②　）構造の土である。この土には適度な（　③　）があるので（　④　）がよく，（　⑤　）もある。また，（　③　）に水分を保つことができるので，水もちがよいという特徴《とくちょう》もある。

(1)（　）にあてはまる言葉を答えなさい。(各4点)

①（　　　　　　　　）②（　　　　　　　　）
③（　　　　　　　　）④（　　　　　　　　）
⑤（　　　　　　　　）

(2) ア・イのうち，植物の生育に適した土の構造はどちらか。(2点)

ア

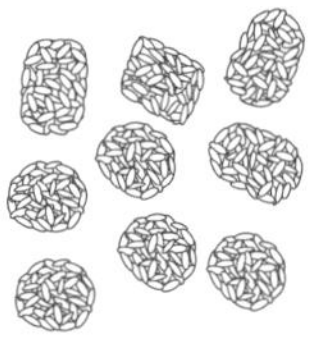

イ

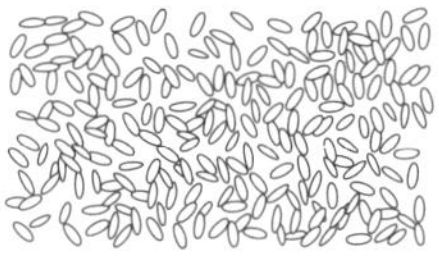

（　　　）

2 よく出る 〔種まき〕次の（　）にあてはまる種まきの種類として適当なものを，あとから選んで記号で答えなさい。(各3点－18点)

（　①　）：直接，花壇や畑などにまく。種の大きい品種・移植に適さない品種がこの方法に適している。

（　②　）：セルトレイにまく。屋内での育成が可能になるので，かん水や温度の管理を比較的容易に行うことができる。

（　③　）：ポリポットなどに種をまく。発芽後の移植工程を省略できる。

（　④　）：大きい種や値段の高い種，あるいは間引きを行いたくないときに適する方法。

（　⑤　）：ふつうの大きさの種に対して適し，間引きを行うことが簡単な方法。

（　⑥　）：細かい種で，（　④　）や（　⑤　）を行いにくいときに適する方法。

ア　ばらまき　　イ　セルトレイまき　　ウ　じかまき
エ　点まき　　オ　すじまき　　カ　ポットまき

①（　　）②（　　）③（　　）④（　　）
⑤（　　）⑥（　　）

得点アップ

●種まきのやり方（ポットまき）

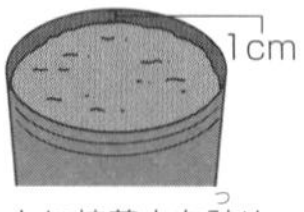

ポットに培養土を詰《つ》め，上から1cmほど空間を空ける(ウォータースペース)

↓

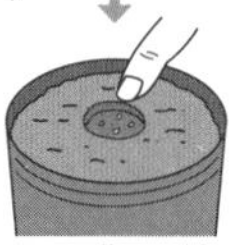

種を3・4粒《つぶ》ずつ等間隔《とうかんかく》に置き，軽く指先で押《お》し込《こ》む（3～5mm）

↓

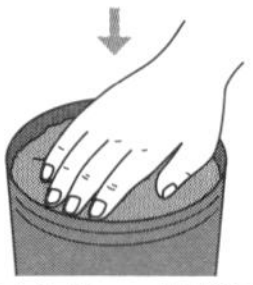

種に土を5mm程度かけ(種が隠れる程度)，表面を優《やさ》しく押さえる

ここに注目

●間引き

種をたくさんまいたあとで，苗の品質や発育をそろえるため，栽培《さいばい》するのに適している苗を残す方法。

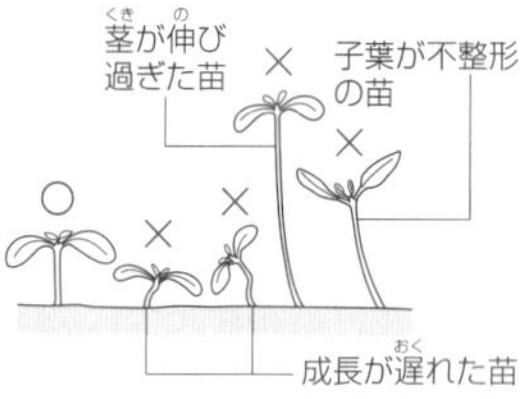

3 よく出る〔定植とかん水〕次の（　）にあてはまる言葉を答えなさい。

（各4点－20点）

定　植

定植をするときは，プランターの底に（　①　）を約3cm入れる。これは（　②　）をよくするためで，さらにその上から（　③　）を入れる。必要があれば（　④　）を立てる。支柱を立てると，風通しがよくなり，葉にも日があたりやすくなる。

かん水

かん水をするときは，（　⑤　）や花に水がかからないようにし，排水口《はいすいこう》から排出されるまで与える。

①（　　　　　　　）②（　　　　　　　）
③（　　　　　　　）④（　　　　　　　）
⑤（　　　　　　　）

4〔養分の管理〕次の（　）にあてはまるトマトの健康状態として適当なものを，あとから選んで記号で答えなさい。（各3点－24点）

（　①　）：茎が細くて葉が垂《た》れている。実の付きも悪い。
（　②　）：葉がしおれて垂れている。
（　③　）：葉のふちから表面にかけて黄色くなる。
（　④　）：下葉から淡い緑色から黄色に変化し，生育が悪くなる。
（　⑤　）：葉が大きく緑色が濃くなる。実の付きが悪い。
（　⑥　）：葉先が褐変し，果実の底が腐《くさ》る。
（　⑦　）：下葉の葉脈の間が黄色くなる。葉先から黄色くなる。
（　⑧　）：節の間が長く伸びて，実の付きも悪くなる。

ア　マグネシウム欠乏　**イ**　日照不足　**ウ**　カリウム欠乏
エ　水不足　**オ**　窒素欠乏　**カ**　窒素過多　**キ**　水分過多
ク　カルシウム不足

①（　　）②（　　）③（　　）④（　　）
⑤（　　）⑥（　　）⑦（　　）⑧（　　）

5〔植物の生育〕次の文が正しければ○，まちがっていれば×を答えなさい。（各4点－16点）

①　肥料の三大要素とは，窒素・リン・マグネシウムである。
②　肥料は，定植の際にまとめて与えるようにする。
③　有機質肥料には，ゆっくりと長く効くという特長がある。
④　植物の病気は，気温や湿度，日照などの環境条件で発生しやすい。

①（　　）②（　　）③（　　）④（　　）

ここに注目

●誘《ゆう》引《いん》

［正しい誘引］

［正しくない誘引］

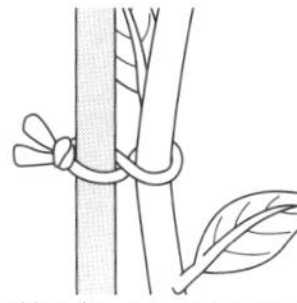

茎がしめつけられている

●摘《てき》芽《が》

わき芽《め》を横へ曲げ，付け根から摘《つ》み取って茎の先端の成長を促進させる。このとき，傷口を大きくしないように注意する。

●摘しん

茎の先端を切って，結実やわき芽の成長を促進《そくしん》させる。

18 社会の発展と生物育成技術

目標30分／70点
得点　　　点

1〔生物の育成計画〕生物の育成計画についてまとめました。（　）にあてはまる言葉をあとから選んで記号で答えなさい。（各2点－10点）

日本の農業にはいくつかの問題点がある。たとえば担《にな》い手の（　①　）や（　②　）の減少，（　③　），（　④　）への対応などがあげられる。（　⑤　）で品質のよい生産物を得るには，課題の設定，問題解決への取り組みが必要である。

ア　異常気象　　イ　高齢《こうれい》化　　ウ　耕作地
エ　安心・安全　　オ　気候変動

①（　　　）②（　　　）③（　　　）
④（　　　）⑤（　　　）

2〔生物の育成計画〕作物の育成計画についてまとめました。（　）にあてはまる言葉を答えなさい。（各3点－24点）

作物の育成計画を立てるには，まず育成する目的を考える。目的にあわせて，収穫《しゅうかく》したい（　①　），味や色などの（　②　），安全性，生産性，（　③　），（　④　）への配慮《はいりょ》，輸送性，保存性などを考慮する。次に作物の育成に適した環境《かんきょう》条件を考える。そこには（　⑤　），発芽適温，（　⑥　），通風，（　⑦　）などがある。実際に育成する際には，ニーズにあった（　⑧　）を選択する。

①（　　　）②（　　　）③（　　　）④（　　　）
⑤（　　　）⑥（　　　）⑦（　　　）⑧（　　　）

3 重要〔栽培《さいばい》カレンダー〕作物の栽培時期などをまとめました。（　）にあてはまる作物を，あとから選んで記号で答えなさい。（各3点－18点）

（　①　）：日照不足は発色不良になる。寒冷地では7～9月に収穫する。
（　②　）：寒冷地，暖地で栽培する品種が異なる。9月に収穫する。
（　③　）：花芽は秋の低温と短日条件でつくられる。寒冷地では6月に収穫する。
（　④　）：7月以降に種まきをする。開花は10月から5月ごろまで。
（　⑤　）：種イモを植えて育てる。中間地と暖地は2回収穫できる。
（　⑥　）：たねをじかまきする。年に2回収穫できる。

ア　イネ　　イ　ダイコン　　ウ　ジャガイモ
エ　ナス　　オ　パンジー　　カ　イチゴ

①（　　　）②（　　　）③（　　　）
④（　　　）⑤（　　　）⑥（　　　）

得点アップ

●植物工場

生物育成の技術の工夫の1つに，植物工場がある。これは建物の中で光や温度，二酸化炭素量，水分などを調節し，外の天候や季節に関係なく作物を生産できるシステムである。

ここに注目

●特別栽培農産物

「特別栽培農産物に係る表示ガイドライン」（農林水産省）に基づいて，その地域で一般《いっぱん》的に使われている農薬や化学肥料の量の50%以下の量で栽培された農作物のことをいう。

●種苗《しゅびょう》法

植物の新品種の保護を定めた法律。「とちおとめ」や「シャインマスカット」など日本で開発された品種が海外に流出している問題があり，育種の知的財産権が重要になっている。植物の新品種を開発した人には知的財産の1つである「育成者権」が付与《ふよ》され，また，開発者は種や苗《なえ》を輸出する国や栽培する地域を指定できる。

4 重要〔生物育成の技術の最適化〕生物育成の技術の最適化についてまとめました。**あとの問いに答えなさい。**（36点）

現在，生物育成の技術を用いて，安全な（ ① ）はもちろん，人の健康を支える（ ② ）や，燃料となる（ ③ ）もつくられている。

課題としては，A生物の遺伝子を操作する技術や，植物を育成するときに用いられる（ ④ ）や（ ⑤ ）の人体への影響《えいきょう》が心配されている。そのほか，（ ⑥ ）の視点からは（ ⑦ ）に配慮した生産や（ ⑧ ）が求められている。これからの（ ⑨ ）な社会には，効率的な生産技術だけでなく，（ ⑩ ）も保全できる技術が求められている。

(1)　（　）にあてはまる言葉を答えなさい。（各2点）

①（　　　　）②（　　　　）
③（　　　　）④（　　　　）
⑤（　　　　）⑥（　　　　）
⑦（　　　　）⑧（　　　　）
⑨（　　　　）⑩（　　　　）

(2)　――線Aの技術を用いた農作物のことを何といいますか。（4点）

（　　　　）

(3)　右のグラフは――線Aの技術を用いた農作物の栽培の，世界における割合です。（　）にあてはまる農作物を答えなさい。

（各4点）

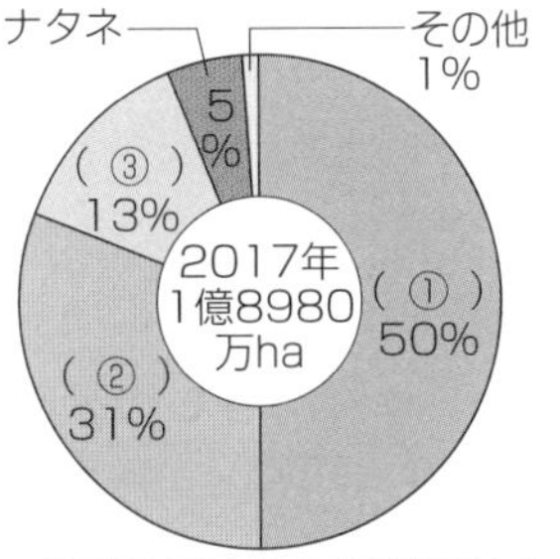

「国際アグリバイオ事業団」より

①（　　　　）
②（　　　　）
③（　　　　）

5〔新しい生物育成の技術〕新しい生物育成の技術についてまとめました。**（　）にあてはまる言葉を答えなさい。**（各2点－12点）

これまでの生物育成の技術は，（ ① ）や品質を向上させる目的で発達してきた。近年の農業は種々の課題解決のため，モノのインターネットとよばれる（ ② ）や，（ ③ ）（人工知能）の技術も取り入れられている。さらに，農業用のロボットを活用する（ ④ ）も進んできている。

管理の面では，（ ⑤ ）（農業生産工程管理）という取り組みが行われている。これは農業での食品安全，環境保全，労働安全などの（ ⑥ ）を確保するための取り組みである。

①（　　　　）②（　　　　）
③（　　　　）④（　　　　）
⑤（　　　　）⑥（　　　　）

得点アップ

●**遺伝子組み換《か》え農作物**
もとの遺伝子を操作して，新しい性質をもたせるなどした農作物のこと。もともと自然界に存在しない生物を作り出すことになるので，食料としての安全性だけでなく，自然界に与える影響についても考えなければいけない。

ここに注目

● **GAPのメリット**
・生産者のメリット
品質の向上，販売量や収入の増加，資材の適切な在庫管理，生産・販売計画が立てやすくなるなどが挙げられる。
・消費者のメリット
適切な管理のもとで生産された安全・安心な食品を選ぶことができる。

●**アクアポニックス**
水耕栽培と魚の養殖を掛《か》け合わせた生産システムで，新しい農業として注目されている。魚の排《はい》泄《せつ》物や食べ残した餌《えさ》などを微《び》生物が分解し植物の栄養素に変換《へんかん》する。植物は栄養を吸収して，浄化《じょうか》された水が再び魚の水槽《すいそう》に戻《もど》る仕組み。

19 情報技術 (1)
情報の技術

目標30分／70点
得点　　点

1 重要〔情報の技術〕情報の技術についてまとめました。あとの各問いに答えなさい。(各 3 点－36 点)

コンピュータなどの技術を利用すると，(　①　)，(　②　)，(　③　)，(　④　)などの情報を伝達することができる。

情報は(　⑤　)から入力し，(　⑥　)に出力することができるほか，(　⑦　)や(　⑧　)に記憶することもできる。さらに，情報の(　⑨　)や命令の実行をする演算・(　⑩　)の機能が備わっている。

(1)　(　)にあてはまる言葉を答えなさい。

①(　　　　　)　②(　　　　　)　③(　　　　　)
④(　　　　　)　⑤(　　　　　)　⑥(　　　　　)
⑦(　　　　　)　⑧(　　　　　)　⑨(　　　　　)
⑩(　　　　　)

(2)　コンピュータの機能を実現する装置を何というか。
(　　　　　　　)

(3)　コンピュータを動作させるためのプログラムなどを何というか。
(　　　　　　　)

2〔情報の入力と出力〕情報の入力と出力についてまとめました。次の(　)にあてはまる言葉として適当なものをあとから選んで記号で答えなさい。記号は何度使用してもよい。(各 2 点－20 点)

(1)　エアコン
入力機能：(　①　)(　②　)
出力機能：(　③　)

(2)　スマートフォン
入力機能：(　④　)(　⑤　)
出力機能：(　⑥　)(　⑦　)

(3)　ノート型パソコン
入力機能：(　⑧　)(　⑨　)
出力機能：(　⑩　)

ア　カメラ　　**イ**　マウス　　**ウ**　タッチパネル
エ　人感センサ　　**オ**　キーボード　　**カ**　リモコン
キ　モータ　　**ク**　ディスプレイ

①(　　　)　②(　　　)　③(　　　)　④(　　　)
⑤(　　　)　⑥(　　　)　⑦(　　　)　⑧(　　　)
⑨(　　　)　⑩(　　　)

得点アップ

●ソフトウェア
コンピュータ本体や周辺機器などのハードウェアを動かし，データ処理の手順を定めたもの。ソフトウェアは，専用の言語でかかれたプログラムからできている。

ここに注目

●アプリ
コンピュータやスマートフォンなどで，決まった作業をするために作られたプログラミングが「アプリケーションソフトウェア（アプリ）」である。ゲームや表計算，写真撮影《さつえい》や加工，描画《びょうが》など，目的に合わせてさまざまなアプリが開発されている。

●アナログ情報とデジタル情報
時刻や温度などのように連続的に変化する情報を「アナログ情報」，連続する情報を一定の区切りで表したものを「デジタル情報」という。

●人感センサ
人や動物に反応して機器を自動で動かすセンサーの総称《そうしょう》。温度をもつ生き物が感知範囲《はんい》内で動くと，そこから発せられる赤外線や超音波，光などを感知する仕組み。

3 重要〔情報のデジタル化〕情報のデジタル化についてまとめました。**あとの問いに答えなさい。**（各2点－26点）

コンピュータでは，情報を（　①　）と（　②　）の2種類の数字の組み合わせである（　③　）にする。これを（　④　）という。（　④　）された$_A$データ量は（　⑤　）という基本単位で表される。

(1)（　）にあてはまる言葉をあとから選んで記号で答えなさい。

ア　2進数　　イ　1　　ウ　0　　エ　ビット

オ　デジタル化

①（　　）②（　　）③（　　）④（　　）⑤（　　）

(2) ——線Aについて，データ量の単位を表にしました。次の（　）にあてはまる言葉を答えなさい。

単位	データ量	用途例など
b，bit（ビット）		データ量の（　①　）単位
B，byte（　②　）	1B＝（　③　）bit	データ量の単位
KB（キロバイト）	1KB＝（　④　）B	パソコンのファイルサイズ
MB（メガバイト）	1MB ＝ 1024KB	CD-Rの容量
GB（　⑤　）	1GB＝（　⑥　）MB	DVD-Rの容量
（　⑦　）（テラバイト）	1（　⑦　）＝1024GB	ハードディスクの容量
PB（　⑧　）	1PB ＝ 1024（　⑦　）	データセンターの容量

①（　　　）②（　　　）③（　　　）
④（　　　）⑤（　　　）⑥（　　　）
⑦（　　　）⑧（　　　）

4〔解像度とデータ量〕次の文章は，解像度とデータ量についてまとめたものです。**あとの問いに答えなさい。**（各3点－18点）

デジタル化された画像は，（　①　）（ピクセル）という点の集まりで表現され，その点の集まり度合いを（　②　）という。（　②　）が高いほど画像は（　③　）になるが，データ量は（　④　）なる。データ量が多いと（　⑤　）に時間がかかる。そこで，$_A$目的にあわせてデータ量を小さくする技術がある。

(1)（　）にあてはまる言葉を書きなさい。

①（　　　）②（　　　）③（　　　）
④（　　　）⑤（　　　）

(2) ——下線部Aのように，大きなデータ量を小さくすることを何というか。

（　　　　）

ここに注目

●ファイル

コンピュータで扱うデータのまとまりの単位。編集・制作したデータはファイルとして保存される。複数のファイルを分類したり管理したりする場合は「フォルダ」を用いる。

●英数字と日本語のデータ量

英数字は，アルファベットと数字（半角）で，文字の量は1文字が1バイト。日本語（全角）は文字の種類が多く，1文字が2バイト以上で表される。1キロバイトは1024バイトなので，日本語512文字分になる。

●解像度

単位はdpi。1インチ（2.54cm）あたりの画素数を表す。

●圧　縮

ファイル形式によって，圧縮率や対応するソフトウェアが異なってくる。

音声ファイル

MP3，AAC など

画像

JPEG，PNG など

動画

MPEG，MP4 など

20 情報技術（2）
情報通信ネットワークとモラル

目標30分／70点

得点　　　点

1 重要〔情報通信ネットワーク〕情報通信ネットワークについてまとめました。あとの各問いに答えなさい。（42点）

コンピュータやスマートフォン，テレビなどの A 情報機器同士をつないだものを（ ① ）という。機器同士は（ ② ）や（ ③ ）でつなぎ，文字や画像の情報をやりとりする。（ ① ）には範囲《はんい》や接続形態によって種類があり，世界中とつながる（ ④ ）や，限られた部屋や建物の中のコンピュータをつなぐ（ ⑤ ）などがある。

（ ④ ）には，情報のやりとりをするためのサービスを提供するコンピュータである（ ⑥ ）や，情報を整理する（ ⑦ ）が利用されている。（ ⑦ ）はネットワークの（ ⑧ ）装置である。また，（ ④ ）は，種類の異なる情報機器であっても（ ⑨ ）という通信手段で情報をやりとりすることができる。このとき送られるデータのコピーは（ ⑩ ）という小さな単位に分割される。

(1) （　）にあてはまる言葉を答えなさい。（各3点）

①（　　　　）②（　　　　）③（　　　　）

④（　　　　）⑤（　　　　）⑥（　　　　）

⑦（　　　　）⑧（　　　　）⑨（　　　　）

⑩（　　　　）

(2) ——線Aのようにネットワークに接続された情報機器に割り振られている識別番号を何というか。（6点）

（　　　　　　）

(3) DNSサーバのデータベースで目的のページなどを探すのに用いられる，ネットワークを識別するための名前を何というか。（6点）

（　　　　　　）

2 よく出る〔URLの構成〕次のURLの①～⑧にあてはまる名称として適当なものを，あとから選んで記号で答えなさい。（各3点－24点）

http :// www . zoshindo . co . jp / index . html

http＝①，www＝②，zoshindo＝③，co＝④，jp＝⑤，index＝⑥，html＝⑦，www . zoshindo . co . jp＝⑧

ア 拡張子　　イ 国名　　ウ 組織名

エ サーバ名　　オ 通信方式　　カ 組織の種類

キ ドメイン名　　ク ファイル名

①（　　）②（　　）③（　　）④（　　）

⑤（　　）⑥（　　）⑦（　　）⑧（　　）

得点アップ

●サーバ

いろいろな機能やデータを，ネットワークにある別のコンピュータに受け渡す働きを持っているコンピュータをサーバという。サーバからそれらを提供される側のコンピュータをクライアントコンピュータという。

ここに注目

●個人を特定する仕組み

情報通信をする際には，ユーザIDとパスワードを指定する。

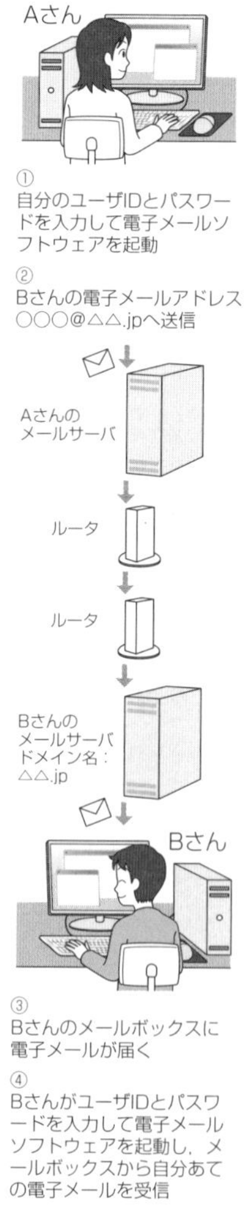

3 よく出る〔知的財産〕次は，知的財産に関する具体例です。**それぞれの例にあてはまる知的財産権として適当なものを，あとから選んで記号で答えなさい。**なお，記号は何度使用してもよい。（各２点－22点）

（　①　）：携帯電話の着信メロディー
（　②　）：長寿命リチウムイオン電池の発明
（　③　）：スマートフォンの形状
（　④　）：電話機を小さく折りたたむことのできる部分の構造考案
（　⑤　）：リモコンのボタンの配置
（　⑥　）：ゲームのプログラム発明
（　⑦　）：ネットオークションの仕組み発明
（　⑧　）：家電メーカーが自社商品だということを示すために，製品に表示するマーク
（　⑨　）：歌詞や楽曲
（　⑩　）：新しい文書ソフトウェアのプログラム発明
（　⑪　）：色彩《しきさい》に関するデザイン

ア　特許権　　イ　実用新案権　　ウ　著作権　　エ　意匠《いしょう》権
オ　商標権

①（　　）②（　　）③（　　）④（　　）
⑤（　　）⑥（　　）⑦（　　）⑧（　　）
⑨（　　）⑩（　　）⑪（　　）

4〔著作権〕次のうち，著作権の侵害にあたるものを２つ選んで記号で答えなさい。（各３点－６点）

ア　Web上に公開されているフリーソフトウェアをダウンロードした。
イ　自分が買った漫画本の１ページを自分のWebページで公開した。
ウ　レンタルCDをパソコンに取り込んで複製し，個人で楽しんだ。
エ　友達が書いた詩の一部を変更して，電子掲示板に投稿した。
オ　管理者の許可を得て，Web上の写真を自分のブログに掲載した。

（　　）（　　）

5 重要〔クリエイティブ･コモンズ･ライセンス〕次の説明にあてはまるマークを選んで記号で答えなさい。（各３点－６点）

①　非営利目的に限って使用を認める。
②　作品を改変せず，そのまま利用する場合にのみ使用を認める。

ア 
イ 
ウ 
エ 

①（　　）②（　　）

得点アップ

●著作者人格権
著作者が，自身の著作物の発表や，発表時の著作者の名前表記について決めることができて，自分の意図にそぐわない形での改変をされないための権利。著作者の人格を守るためのもの。著作権に含まれる。

●著作隣接権
放送事業者といった，伝達をする人の権利を守るもの。著作権に含まれる。

●産業財産権
産業が振興することを目的とした権利で，この中に実用新案権や特許権，商標権，意匠権が含まれている。

ここに注目

●クリエイティブ・コモンズ・ライセンス
公共の財産として知的財産を共有することがある。その際，著作物に「表示」「非営利」「改変禁止」「継承《けいしょう》」のマークが表示されていることがある。

●パブリックドメイン
著作権が放棄《ほうき》されているか，消滅《しょうめつ》している状態のこと。コピーや改変しても著作権侵害《しんがい》にならないため，自由に使うことができる。事前に使用条件を確認することが必要。

21 情報技術（3）
セキュリティ，プログラミング

目標30分／70点
得点　　　点

1 重要〔情報セキュリティ〕情報セキュリティについてまとめました。**あとの各問いに答えなさい。**（28点）

情報通信ネットワークを安全に使うための操作や対策を（　①　）という。（　①　）の実現には「（　②　）：許可されたものだけが利用できる」「（　③　）：情報が正確である。改ざんされていない」「（　④　）：必要な時に利用できる」の3要素が求められる。

また，情報通信ネットワークに（　⑤　）されるなどの被害《ひがい》が出ているため，それらを防ぐ技術や対策が重要となる。サイバー空間に関する（　①　）は（　⑥　）ともいわれる。

情報への不正アクセスを防止するためのソフトウェアも開発されている。たとえば A<u>マルウェア</u>への感染《かんせん》を防ぐ（　⑦　），外部との通信を制限する機能をもつ（　⑧　），問題のある Web ページなどを識別するフィルタリングなどがある。

システムでは，（　⑨　）と（　⑩　）を利用した認証システムなどがある。また，情報を暗号化して送信する技術もある。

(1)　（　）にあてはまる言葉を答えなさい。（各2点）

①（　　　　　）②（　　　　　）③（　　　　　）
④（　　　　　）⑤（　　　　　）⑥（　　　　　）
⑦（　　　　　）⑧（　　　　　）
⑨（　　　　　）⑩（　　　　　）

(2)　——線Aについて，主なマルウェアを2つ答えなさい。（各4点）

（　　　　　　　　　）
（　　　　　　　　　）

2 〔情報セキュリティ〕情報セキュリティの3要素についてまとめました。**次の①～⑥の内容にあてはまる要素として適当なものを，あとから選んで記号で答えなさい。**（各3点－18点）

① データの改ざんや入力ミスなどの発生を防ぐ。
② アクセスできる権利を設定する。
③ データのバックアップをとり，以前の情報に戻《もど》せるようにする。
④ 機器の動作が停止しないよう，通信障害などを防ぐ。
⑤ データのバックアップシステムを二重にするなど。
⑥ 情報の漏《ろう》えいを防ぐ。

ア　機密性　　イ　完全性　　ウ　可用性

①（　　　）②（　　　）③（　　　）
④（　　　）⑤（　　　）⑥（　　　）

得点アップ

● 認証システム

多くのシステムでは，パスワードやIDを使用する認証システムが導入されているが，第三者に推測されるようなパスワードを設定していないか注意する。認証にはそのほか虹彩《こうさい》や静脈，指紋《しもん》を用いた生体認証もある。

● フィルタリング

テキストの中に含《ふく》まれるキーワードやアドレス，怪《あや》しいURL，実行されるプログラムの特徴《とくちょう》などを一定の基準で評価判別し，違法《いほう》・有害なwebページの閲覧《えつらん》を制限したり，悪意のあるプログラムを排除《はいじょ》したりする機能。

ここに注目

● マルウェア

意図的に，被害を及ぼすように作られたプログラムで，第三者のプログラムなどで作動する。主なものにコンピュータウイルス（コンピュータ上のファイルに感染），トロイの木馬（不正侵入《しんにゅう》の目的で使われる），ワーム（自己増殖《ぞうしょく》するプログラム）などがある。

3 重要〔プログラミング〕次の各問いに答えなさい（54点）

(1) よく出る 次の図は，情報処理の手順の例です。それぞれの例にあてはまる名称として適当なものを，あとから選んで記号で答えなさい。

（各6点）

①

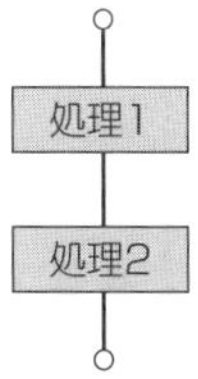

②

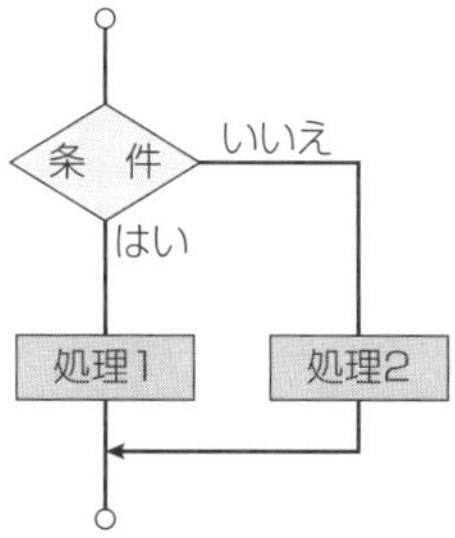

③

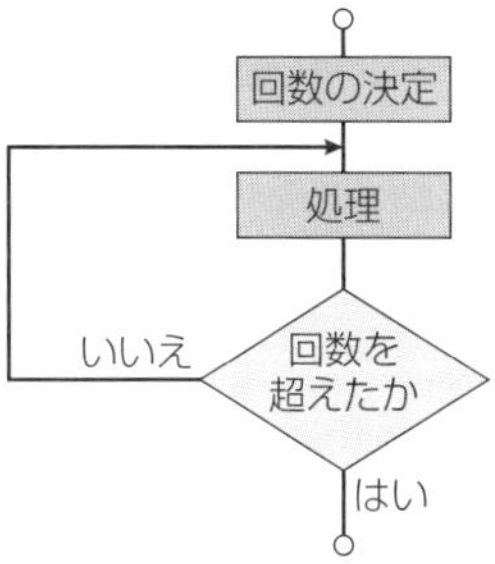

④

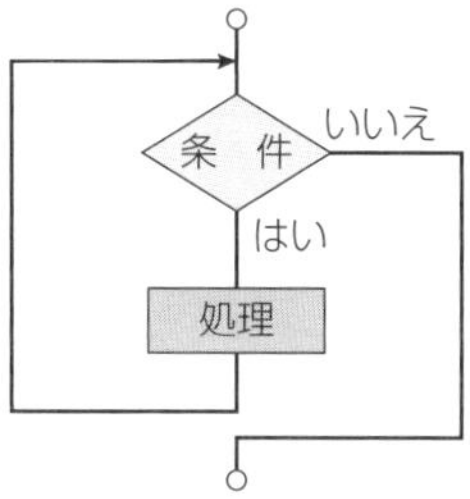

ア 分 岐　**イ** 反 復（回数がわかっている場合）

ウ 反 復（条件を満たしている間の繰り返し）

エ 順 次

①（　　）②（　　）③（　　）④（　　）

(2) 次の図は，センサカーがテーブルの上の障害物に当たると避《さ》けて進むプログラムのフローチャート例です。**図中の（　）にあてはまる言葉として適当なものを，あとから選んで記号で答えなさい。**なお，記号は何度使用してもよい。（各3点）

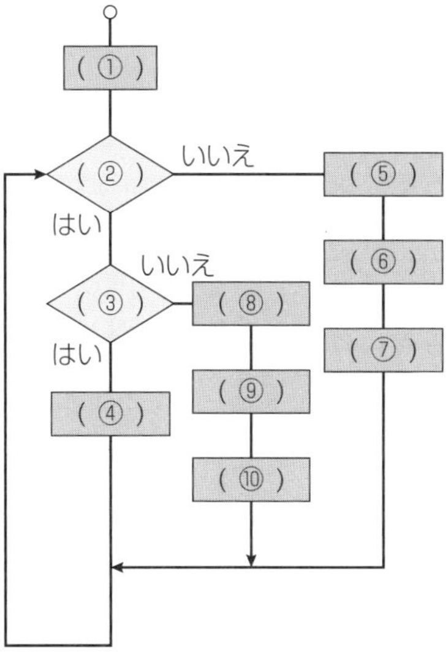

ア 前はテーブルか
イ 前 進
ウ 停 止
エ 後 進
オ 前に障害物はないか
カ 左回り

①（　　）②（　　）
③（　　）④（　　）
⑤（　　）⑥（　　）
⑦（　　）⑧（　　）
⑨（　　）⑩（　　）

ここに注目

●プログラミング言語の種類

［BASIC《ベイシック》言語］
教育用に開発された言語で，初心者でも扱いやすいのが特徴。

［C《シー》言語］
OSやアプリケーションの開発に向いている言語。

［Javascript《ジャバスクリプト》言語］
Webアプリケーションなどを作るための言語。

［COBOL《コボル》言語］
主に事務処理用に用いられる言語。

［Scratch《スクラッチ》］
ブロックをつなぎ合わせることでプログラムの作成が可能な初心者向けの言語。

●プログラミングの手順

①目的・条件を決める
↓
②仕組みや手順を考える（フローチャートの作成）
↓
③プログラムを作る
↓
④プログラムを実行する
↓
⑤修正や工夫を加える

コンテンツ

目標30分／70点
得点　　点

1 重要〔コンテンツの双《そう》方向性〕コンテンツの双方向性についてまとめました。あとの各問いに答えなさい。(30点)

デジタル化された文字や画像などを使い，目的に合わせて意味のある情報として表現されたものを(　①　)という。(　①　)は(　②　)という意味である。利用者の(　③　)(働きかけ)に応じて(　④　)(応答)する A(　⑤　)の機能を備えたものも多い。

(1)　(　)にあてはまる言葉を答えなさい。(各4点)

①(　　　　　)　②(　　　　　)　③(　　　　　)
④(　　　　　)　⑤(　　　　　)

(2)　——線 A について，具体的な事例を2つ書きなさい。(各5点)

(　　　　　　　　　)
(　　　　　　　　　)

2〔メディア〕メディアのプラス面とマイナス面についてまとめました。次の(　)にあてはまる言葉として適当なものをあとから選んで記号で答えなさい。(各3点－30点)

	プラス面	マイナス面
音声	・視覚障がいがある人にも情報を伝えられる。 ・(　①　)	・(　②　) ・順番に聞かないといけない。データが修正しにくい。
(　③　)	・データ量が少なく，情報が正確に伝わりやすい。 ・(　④　)	・視覚障がいのある人や，文字が読めない子どもには情報が伝わらない。 ・(　⑤　)
動画	・(　⑥　) ・情報に動きを加え，時間や状況の変化を伝えることができる。	・(　⑦　) ・視覚障がいのある人には情報が伝わらない。
(　⑧　)	・データ量が少なく，情報が正確に伝わりやすい。 ・(　⑨　)	・(　⑩　) ・視覚障がいのある人には情報が伝わらない。

ア　順番に時間をかけて見る必要がある。
イ　デジタルカメラなどで撮影《さつえい》し，簡単に作成でき，多くの情報を見たままに伝えることができる。
ウ　聴覚に障がいがある人には情報が伝わらない。

得点アップ

●コンテンツの例

文芸，映画，演劇，漫《まん》画《が》，アニメーション，音楽，写真，コンピューターゲームなど。

●コンテンツの双方向性

利用者の動作に応じてコンピュータが応答するコンテンツにはSNSや地図アプリケーション，ゲームなどがある。

ここに注目

●メディア

文字，音声，動画，写真，静止画などの表現手段のこと。また，記憶媒《きおくばい》体《たい》をさすこともある。

●情報をコンピュータに取り込《こ》む方法

音声
マイク
文字
キーボードやマウスなど
動画
デジタルビデオカメラ
静止画
デジタルカメラやイメージスキャナなど

エ　容易に製作でき大きさや色を変えて情報を強調することができる。
オ　音楽で印象を変えたり，音声で内容を説明することができる。
カ　前後の動きを示しにくい。
キ　編集でさまざまな効果をつけることができる。
ク　多くの情報を伝えにくい。
ケ　静止画
コ　文　字

①（　　　）②（　　　）③（　　　）④（　　　）
⑤（　　　）⑥（　　　）⑦（　　　）⑧（　　　）
⑨（　　　）⑩（　　　）

3〔コンテンツの作成〕コンテンツの作成についてまとめました。あとの問いに答えなさい。(22点)

コンテンツを設計するときは，（　①　）を意識する。構想を具体化するときは，下《した》描《が》きのような（　②　）にまとめるとよい。また，文字や音声，動画といった（　③　）をどのように使うかを考えながら具体的な（　④　）を作成する。（　④　）ができたら実行をしてみて，（　⑤　）が発見されたら（　⑥　）をする。

(1)　（　）にあてはまる言葉を答えなさい。(各3点)

①（　　　　　　）②（　　　　　　）
③（　　　　　　）④（　　　　　　）
⑤（　　　　　　）⑥（　　　　　　）

(2)　サーバからの情報やサービスなどを受け取るコンピュータのことを何というか。(4点)

（　　　　　　）

4〔コンテンツの評価〕次の文章は，コンテンツの評価についてまとめたものです。（　）にあてはまる言葉を答えなさい。(各3点－18点)

設計したコンテンツは，複数の観点を設けて適切に評価し，（　①　）や（　②　）を行う。例えば「表示の速さ」を評価するときは，適切に（　③　）が選択《せんたく》できているか，（　④　）の量は少なくなっているか，などを評価する。「見やすさ」の評価では，文字の大きさやわかりやすさを評価する。また，（　⑤　）は適切に利用されているか，他者の（　⑥　）を侵害《しんがい》していないか確認する。

①（　　　　　　）②（　　　　　　）
③（　　　　　　）④（　　　　　　）
⑤（　　　　　　）⑥（　　　　　　）

ここに注目

●コンテンツの種類

コンテンツには，目的に応じて様々なものがある。主なものに，翻訳《ほんやく》アプリや地図アプリ，防災マップなどがある。また，機能としてチャットシステム，予約システム，チャットボットなどを利用するものもある。

●ユニバーサルデザイン

コンテンツの評価の観点の1つにユニバーサルデザインを入れることもある。ユニバーサルデザインは国籍《こくせき》や年齢《ねんれい》，障がいの有無にかかわらず，誰もが使いやすいデザインのこと。

得点アップ

●ブレーンストーミング

いくつかのルールにそって，多くの意見やアイデアを出す方法。複数のアイデアから新たな発想が生まれる。

・相手の意見を批判《ひはん》しない
・質より量を重視
・自由にアイデアを出す
・さまざまなアイデアを組み合わせる　など

23 計測・制御システム，情報技術の最適化

目標30分／70点
得点　　　点

1 重要〔計測・制御《せいぎょ》システム〕計測・制御システムについてまとめました。あとの各問いに答えなさい。(各3点－33点)

自動車の自動運転など，A自動で状況《じょうきょう》を判断して処理する装置などに組み込《こ》まれているのが計測・制御システムである。光や温度などを（　①　）で感知，計測する。（　①　）には，光や温度，（　②　），（　③　）などの情報を計測できるものがあり，計測した情報を（　④　）に変換《へんかん》する。この情報をもとに，自動で仕事を行うための（　⑤　）にしたがって，（　⑥　）が仕事を行う部分の動作を制御する。この部分には（　⑦　）や（　⑧　）がある。（　①　）からの（　④　）を（　⑨　）に変換する装置を（　⑩　）という。

(1)　――線Aのような装置の例を1つ答えなさい。
（　　　　　　　　）

(2)　（　）にあてはまる言葉を答えなさい。
①（　　　　　）②（　　　　　）③（　　　　　）
④（　　　　　）⑤（　　　　　）⑥（　　　　　）
⑦（　　　　　）⑧（　　　　　）⑨（　　　　　）
⑩（　　　　　）

2〔計測・制御の情報の流れ〕計測・制御の情報の流れを図にしました。次の（　）にあてはまる言葉として適当なものをあとから選んで記号で答えなさい。(各2点－12点)

（　①　）	（　③　）	（　④　）	インタフェース	仕事を行う部分
		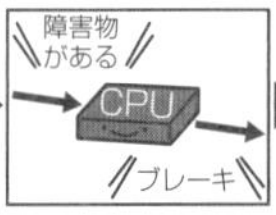		
（　②　）	センサの電気信号がデジタル情報に変換されコンピュータに送られる。	コンピュータがデジタル情報を判断し，命令を出す。	（　⑤　）	（　⑥　）

ア　タイヤをとめる信号を出す。　　イ　ブレーキがかかる。
ウ　センサカメラで前の走行車を確認。　　エ　センサ
オ　コンピュータ　　カ　インタフェース

①（　　　　　）②（　　　　　）③（　　　　　）
④（　　　　　）⑤（　　　　　）⑥（　　　　　）

得点アップ

●センサの種類
センサには，温度・湿《しつ》度《ど》や光，音，圧力を感知できるものがあるほか，静電容量センサ，位置センサ，速度センサなどがある。

ここに注目

●自動で動く装置
自動ドアや自動点灯ライト，ロボット掃除《そうじ》機などがある。

●アクチュエータ
仕事をする部分のこと。コンピュータからの命令で，実際に出力や動作などをする。モーターやLED，電子ブザー，フィルムヒータなどがある。アクチュエータ同士を組み合わせることで，複雑で多彩《たさい》な動きをすることもできるようになる。

3 重要〔情報の技術の発達〕情報の技術の発達についてまとめました。あとの問いに答えなさい。(40点)

情報の技術は日々発達している。たとえば，（ ① ）のおかげで，自分の居場所をすぐ調べることができる。自動で情報処理が行われる技術が増えると，社会にも大きな変化をもたらすと考えられる。

A車の自動運転技術を考えると，（ ② ），（ ③ ），（ ④ ）などの軽減が期待される。一方，想定外の事故などの課題もある。

また，開発時から（ ⑤ ），（ ⑥ ）と障害発生時などの場面を想定し，安全性や社会などに対する（ ⑦ ），（ ⑧ ）への負荷を考えることも必要である。

(1) （ ）にあてはまる言葉を答えなさい。(各3点)

①（　　　　）②（　　　　）③（　　　　）
④（　　　　）⑤（　　　　）⑥（　　　　）
⑦（　　　　）⑧（　　　　）

(2) ——線Aについて，次の（ ）にあてはまる言葉をあとから選んで記号で答えなさい。(各2点)

自動運転技術の利点…（ ① ）（ ② ）（ ③ ）（ ④ ）
自動運転技術の課題…（ ⑤ ）（ ⑥ ）（ ⑦ ）（ ⑧ ）

ア 天候による不具合が生じる。
イ 道路標識などが必要なくなる。
ウ 運転時間を有効に使える。
エ コンピュータへの不正アクセス。
オ 事故が起きた時の法律の整備や保険の制度。
カ 人のミスによる交通事故などが減る。
キ 衝突をさけるための適正な判断。
ク 渋滞《じゅうたい》が減る。

①（　　）②（　　）③（　　）④（　　）
⑤（　　）⑥（　　）⑦（　　）⑧（　　）

ここに注目

●自動運転技術

自動車の自動運転技術には複数のシステムが搭《とう》載《さい》されている。センサやレーダ，カメラ，GPSなどからの情報で状況を認識し，人工知能でほかの車両や人の動きを予測するしくみもある。自動運転のレベルはレベル0からレベル5までに分けられている。

レベル	概要
レベル0 運転自動化なし	・運転者がすべての運転を実施
レベル1 運転支援	・システムが前後・左右のいずれかの車両制御を実施
レベル2 高度運転支援	・システムが前後及び左右の車両制御を実施
レベル3 条件付き自動運転	・特定条件下においてシステムが運転を実施 ・緊急時などは運転者が対応
レベル4 条件付き完全自動運転	・特定条件下においてシステムが運転を実施
レベル5 完全自動運転	・常にシステムが運転を実施

4 〔新しい情報技術〕新しい情報技術についてまとめたものです。（ ）にあてはまる言葉を答えなさい。(各3点－15点)

近年開発されている新しい技術には，自ら情報の特性を学んで判断・処理をする（ ① ）（日本語で（ ② ）という）がある。（ ① ）が活用される事例の1つに，本人の顔を認識する（ ③ ）がある。画像から特定の顔を見つける（ ④ ），同一人物かを判断する（ ⑤ ）などを，（ ① ）が自らの判断で行う。

①（　　　　）②（　　　　）③（　　　　）
④（　　　　）⑤（　　　　）

●人工知能（AI）

人工知能を用いた新しい技術には，製品の品質チェックや搬送《はんそう》，農作物の収穫《しゅうかく》などにも生かされている。

24 栄養素の種類とはたらき

目標30分／70点　得点　　点

1 〔栄養素の種類とはたらき〕次の各問いに答えなさい。（64点）

(1) よく出る 次の（　）にあてはまる言葉を答えなさい。（各4点）

炭水化物…炭水化物には，エネルギー源となる（　①　）とエネルギー源にはならない（　②　）がある。（　①　）であるでんぷん，砂糖は，体内で分解されると（　③　）などに変わる。（　②　）は腸の調子を整えるなどのはたらきがある。

脂　質…大半は（　④　）からなる。（　④　）は体内で消化・吸収され，（　⑤　）源として利用される。また，（　⑥　）の構成成分としても重要な役割をになう。

たんぱく質…たんぱく質は，筋肉や内臓，皮膚《ひふ》などをつくるもととなる栄養素である。たんぱく質は，人間の体内でつくることができない，（　⑦　）になり，消化・吸収される。

無機質…無機質である（　⑧　）と（　⑨　）は，主に骨や歯をつくるもとになり，足りないと骨格の発達に影響がある。（　⑩　）は，血液をつくるもとになり，足りないと貧血の原因になる。

ビタミン…ビタミンは，大きくは（　⑪　）と（　⑫　）に分けることができる。（　⑪　）は体の中に蓄えられるが，（　⑫　）は余分な量を摂取《せっしゅ》すると体外に排出される。

①（　　　　）　②（　　　　）
③（　　　　）　④（　　　　）
⑤（　　　　）　⑥（　　　　）
⑦（　　　　）　⑧（　　　　）
⑨（　　　　）　⑩（　　　　）
⑪（　　　　）　⑫（　　　　）

(2) よく出る 次の栄養素にあてはまるはたらきとして適当なものを，あとから選んで記号で答えなさい。なお，記号は何度使用してもよい。（各2点）

炭水化物のはたらき：（　①　）
脂質のはたらき：（　②　）（　③　）
たんぱく質のはたらき：（　④　）（　⑤　）
無機質のはたらき：（　⑥　）（　⑦　）
ビタミンのはたらき：（　⑧　）

ア　エネルギーになる　　イ　体の組織をつくる
ウ　体の調子を整える

①（　　）　②（　　）　③（　　）　④（　　）
⑤（　　）　⑥（　　）　⑦（　　）　⑧（　　）

得点アップ

●五大栄養素

炭水化物，脂質，たんぱく質，無機質，ビタミンの5種類を五大栄養素と呼ぶ。それぞれの栄養素ごとに，はたらきや性質は異なる。

栄養素は，体内で互いに作用し合って健康を保つはたらきをしている。そのため，栄養素のとり方に偏《かたよ》りがあると，体に変調をきたしやすい。

●食べ物の消化・吸収，排出

食べ物を口にすると栄養素が消化・吸収されるが，吸収されなかったものは体外に排出される。

炭水化物に含まれる食物繊維《せんい》は，消化・吸収されずエネルギー源にもならないが，排便をうながし生活習慣病を予防するはたらきを持っている。

ここに注目

●kcal（キロカロリー）

エネルギーの単位を表す。1kcal は 1000g の水の温度を1℃上げることができるエネルギー量。

●エネルギーの消費

エネルギーは，呼吸や体温の維持，内臓の活動など，基本的な生命活動においても消費されている。安静時における最小のエネルギー消費を基礎代謝という。

2 〔ビタミンの種類〕次の説明は，さまざまなビタミンに関するものです。（　）にあてはまるビタミンの種類として適当なものを，あとから選んで記号で答えなさい。（各２点－８点）

（　①　）：目のはたらきをよくし，皮膚を健康な状態に保つ。動物性食品に含まれている。植物性食品に含まれるカロテンは，体内で分解されると，この栄養素に変わる。

（　②　）：血管を丈夫にして，けがの回復を早くするはたらきがある。

（　③　）：骨や歯などを丈夫にしてくれる。

（　④　）：炭水化物などが体内でエネルギーに変わるときに必要な栄養素である。エネルギーを多くとろうとする場合は，このビタミンも多く摂取する必要がある。

ア　ビタミンＡ　　**イ**　ビタミンB_1　　**ウ**　ビタミンＣ
エ　ビタミンＤ

①（　　）　②（　　）　③（　　）　④（　　）

3 〔水のはたらきと必要な栄養の特徴〕次の（　）にあてはまる言葉を答えなさい。（各４点－20点）

(1)　水は栄養素ではないが，生命を維持していくために必須《ひっす》のものである。役割としては，消化・吸収された栄養素を運搬することに加え，体の中でできた（　①　）を運搬・排出する。さらに，（　②　）を調節するなどのはたらきもある。

(2)　中学生の時期は，体の成長にともなって身長や体重が大きく増え，さらにスポーツをしている場合は運動量も増加する。この時期は，エネルギーや，体をつくる（　③　），（　④　）といった栄養素を多く，十分にとることが必要である。１日のうちにとることが望まれているエネルギーや栄養素の量を示したものを（　⑤　）という。

①（　　　　）　②（　　　　）
③（　　　　）　④（　　　　）
⑤（　　　　）

4 〔栄養と健康〕次の文が正しければ○，誤っていれば×を答えなさい。（各２点－８点）

①　塩分は五大栄養素ではないので，基本的にはとらなくてもよい。
②　間食によって，脂質や糖質をとりすぎてしまう危険性がある。
③　食物繊維は，有害物質を体外へ排出するために役立つ。
④　12～14歳《さい》の男女の食事摂取《せっしゅ》基準で定められたエネルギー量は同じカロリーである。

①（　　）　②（　　）　③（　　）　④（　　）

●ビタミンの過剰摂取《かじょうせっしゅ》
最近はビタミン類を錠《じょう》剤《ざい》（＝サプリメント）でとる人も多い。ビタミンB_1，Ｃなどの水溶性ビタミンは過剰摂取しても体外へ排出されるが，脂溶《しよう》性のビタミンＡ，Ｄなどは体内に蓄積され続けてしまう。過剰症という病気になる場合があるので，注意したい。

●水と人体
人体の50～60％は水分で構成されている。とった水分は汗や尿となって排出されるため，正しく補給することが大切である。

●体の成長の様子
小学校高学年から中学生の時期は，身長・体重ともに大きく増大する時期にあたる。

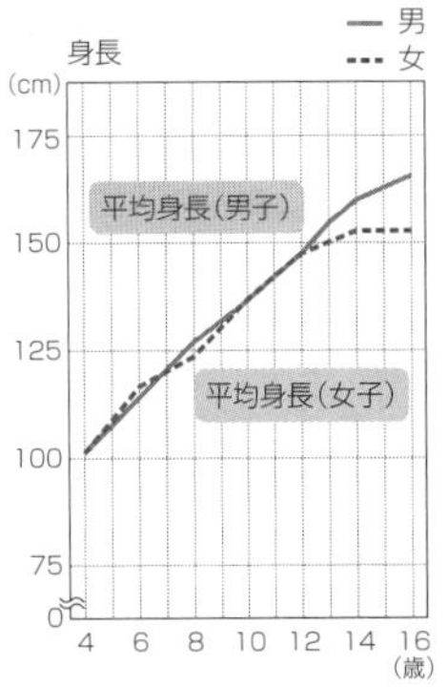

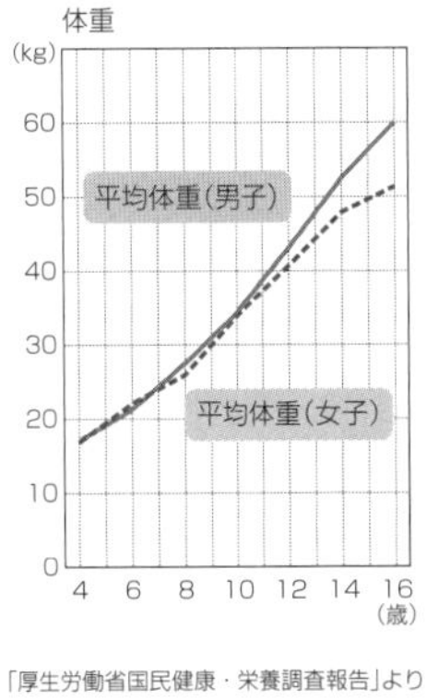

「厚生労働省国民健康・栄養調査報告」より

25 献立と食品の選び方

目標30分／70点
得点　　点

1〔6つの食品群〕次の各問いに答えなさい。(78点)

(1) よく出る 次の（　）にあてはまる言葉を答えなさい。(各2点)

毎日の食事摂取《せっしゅ》基準を満たすために，どのような食品をどれくらい食べるとよいのかを次の6群に分けて表したものが（　①　）である。ここに示された数値を，摂取する食品のおよその量として表したものが（　②　）となる。

1群…主な成分は（　③　）。魚や肉，卵などの動物性食品と，豆や豆製品などの植物性食品に分けられる。

2群…（　④　）が多く含まれている食品が多い。骨ごと食べることのできる小魚は（　③　）や鉄も多く含んでいる。

3群…（　⑤　）とよばれる，黄や緑，赤などの色の濃い野菜で構成される食品群である。（　⑥　）を多く含み，それ以外にも食物繊維《せんい》やカルシウムが含まれている。

4群…3群とは違って色の薄い野菜や果物の食品群。いちごなどの果物には（　⑦　）が多く含まれている。

5群…主な成分は（　⑧　）である。穀類《こくるい》やいもでは，（　⑧　）の中でもでんぷんが多く，砂糖は大半が（　⑨　）である。

6群…主な成分は（　⑩　）。少しの量で多くのエネルギーを取り入れることができ，バターなどの（　⑪　）と，大豆油などの（　⑫　）に分けられる。

①（　　　　　　）　②（　　　　　　）
③（　　　　　　）　④（　　　　　　）
⑤（　　　　　　）　⑥（　　　　　　）
⑦（　　　　　　）　⑧（　　　　　　）
⑨（　　　　　　）　⑩（　　　　　　）
⑪（　　　　　　）　⑫（　　　　　　）

(2) よく出る それぞれの食品群にあてはまるはたらきと，あてはまる食品として適当なものを，はたらきについてはA～Cの中から，食品についてはア～シの中から選んで記号で答えなさい。なお，A～Cは何度使用してもよい。(各3点)

1群…はたらき—（　①　）　食品—（　⑦　）（　⑧　）
2群…はたらき—（　②　）　食品—（　⑨　）（　⑩　）
3群…はたらき—（　③　）　食品—（　⑪　）（　⑫　）
4群…はたらき—（　④　）　食品—（　⑬　）（　⑭　）

得点アップ

●可食部
食品の，食べられる部分のこと。皮や種，骨といった，食べられない部分を除いた部分のこと。

●精白米
玄米を精白したもの。ぬかや胚《はい》芽《が》のほとんどが取り除かれている。

●食品に含まれる栄養素の量（可食部100gあたり）

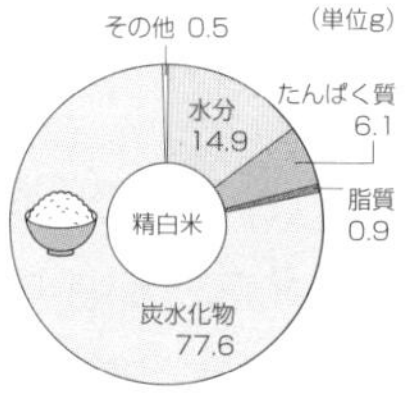

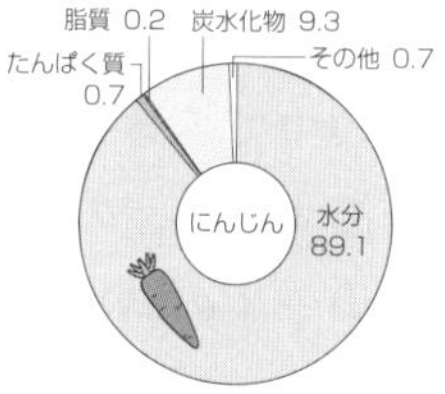

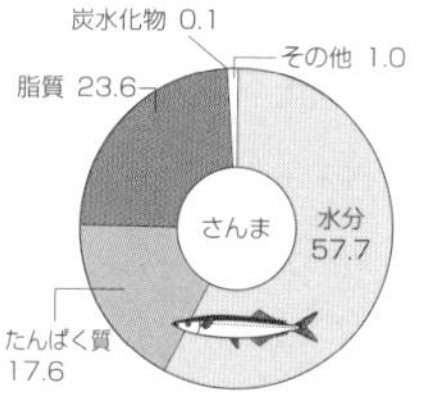

文部科学省「五訂増補 日本食品標準成分表」

復習のポイント

・大豆は，とうふやみそなどに加工される。栄養価も高い。
・バターは牛乳から，マーガリンは植物油などから作られている。

5群 …はたらき―（　⑤　）　食品―（　⑮　）（　⑯　）

6群 …はたらき―（　⑥　）　食品―（　⑰　）（　⑱　）

はたらき：A　エネルギーになる　　B　体の組織をつくる
　　　　　C　体の調子を整える

食品：ア　わかめ　　イ　パセリ　　ウ　小麦粉
　　　エ　レタス　　オ　とうふ　　カ　ラード
　　　キ　ソーセージ　ク　牛　乳　　ケ　ごま油
　　　コ　も　ち　　サ　にんじん　シ　しいたけ

①（　　）　②（　　）　③（　　）　④（　　）
⑤（　　）　⑥（　　）　⑦（　　）　⑧（　　）
⑨（　　）　⑩（　　）　⑪（　　）　⑫（　　）
⑬（　　）　⑭（　　）　⑮（　　）　⑯（　　）
⑰（　　）　⑱（　　）

2〔献《こん》立《だて》〕次の（　）にあてはまる言葉を答えなさい。（各2点－10点）

食事作りの計画を（　①　）という。（　①　）は，（　②　），（　③　），（　④　），汁物を組み合わせるとバランスがよくなる。（　②　）は，米やパン，めん類などで，エネルギーの供給源となる。

（　③　）には，魚や肉が用いられることが多く，たんぱく質や脂質を摂取する源となる。（　④　）には，海藻や野菜などが使われることが多く，ビタミンや無機質などの供給源となる。１回の食事で，１日の食品群別摂取量のめやすの（　⑤　）分の１の量をとるのが理想である。

①（　　　　）　②（　　　　）
③（　　　　）　④（　　　　）
⑤（　　　　）

3〔食品の選び方〕次の（　）にあてはまる言葉を答えなさい。（各4点－12点）

野菜や魚といった，とれたままの食品を（　①　）という。（　①　）には，生産量が多く，味のよい時期があり，これを（　②　）または出盛り期という。

また，食品に処理をほどこして，保存性や栄養価を高めたり，味を整えたりしたものを（　③　）という。（　③　）を上手に取り入れることで，調理の手間を減らすこともできる。

①（　　　　）　②（　　　　）
③（　　　　）

ここに注目

●献立と食品群

献立を立てる場合は，

［５群から主食を決定。］
↓
［１群から主菜を決定。］
↓
［２，３，４群から副菜を決定。］
↓
［汁物や飲み物を決定。］
↓
［食品の種類や分量を点検。］

という手順を踏むとよい。

また，いろどりや味つけ，調理方法の異なるものを組み合わせると，バランスが良くなる。

●生鮮食品を選ぶときのポイント

肉
・身にしまりがある
・不快なにおいがしない
・液汁が出ていない

魚
・目が透明でにごっていない
・皮にツヤ，うろこに光沢がある
・えらが美しい赤色

野 菜
・水分を多く含んでいてみずみずしい
・つやがあって重い

●加工食品を選ぶときのポイント

見た目や表示から情報を読み取り，購入の判断材料とする。用途や好み，予算に合ったものを選ぶ。

26 食品添加物と保存

目標30分／70点
得点　　　点

1 よく出る〔食品の表示〕次の（　）にあてはまる言葉を答えなさい。
（各５点－30点）

(1)（　①　）には，名称《めいしょう》や原産地などの表示が，（　②　）には，名称，原材料名，食品添加物《てんかぶつ》，内容量といった表示がそれぞれ義務づけられている。

(2) 食品添加物の表示は，原材料名の欄に原則として（　③　）で表示し，使われた量が（　④　）ものから表示されるようになっている。

(3)（　⑤　）は，品質が急速に劣化《れっか》しやすいものに表示される期限。（　⑥　）は，（　⑤　）に比べて長く保存できるものに表示される期限である。

①（　　　　　　）②（　　　　　　）
③（　　　　　　）④（　　　　　　）
⑤（　　　　　　）⑥（　　　　　　）

2〔食品につけられるマーク〕次は，食品に表示されるマークとそれぞれの説明です。（　）にあてはまる言葉を答えなさい。（各４点－16点）

(1)
◆冷凍《れいとう》食品認定証マーク
（　①　）が定めた品質と衛生に関しての自主基準に適合したものにつけられる。

(2)
◆JAS《ジャス》マーク
JASは，（　②　）の略称。農林水産省の定めた規格・基準に適合する食品につけられる。

(3)
◆（　③　）マーク
加工食品の中で特定の（　④　）が期待できるという認定を受けたものにつけられる。

①（　　　　　　）②（　　　　　　）
③（　　　　　　）④（　　　　　　）

3 重要〔食品添加物〕次の表は，食品添加物の用途による分類と物質名を記したものです。（　）にあてはまる言葉として適当なものを，あとから選んで記号で答えなさい。（各３点－36点）

得点アップ

●食料消費の支出割合の推移

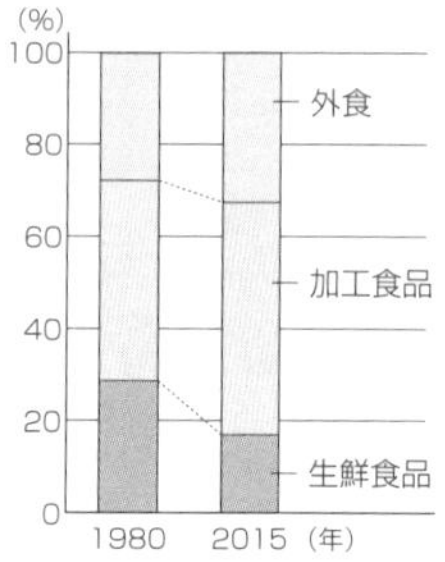

令和元年度「食料・農業・農村白書」

◆生鮮《せいせん》食品の割合が減り，加工食品や外食の割合が増えてきていることがわかる。

●消費期限と賞味期限

消費期限
安全が保証される期限のこと。製造日から数えておよそ５日以内。

賞味期限
おいしさが保証される期限のこと。製造日から数えておよそ５日以上で，３か月を超えて設定される場合は年月が表示される。

●食品添加物
指定添加物と，天然の添加物であることを示す既存添加物などがある。

●加工食品の表示
加工食品の表示は，食品原材料→食品添加物の順に表示される。また，それぞれ多く含まれている順に並べられている。

用途名	使用目的	物質名（例）
（ ① ）	微生物の繁殖を防ぐ	ソルビン酸
酸化防止剤	脂質の酸化を防ぐ	（ ⑧ ）
増粘剤	（ ⑤ ）	（ ⑨ ）
（ ② ）	色を鮮やかにする	亜硝酸ナトリウム
（ ③ ）	色をつける	ベニバナ黄色素
甘味料	（ ⑥ ）	（ ⑩ ）
香　料	香りを加える	バニリン
調味料	（ ⑦ ）	（ ⑪ ）
（ ④ ）	栄養素を強める	（ ⑫ ）

ア　着色料　　イ　発色剤　　ウ　保存料　　エ　栄養強化剤
オ　ビタミンC　　カ　乳酸カルシウム　　キ　ペクチン
ク　アスパルテーム　　ケ　L-グルタミン酸ナトリウム
コ　粘り気を与える　　サ　味をつける　　シ　甘みを加える

①（　　）　②（　　）　③（　　）　④（　　）
⑤（　　）　⑥（　　）　⑦（　　）　⑧（　　）
⑨（　　）　⑩（　　）　⑪（　　）　⑫（　　）

4〔食品の保存〕次は，食品の保存方法に関する説明です。（　）にあてはまる言葉として適当なものを，あとから選んで記号で答えなさい。
（各２点－18点）

◆常温で保存する
（ ① ）…袋や密封容器に入れて，冷暗所に保存する。
いも，（ ② ）など…新聞紙で包み，風通しのよい場所で保存する。

◆冷蔵庫を使用して保存する
冷蔵室…温度は（ ③ ），卵や（ ④ ）を保存するのに適している。
野菜室…温度は（ ⑤ ），野菜や果物，（ ⑥ ）を保存するのに適している。
冷凍室…温度は（ ⑦ ），冷凍食品の保存や（ ⑧ ）に適している。冷凍すると（ ⑨ ）を止めることができる。

ア　かぼちゃ　　イ　飲み物　　ウ　ホームフリージング
エ　腐《ふ》敗《はい》　　オ　乾　物　　カ　牛　乳
キ　約－20～－18℃　　ク　約３～８℃　　ケ　約３～５℃

①（　　）　②（　　）　③（　　）　④（　　）
⑤（　　）　⑥（　　）　⑦（　　）　⑧（　　）
⑨（　　）

●生産情報公表システム（トレーサビリティ）
食品の生産，加工，流通経路について知ることのできるシステム。消費者も，店頭表示やインターネットなどで生産情報を追跡し，安全性を確認することができる。

●アレルギー物質を含む食品の表示
食品が原因のアレルギーで，生命がおびやかされる場合もある。そのため，以下の原材料については，食品に使用したことが表示されている。
[特定原材料]
（必ず表示される７品目）
えび，かに，小麦，そば，卵，乳，落花生
[特定原材料に準ずるもの]（表示が勧《すす》められている18品目）
あわび，いか，いくら，オレンジ，キウイフルーツ，牛肉，くるみ，さけ，さば，大豆，とり肉，バナナ，ぶた肉，まつたけ，もも，やまいも，りんご，ゼラチン

ここに注目
●冷凍庫・冷蔵庫の利用
・乾燥を防ぐために，食品を容器に入れたり，ラップなどで包んだりする。
・傷みやすくなるので，食品を詰め込みすぎない。ドアの開閉をできるかぎりひかえる。熱いものは冷まして入れる。
・定期的に掃除《そうじ》をする。

27 食品の調理と食文化

目標30分／70点
得点　　　点

1 よく出る〔調理の基礎〕次の各問いに答えなさい。（27点）

(1)　次の（　）にあてはまる言葉を答えなさい。（各4点）

・はかり…振動の少ない（　①　）な場所に置いて使用する。

・計量スプーン…小さじ1杯は（　②　）mL，大さじ1杯は（　③　）mLである。

・計量カップ…1カップは（　④　）mLである。

・A包《ほう》丁《ちょう》…（　⑤　）の付け根をしっかりと持つ。切るときの姿勢は，まな板の（　⑥　）に立ち，右足を少し後ろにして斜めになるようにする。

① (　　　　　　) ② (　　　　　　)
③ (　　　　　　) ④ (　　　　　　)
⑤ (　　　　　　) ⑥ (　　　　　　)

(2)　――線A「包丁」について述べたものとして**間違っているもの**を，次から選んで記号で答えなさい。（3点）

ア　指の先を丸めて，切る食品を押さえるようにする。
イ　出刃包丁は，魚をさばくときに使う。
ウ　引き切りのときは，包丁を刃先から入れる。

(　　　)

2 よく出る〔肉・魚・野菜の調理〕次の各問いに答えなさい。（56点）

(1)　肉の調理について，（　）にあてはまる言葉を答えなさい。（各4点）

肉には（　①　），脂質《ししつ》，ビタミンが多く含まれている。加熱すると元の大きさと比べて（　②　）。焼くときは，うま味をとどめるために，最初に（　③　）火で加熱して表面の（　①　）を固めるようにする。また，煮物や汁物で肉のうま味を汁に出したい場合は，（　④　）から煮るとよい。

ハンバーグをつくるときは，よくこねてから薄めの平らな形にして，（　⑤　）をくぼませるとよい。焼き上がりを見るときは，竹ぐしを刺して，透明な（　⑥　）が出てきたら完成となる。

① (　　　　　　) ② (　　　　　　)
③ (　　　　　　) ④ (　　　　　　)
⑤ (　　　　　　) ⑥ (　　　　　　)

(2)　魚の調理について，（　）にあてはまる言葉を答えなさい。（各4点）

魚は，脂質が少なくて味が淡白《たんぱく》な（　①　）と，脂質が多くて味が

得点アップ

●汁物の塩分

塩分は0.8～1%をめやすとする。

●肉の部位

ぶた肉

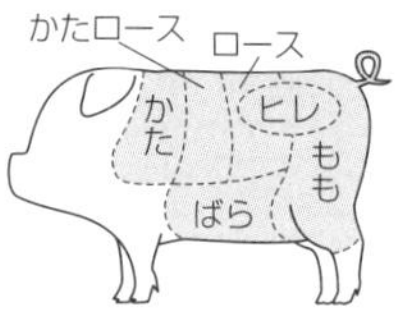

〈特徴〉
・全体的にやわらかく，味にくせがない。

牛　肉

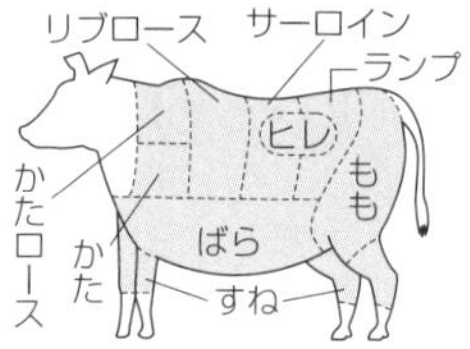

〈特徴〉
・うまみが強い。

とり肉

〈特徴〉
・淡白な味。

濃厚な（　②　）に分けられる。

魚のムニエルをつくるときは，バターを使うときれいな焼き色がつきやすい。煮魚にするときは，（　③　）を煮立ててから魚を入れる。また，（　③　）の量が少ないときは（　④　）をして全体に味をつける。

①（　　　　　　　）　②（　　　　　　　）

③（　　　　　　　）　④（　　　　　　　）

(3)　野菜の調理について，（　）にあてはまる言葉として適当なものを，あとから選んで記号で答えなさい。なお，記号は何度使用してもよい。（各2点）

野菜は（　①　），（　②　），（　③　）を多く含む。やわらかく，（　④　）の少ない野菜は生で食べることができる。野菜は，加熱すると（　⑤　）や（　⑥　）が失われることがあるが，（　⑦　）が減るため量は多く摂取することができる。緑色の色素を含む青菜などの野菜は，色をきれいにゆであげるために（　⑧　）でゆで，水にとって冷やす。じゃがいもやごぼうなどは切ったあとに放置すると色が変わる。このことを褐変という。

ア　たんぱく質　**イ**　無機質　**ウ**　ビタミン

エ　炭水化物　**オ**　食物繊維　**カ**　あく

キ　長時間　**ク**　短時間　**ケ**　かさ

①（　　）　②（　　）　③（　　）　④（　　）

⑤（　　）　⑥（　　）　⑦（　　）　⑧（　　）

3 〔食文化〕次の各問いに答えなさい。（17点）

(1)　地域でつくられた食材をその地域で消費することを何というか。

（　　　　　　　）（3点）

(2)　地域独特の食材や調理法によってつくられ，受け継がれている料理を何というか。（3点）

（　　　　　　　）

(3)　人生の節目や行事の際に食べる料理を何というか。（3点）

（　　　　　　　）

(4)　次の料理が(2)として伝わっている都道府県として適当なものを，あとから選んで記号で答えなさい。（各2点）

①　深川丼《ふかがわどん》　②　石狩鍋《いしかりなべ》　③　てこね寿司　④　治部煮《じぶに》

ア　北海道　**イ**　東京都　**ウ**　石川県　**エ**　三重県

①（　　）　②（　　）　③（　　）　④（　　）

ここに注目

白身魚

生では歯ごたえがあり，加熱するとほぐれやすくなる。

〈代表的な魚〉

かれい，たら，ます，ひらめ，さけ　など

赤身魚

生ではやわらかく，加熱するとかたくなる。

〈代表的な魚〉

まぐろ，あじ，さば，いわし，かつお　など

●野菜の切り方

輪切り

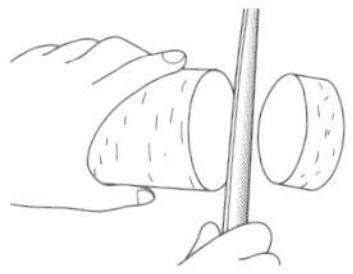

ささがき

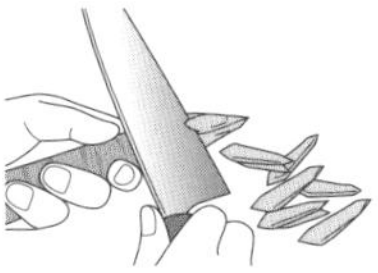

せん切り

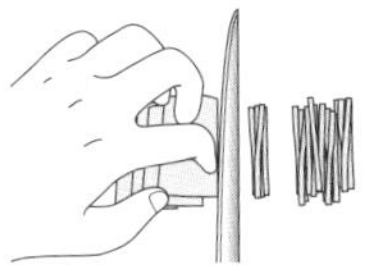

乱切り

●日本の行事と料理

行事	料理名
ひな祭り	ちらしずし
春の彼岸	ぼたもち
端午の節句	かしわもち
七夕	そうめん
土用の丑《うし》の日	うなぎ料理
月見	だんご
冬至	かぼちゃ
正月	おせち料理

28 衣服の着用・採寸

目標30分／70点
得点　　　　点

1 重要〔衣服の役割と目的〕衣服のはたらきについて，次のようにまとめました。これについて，あとの各問いに答えなさい。(20点)

衣服には，（　A　）上のはたらき，生活活動上のはたらき，社会生活上のはたらきがある。社会的な慣習に応じて，（　B　）に応じた服装を選ぶように心がける。

（　A　）上のはたらき…（　①　）・（　②　）・体を清潔に保つ
生活活動上のはたらき…（　③　）
社会生活上のはたらき…（　④　）・（　⑤　）・（　⑥　）

(1)（　）A・Bにあてはまる言葉を答えなさい。(各4点)

A（　　　　　　　　）　B（　　　　　　　　）

(2)（　）①～⑥にあてはまる言葉として適当なものを，次から選んで記号で答えなさい。(各2点)

ア　けがや汚《よご》れから体を保護する　　イ　体を動かしやすくする
ウ　個性を表す　　エ　暑さや寒さから体を保護する
オ　道徳や礼儀を表す　　カ　職業および所属を表す

①（　　）　②（　　）　③（　　）　④（　　）
⑤（　　）　⑥（　　）

2〔洋服と和服〕次の図は，洋服と和服の構成を表したものです。各部にあてはまる名称として適当なものを，あとから選んで記号で答えなさい。なお，記号は何度使用してもよい。(各2点－20点)

(1)

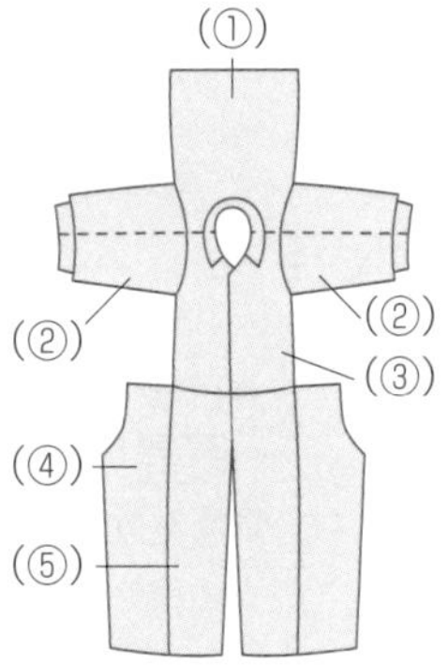

(2)

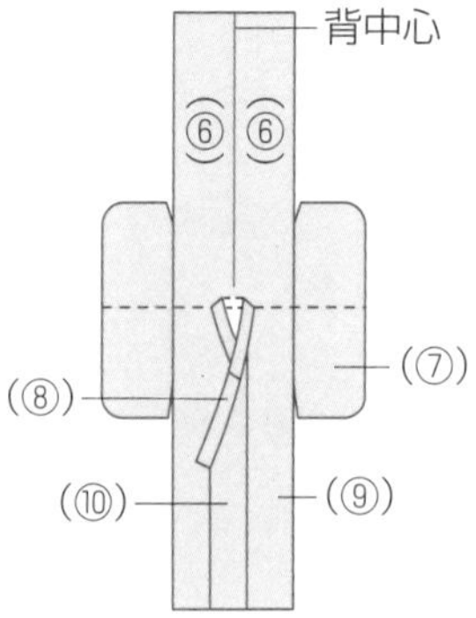

ア　そで　　イ　前身ごろ　　ウ　後ろ身ごろ
エ　後ろパンツ　　オ　前パンツ　　カ　襟《えり》　　キ　おくみ

①（　　）　②（　　）　③（　　）　④（　　）
⑤（　　）　⑥（　　）　⑦（　　）　⑧（　　）
⑨（　　）　⑩（　　）

得点アップ

●主な衣服の種類

上衣（トップス）
ブラウスやセーター，シャツやジャケット　など

下衣（ボトムス）
スカートやズボン（パンツ）　など

●コーディネート
・コーディネートとは，2つ以上の衣服を組み合わせること。
・コーディネートをするときは，色の使い方や素材などの組み合わせ，上下のバランスに注意する。

● T.P.O.
Time（時），Place（場所），Occasion（場合）のこと。服装を決めるときは，T.P.O. を考慮するとよい。

ここに注目

●ゆかた（女性の場合）

3 よく出る 〔既製《きせい》服〕 次の（　）にあてはまる言葉を答えなさい。

（各２点－12点）

既製服のサイズは，日本では（　①　）で定められている。

既製服には（　②　）がつけられている。これは，布に使用されている繊維《せんい》の種類と（　③　）を示している。それぞれの繊維の長所をいかしながら短所を補うために，繊維を混ぜることを（　④　）という。そのほか，手入れの方法を示す（　⑤　）表示や，衣服が裁断・縫製《ほうせい》された国を示す（　⑥　）表示などがある。

①（　　　　　）　②（　　　　　）
③（　　　　　）　④（　　　　　）
⑤（　　　　　）　⑥（　　　　　）

4 〔取り扱い表示〕次の記号の意味を簡単に答えなさい。（各４点－24点）

	①	②	③	④	⑤	⑥
取扱い表示						

①（　　　　　　　　　　　　　　　　　）
②（　　　　　　　　　　　　　　　　　）
③（　　　　　　　　　　　　　　　　　）
④（　　　　　　　　　　　　　　　　　）
⑤（　　　　　　　　　　　　　　　　　）
⑥（　　　　　　　　　　　　　　　　　）

5 〔採　寸〕次の（　）にあてはまる言葉を答えなさい。（各３点－24点）

正確に採寸を行うには，下着を整えて（　①　）をし，自然な姿勢で立つ。サイズはほかの人に測ってもらう。

胸部分…女子は（　②　），男子は（　③　）という。女子は胸の最も（　④　）ところを測る。男子はうでの付け根の下端にあたる胸のまわりを測る。

ウエスト…女子は（　⑤　）の最も細いところを，男子は（　⑥　）の上端の真上を水平に測る。

ヒップ…腰の最も（　⑦　）ところを水平に測る。

また上…いすに深く腰かけ，ウエストラインから（　⑧　）までをわきで測る。

①（　　　　　）　②（　　　　　）
③（　　　　　）　④（　　　　　）
⑤（　　　　　）　⑥（　　　　　）
⑦（　　　　　）　⑧（　　　　　）

ここに注目

● 既製服のサイズ表示の例

（体型区分表示の場合）

サイズ
身長　160
胸囲　80
160A

（範囲表示の場合）

サイズ
胸囲76～84
160

ここに注目

● バストの採寸（女子）

胸の最も高い位置を水平に測る。

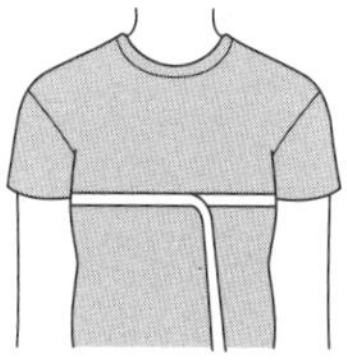

● チェストの採寸(男子)

腕の付け根の下を通り，胸の回りを水平に測る。

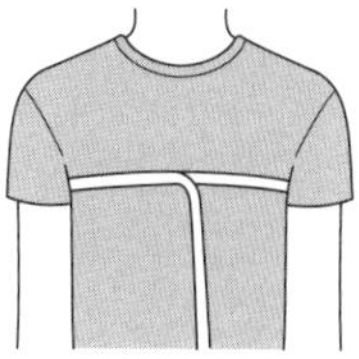

29 衣服の手入れ・洗濯

目標30分／70点
得点　　点

1 よく出る〔繊維《せんい》の種類と性質〕次の表は，繊維の種類と性質に関するものです。（　）にあてはまる言葉として適当なものを，あとから選んで記号で答えなさい。なお，記号は何度使用してもよい。
（各2点－24点）

繊維の種類			ぬれたときの強さ	防しわ性	吸湿性《きゅうしつせい》
（①）繊維	（③）繊維	綿	◎	△	（⑩）
		麻	◎	△	◎
	（④）繊維	毛	（⑥）	（⑧）	◎
		絹	（⑦）	△	◎
（②）繊維	（⑤）繊維	ポリエステル	◎	◎	（⑪）
		ナイロン	◎	◎	（⑫）
		アクリル	◎	（⑨）	△

◎…性能がよい　○…ふつう　△…性能が劣《おと》る

ア 合成　イ 天然　ウ 植物　エ 動物
オ 化学　カ ◎　キ ○　ク △

①（　）②（　）③（　）④（　）
⑤（　）⑥（　）⑦（　）⑧（　）
⑨（　）⑩（　）⑪（　）⑫（　）

2〔洗《せん》濯《たく》〕次の（　）にあてはまる言葉を答えなさい。（各2点－16点）

洗剤《せんざい》の種類は，石けんと（①）の2つに分けられる。

石けん …液性は（②）で，原料は（③）である。冷水に溶《と》けにくいものは（④）で溶かすか，前もって溶かしておく。

（①）…液性は（②）と（⑤）のものがある。（②）のものは，（⑥）や麻などの植物繊維や，（⑦）用である。（⑤）のものは毛や（⑧）などの動物繊維用である。

①（　）②（　）
③（　）④（　）
⑤（　）⑥（　）
⑦（　）⑧（　）

得点アップ

●衣服の汚れ

・外からつく汚れには，空気中にただようほこり，食べこぼし，泥などがある。

・体からつく汚れには，皮脂《ひし》，あか，汗などがある。

ここに注目

●綿

適している洗剤は弱アルカリ性で，水をよく吸うという特徴がある。

●毛

適している洗剤は中性で，水の中でもむと縮み，虫の害を受けやすい。

●絹

適している洗剤は中性で，光沢がある。

●ポリエステル，ナイロン，アクリル

適している洗剤は弱アルカリ性で，縮まず，乾きが速いが，汚れが再度つきやすい。

●洗剤のはたらき

洗剤は，汚れにすいつく，汚れを布から引きはなす，汚れを細かくして洗濯液中に分散させる，汚れが布に再付着しないようにする，などのはたらきをする。

粉末や液体などさまざまな形態のものがあるので，洗濯機の機種に合わせて使い分けるようにする。

3 重要〔手入れ〕次の（　）にあてはまる言葉を答えなさい。

（各３点－36点）

ブラシかけ…ブラシかけをする前に，（　①　）の中をきれいにしておく。手順として，まず襟《えり》，（　②　）のほこりを落とす。布が毛羽《けば》立たないように（　③　）の方向に注意する。そして，（　②　）からすそや（　④　）に向けてかけていく。

しみ抜き…しみ抜きは，しみの種類に応じて適切に対処する。

・しょうゆやジュースなど…基本的に（　⑤　）で落とすことができる。

・（　⑥　），紅茶《こうちゃ》など…水で落ちるが，色素が残ってしまうような場合には（　⑦　）を使って落とす。

・チョコレートや襟あかなど…（　⑧　）を使って落とす。

・カレー，（　⑨　），ミートソースなど…（　⑦　）と（　⑧　）を使って落とす。

アイロンかけ…アイロンをかけるときは，（　⑩　）を調節し，適温になったらかける。２種類以上の繊維が混ざっている場合は，（　⑪　）方の温度に合わせる。面積が（　⑫　）ところから順番にかけていく。

①（　　　　　　）　②（　　　　　　）

③（　　　　　　）　④（　　　　　　）

⑤（　　　　　　）　⑥（　　　　　　）

⑦（　　　　　　）　⑧（　　　　　　）

⑨（　　　　　　）　⑩（　　　　　　）

⑪（　　　　　　）　⑫（　　　　　　）

4 〔補　修〕次の（　）にあてはまる言葉を答えなさい。（各４点－24点）

ズボンやスカートのすそのほつれやすそ上げには（　①　）縫いが用いられる。補修の際に使う（　②　）は，布やボタンに合う色や太さのものを選ぶようにする。

スナップつけは，（　③　）を上側に，（　④　）を下側につける。縫った最後の糸は（　⑤　）をする。（　⑥　）もスナップと同じ方法でつけることができる。

①（　　　　　　）　②（　　　　　　）

③（　　　　　　）　④（　　　　　　）

⑤（　　　　　　）　⑥（　　　　　　）

得点アップ

●収納の方法

・下着は小さくまとめる。

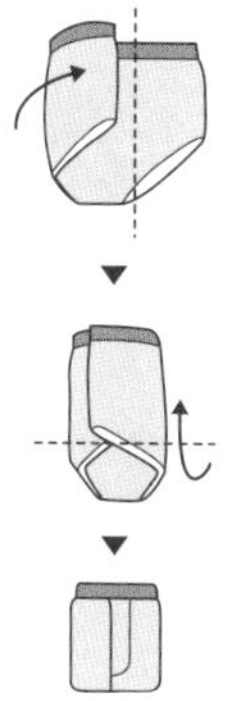

・セーターは，かさばることのないように丸める。

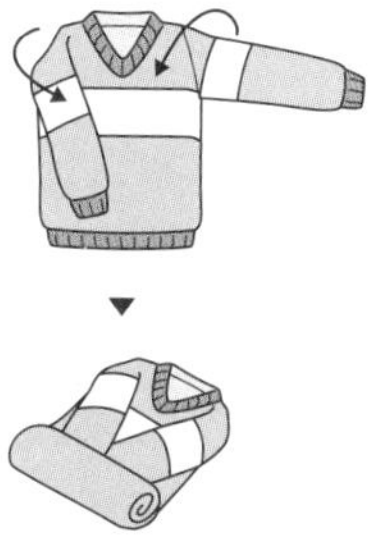

・Ｔシャツは，しわをつくらないように注意してたたむ。

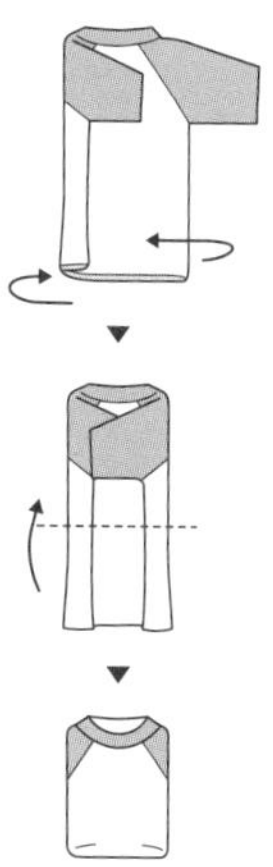

ここに注目

●アイロンのかけ方

襟→カフス→袖《そで》→肩→前身ごろ→後ろ身ごろの順番でかけていく。

30 衣服の製作

目標30分／70点
得点　　点

1 よく出る〔必要な用具類〕次の図は，衣服の製作にあたって必要な用具です。（　）にあてはまる用具名を答えなさい。（各3点－24点）

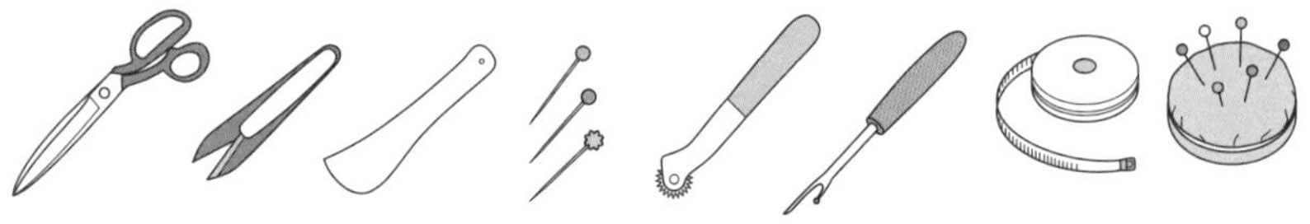

（①）　（②）　（③）　（④）　（⑤）　（⑥）　（⑦）　（⑧）

①（　　　　　）　②（　　　　　）
③（　　　　　）　④（　　　　　）
⑤（　　　　　）　⑥（　　　　　）
⑦（　　　　　）　⑧（　　　　　）

2〔布と針と糸〕次の表は，布と針と糸の関係をまとめたものです。（　）にあてはまる言葉や数字として適当なものを，あとから選んで記号で答えなさい。なお，記号は何度使用してもよい。（各3点－24点）

布　地	ミシン針	縫《ぬ》い糸
うす地 （①）など	（③）番	（⑥）番
ふつう地 （ブロードなど）	（④）番	（⑦）番 （⑧）番
厚地（②）など	（⑤）番	（⑦）番

ア 80　イ 50　ウ 11　エ デニム　オ 14
カ 60　キ 9　ク ローン

①（　）②（　）③（　）④（　）
⑤（　）⑥（　）⑦（　）⑧（　）

3 重要〔布と針の扱《あつか》い〕次の（　）にあてはまる言葉を答えなさい。（各3点－21点）

布にはたてとよこの方向があるが，たて方向に対して左右のはしにあたる部分を（①）という。布の表にあたる部分には，（②）があり，色や（③）がはっきりしている。布が最も伸《の》びるのは布目に対し斜《なな》め（④）度に引っ張ったときである。布を選ぶときに

得点アップ

●布の伸び方

引っ張る方向によって伸び方が変わる。方向と伸び方の関係を知ろう。

［たて方向］

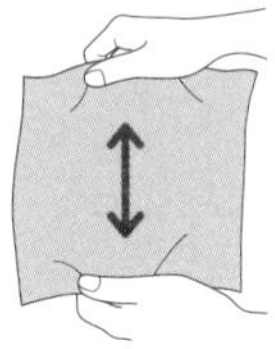

［よこ方向］

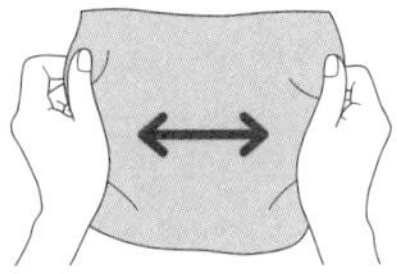

［斜め方向］

●アイロンを使った縫い目の整え方

・縫い目に軽くかける。

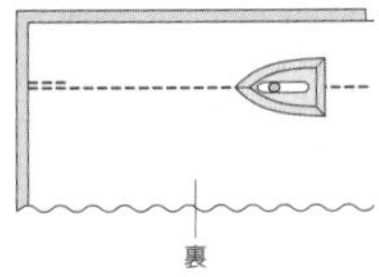

・指先で縫いしろを割って開きながら，先で縫い目をおさえるようにしてかける。

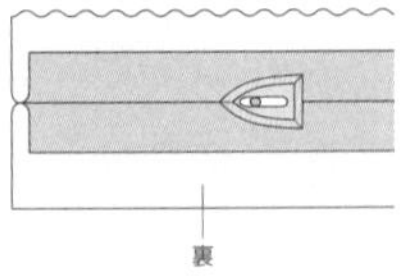

・縫いしろを２枚とも縫い目のはしから倒してかける。

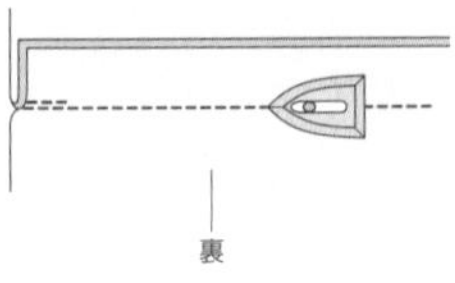

は，必要な布の量は（　⑤　）を考えて見積もるようにする。布の種類には，あや織りのデニムや，（　⑥　）のブロード，編み物であるメリヤス，不織布の（　⑦　）やフリースなどがある。

①（　　　　　　　）　②（　　　　　　　）
③（　　　　　　　）　④（　　　　　　　）
⑤（　　　　　　　）　⑥（　　　　　　　）
⑦（　　　　　　　）

4 よく出る〔ミシンの各部〕次の図は，ミシンの各部を示したものです。（　）にあてはまる言葉として適当なものを，あとから選んで記号で答えなさい。（各3点－21点）

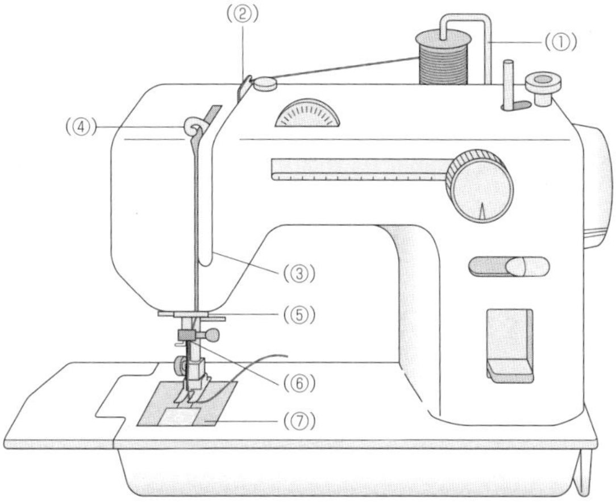

ア　天びん　　イ　案内板　　ウ　糸巻き糸案内　　エ　糸かけ
オ　針　板　　カ　糸立て　　キ　針棒糸かけ

①（　　）　②（　　）　③（　　）　④（　　）
⑤（　　）　⑥（　　）　⑦（　　）

5〔ミシン縫いの手順〕次の（　）にあてはまる言葉を答えなさい。（各2点－10点）

ミシンの縫い始めはまず（　①　）を上げ，（　②　）と（　③　）の間に布をセットする。次に手前に（　④　）を回して針を布にそえる。（　①　）を下げて，スピードは（　⑤　）縫い始める。

縫い終わりは針，（　①　）の順に上げて，ミシンの向こう側に布を引き出す。糸は10cmほど残して切る。

①（　　　　　　　）　②（　　　　　　　）
③（　　　　　　　）　④（　　　　　　　）
⑤（　　　　　　　）

ここに注目

●型紙に用いられるしるし

［布目線］

矢印は布目のたて方向を示している。型紙を布地のたて方向に合わせるためのしるし。

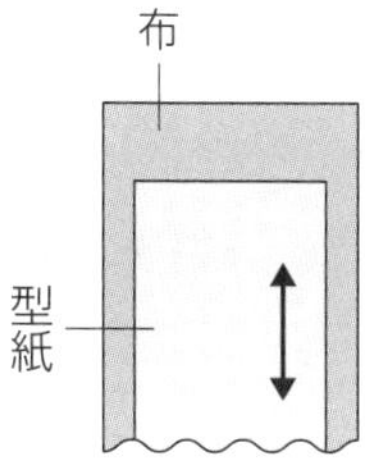

［わ］

折り返したときの折り山を表すしるし。

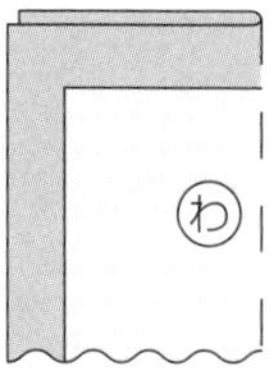

［合いじるし］

2枚の布を正しく合わせるためのしるし。

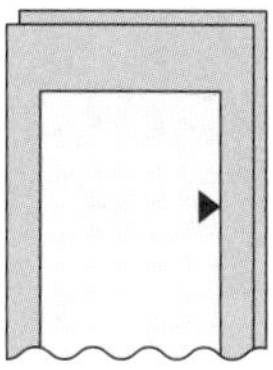

復習のポイント

ミシンの上糸の準備をするときは，おさえを上げるなどのあと，天びんを上げ，**4**①～⑥の順番に糸をかけていく。最後に糸を針穴に通す。

また，天びんは縫い始めと終わりには一番上にする。

31 住まいの役割と機能

目標30分／70点
得点　　　　点

1 重要〔住まいの役割〕次の文章について，あとの各問いに答えなさい。（30点）

住まいはA生命と生活を守る場であり，入浴や睡眠《すいみん》など，安らぎと（　①　）をもたらす場であり，幼児から高齢者まで幅広い年代が支え合い，家族が成長し合う場でもある。

日本の住まいの特徴の1つに畳がある。畳は適度な（　②　）と（　③　）があり，日本の気候に適しているといえる。日本特有の住まいの形式をB和式，欧米の住まいの形式を（　④　）という。

(1)（　）にあてはまる言葉を答えなさい。（各4点）

①（　　　　　　）　②（　　　　　　）
③（　　　　　　）　④（　　　　　　）

(2) ——線A「生命と生活を守る」とあるが，住まいはどのようなことから守ってくれるか。簡単に答えなさい。（7点）

（　　　　　　　　　　　　　　　　　　　　）

(3) ——線B「和式」とあるが，その特徴を簡単に答えなさい。（7点）

（　　　　　　　　　　　　　　　　　　　　）

2〔生活と住まい〕生活行為によって分けられた次の住空間のキーワードについて，（　）にあてはまる言葉として適当なものを，あとから選んで記号で答えなさい。（各2点－10点）

・（　①　）の空間：入浴　洗面　排せつ
・（　②　）の空間：睡眠　仕事　勉強　休養
・（　③　）の空間：出入り　通行　収納
・（　④　）の空間：食事　休養　団らん
・（　⑤　）の空間：調理　洗濯《せんたく》　アイロンかけ

ア　移動と収納　　イ　生理・衛生　　ウ　個人生活
エ　家事作業　　オ　家族共有

①（　　）　②（　　）　③（　　）　④（　　）
⑤（　　）

3〔安全な住まい〕次の図は住まいの地震対策に関するものです。（　）にあてはまる地震対策を，あとから選んで記号で答えなさい。

（各6点－24点）

得点アップ

●日本の住まい
・日本の中でも，地域によって気候が異なるため，それぞれに特徴のある住まいがある。
・北海道では，室内に雪や寒気が入らないように二重玄関にしている。
・沖縄では，台風の被害を避けるために平屋が多い。

復習のポイント

●住空間を考える
食事や団らんのための場所がしっかりとあるか，家事がしやすいかなど，それぞれの住空間にあったものが備えられているかが重要。

ここに注目

●地震対応
・揺《ゆ》れがきたら，机など隠《かく》れられるものの下に潜《もぐ》って頭や体を守るようにする。
・避難《ひなん》するための出入口を確保する。
・状況を見て，火災につながるような器具の火を消す。
・海や川の近くに住んでいる場合は，津波を避《さ》けるために高いところに避難する。

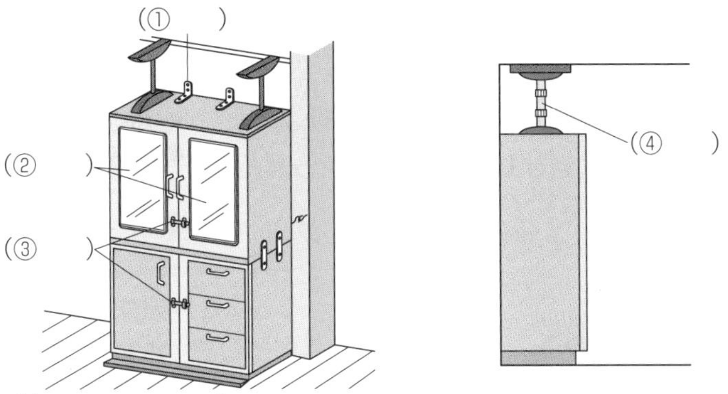

ア　棚《たな》と天井の間に突《つ》っ張り棒をつける
イ　棚を壁《かべ》や柱に固定する
ウ　ガラス飛散防止フィルムを貼《は》る
エ　扉《とびら》開き防止器具でおさえる

①(　　)　②(　　)　③(　　)　④(　　)

4〔快適な住まい〕次の(　)にあてはまる言葉を答えなさい。
(各3点－36点)

(1)　室内の空気が汚れる原因には，水蒸気や二酸化炭素，ほこりやダニなどのほか，住宅の建材などに含まれる化学物質が室内にとどまり，(　①　)を引き起こすことなどがある。室内の湿度が高くなると(　②　)やかびが発生しやすくなる。

(2)　燃焼器具によって一酸化炭素中毒におちいることがある。一酸化炭素は燃焼器具の(　③　)によって発生する。気密性の高い住宅は，(　④　)をしないと酸素不足による(　③　)が起こりやすい傾向がある。空気中の一酸化炭素の濃度《のうど》は，学校環境《かんきょう》衛生基準では(　⑤　)%以下とされている。

(3)　家の中で起こる事故のことを(　⑥　)という。年代別では(　⑦　)ほど，この事故による死者数の割合が高い。0～4歳《さい》では(　⑧　)事故の割合が高い。

(4)　浴室などで,急な(　⑨　)の変化によって血圧が変動する(　⑩　)は死亡事故につながる。

(5)　だれもが安全に暮らせるように考えられたデザインを(　⑪　)という。段差や障壁《しょうへき》をなくしたデザインは(　⑫　)という。

①(　　　　)　②(　　　　)
③(　　　　)　④(　　　　)
⑤(　　　　)　⑥(　　　　)
⑦(　　　　)　⑧(　　　　)
⑨(　　　　)　⑩(　　　　)
⑪(　　　　)　⑫(　　　　)

●日ごろの地震対策

・寝ているところに家具が倒れてきたり，物が落ちてきたりしないよう位置を確認しておく。

・物が散らばって逃げ道をふさぐことのないよう，出入口の近くなど物を多く置かないようにする。

●室内空気の汚染《おせん》対策

室内の空気は，呼吸や暖房，調理，喫煙《きつえん》などによって汚れる。こもった空気やにおいを外へ出すために,窓を開けて通風・換気をしたり，換気扇を回したりすることが大切である。

●騒音《そうおん》の影響

騒音は，情緒《じょうちょ》的被害，睡眠《すいみん》妨害，生活妨害，営業妨害，身体被害などを引き起こす可能性がある。特に集合住宅や住宅密集地では，床にカーペットを敷いたり窓やドアをきちんと閉めたりするなどの工夫が必要である。

家庭のはたらきと消費

目標30分／70点
得点　　点

1 重要〔家庭と消費〕次の図は，消費生活の仕組みや流れを表したものです。(　) にあてはまる言葉として適当なものを，あとから選んで記号で答えなさい。(各4点－36点)

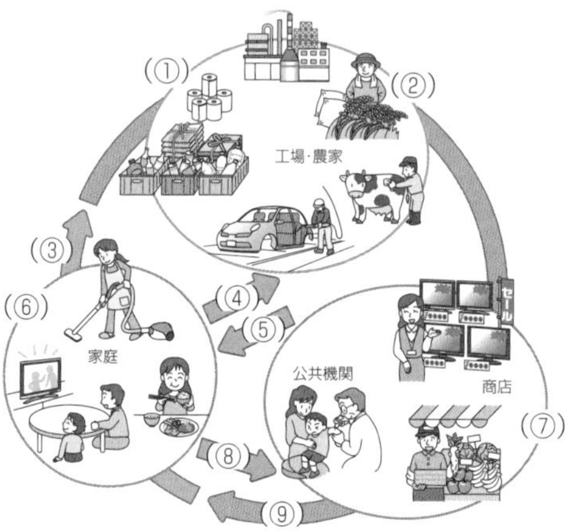

ア 消 費　イ 収 入　ウ 働 く　エ 生 産
オ 支払い　カ 廃 棄　キ 販売・提供
ク 物資・サービス　ケ 廃棄・再利用

①(　　) ②(　　) ③(　　) ④(　　)
⑤(　　) ⑥(　　) ⑦(　　) ⑧(　　)
⑨(　　)

2〔商品の選択と購入〕次の(　) にあてはまる言葉を答えなさい。
(各4点－28点)

(1) 商品の購入《こうにゅう》は，売買の(　①　) にあたる。そのため，商品を購入する際は，必要なもの〔＝ニーズ〕とほしいもの〔＝ウォンツ〕を考えて選択《せんたく》することが重要になる。

(2) 私たちが購入する商品は大きく2つに分けられ，形のある商品を(　②　)，形のない商品を(　③　) という。商品の購入方法には，店舗《てんぽ》販売と(　④　) がある。店舗販売は商品を(　⑤　) 見て購入することができる。(　④　) は，(　⑥　) 販売の場合は，実物を見ることができず，(　⑦　) 販売だと，実物が見ることができても，ほかの商品と比較《ひかく》しにくいという特徴があるが，店舗に行かなくても購入が可能である。

①(　　　　) ②(　　　　)
③(　　　　) ④(　　　　)
⑤(　　　　) ⑥(　　　　)
⑦(　　　　)

得点アップ

●消費者
生活するために商品を購入して使う人のこと。

●消費生活
代金を払って商品を購入し，生活をすること。

●契約の成立
［販売者］
「商品を渡す義務」や「代金を受け取る権利」をもっている。

［消費者］
「代金を支払う義務」や「商品を受け取る権利」をもっている。

●購入以外の方法
優先順位の低いものは，買うのを後回しにしたり，買わずに我慢《がまん》したりすることもできる。また，人から借りる／譲《ゆず》ってもらう，自分でつくる，既存のものに手を加える(＝リフォーム，リメイク) などの方法もある。

●購入の判断材料
商品を買う際は，価格だけでなく，必要性や品質，機能性，安全性，保証・アフターサービス，環境への影響なども考慮するようにしよう。

3 よく出る〔さまざまな支払い方法〕次の（　）にあてはまる支払い方法として適当なものを，あとから選んで記号で答えなさい。

（各3点－24点）

前払い：（ ① ）（ ② ）（ ③ ）

即時払い：（ ④ ）（ ⑤ ）

後払い：（ ⑥ ）（ ⑦ ）（ ⑧ ）

ア　デビットカード　　イ　クレジットカード　　ウ　分割払い

エ　図書カード　　オ　回数券　　カ　携帯《けいたい》電話などの使用料

キ　現　金　　ク　プリペイド型電子マネー

①（　　）　②（　　）　③（　　）　④（　　）

⑤（　　）　⑥（　　）　⑦（　　）　⑧（　　）

4 重要〔さまざまなマーク〕次は，商品に付いているマークの説明です。それぞれの（　）にあてはまるマークとして適当なものを，あとから選んで記号で答えなさい。（各2点－12点）

・（ ① ）：製品安全協会が，安全だと認めた商品に付けられる。

・（ ② ）：ヘルメットなどの「消費生活用製品安全法」の基準を満たす製品に付けられる。

・（ ③ ）：古紙を規定の割合以上利用している製品に付けられる。

・（ ④ ）：高齢《こうれい》者が安心して暮らせるサービスなどを提供する事務所に対して交付される。

・（ ⑤ ）：環境への負荷が少ないと認められた商品に付けられる。

・（ ⑥ ）：古紙パルプの配合割合がわかるように付けられる。

ア

イ

ウ

エ

オ

カ

①（　　）　②（　　）　③（　　）　④（　　）

⑤（　　）　⑥（　　）

●クレジットカード

クレジットカードがあると現金を持ち合わせていなくても商品を購入できるが，これは一時的に借金したのと同じことである。使い過ぎにならないよう，注意が必要である。

復習のポイント

商品に付いているマークは商品を選ぶときに重要な情報。これらをしっかり覚えておこう。

● PSE マーク

コードなどの特定電気用品に付けられる。

● G マーク

デザインと品質に優れた製品に付けられる。

●有機 JAS マーク

日本農林規格を満たしている有機農産物や加工食品などに付けられる。

●ウールマーク

一定の品質基準に合格した羊毛製品に付けられる。

33 家庭生活と消費 (2)
消費生活と環境

目標30分／70点
得点　　点

1 重要〔消費者の権利と責任〕次の（　）にあてはまる言葉を答えなさい。（各3点－42点）

（　①　）では，消費者に８つの権利と５つの責任があるとしている。

８つの権利
- 生活の基本的な（　②　）が保障される権利
- （　③　）を求める権利…例 自転車のブレーキが作動する
- （　④　）権利…例 アレルギーなどの情報が表示されている
- いくつかの商品から（　⑤　）権利
- （　⑥　）が反映される権利…例 メーカーに商品の要望を伝える
- （　⑦　）を受ける権利…例 不良品の交換
- 消費にあたっての知識として（　⑧　）を受ける権利
- （　⑨　）を享受《きょうじゅ》する権利

５つの責任
- （　⑩　）な意識を持つ責任…例 表示が本当かどうか
- 主張し（　⑪　）する責任…例 表示に誤りのある商品を買わない
- 社会的（　⑫　）への配慮をする責任…例 高齢《こうれい》者も使いやすいかどうか
- （　⑬　）への配慮《はいりょ》をする責任…例 再生紙商品を使用する
- 団結し（　⑭　）する責任…例 複数の人が要望を述べる

①（　　　　　　　）　②（　　　　　　　）
③（　　　　　　　）　④（　　　　　　　）
⑤（　　　　　　　）　⑥（　　　　　　　）
⑦（　　　　　　　）　⑧（　　　　　　　）
⑨（　　　　　　　）　⑩（　　　　　　　）
⑪（　　　　　　　）　⑫（　　　　　　　）
⑬（　　　　　　　）　⑭（　　　　　　　）

2〔消費者トラブル〕次の（　）にあてはまる商法として適当なものを，あとから選んで記号で答えなさい。（各2点－10点）

- （　①　）：家や会社などで，強引に商品の購入や契約《けいやく》をさせる。
- （　②　）：街頭で呼び止め，その場で勧誘《かんゆう》したり，営業所に連れていったりして契約をさせる。
- （　③　）：電話などで「抽選《ちゅうせん》に当たった」などと伝え，店舗《てんぽ》や営業所に呼び出して商品を購入させる。
- （　④　）：商品を購入させて会員にし，さらにその会員本人に友人などを勧誘させるようにする。
- （　⑤　）：人を集め，景品を配ったり話術で場を盛り上げたりして冷静な判断力を失わせ，高額な商品を購入させる。

得点アップ

●国際消費者機構（CI）
1960年に創設された消費者団体の国際連絡組織。参加している国は120を超えていて，日本からは４つの団体が加盟している。

●消費者の権利
８つの権利のうち４つは，日本よりも先に消費者問題が起こっていたアメリカでケネディ大統領が提唱したもの。

復習のポイント

●悪質商法の例
［悪質な訪問販売］
新聞や教材などが商品となることがある。被害《ひがい》は，どの年代でもある。
［キャッチセールス］
街でアンケートに答えるなどしたあとに，不必要な商品を購入させられる。被害は若者に多い。
［アポイントメントセールス］
イベントをやっているから来てほしいなどと呼び出され，商品を購入させられる。
［マルチ商法］
友人から化粧《けしょう》品を勧《すす》められ，自分が買ってほかの人に勧めるともうかると言われる。しかし，誰にも売れず在庫を抱えて困ることになった。

ア　マルチ商法　　イ　催眠《さいみん》（SF）商法　　ウ　悪質な訪問販売
エ　アポイントメントセールス　　オ　キャッチセールス

①（　　）　②（　　）　③（　　）　④（　　）
⑤（　　）

3 よく出る〔消費者を支えるしくみ〕次の（　）にあてはまる言葉を答えなさい。（各3点－24点）

消費者を守るための法律には，消費者契約法や（　①　）責任法，特定（　②　）法などがある。消費者からの相談を受け付ける公的機関としては，（　③　）や（　④　）センター，地方自治体の（　⑤　）センターなどがある。

訪問販売やキャッチセールスなど，販売者側からの意思で始まった契約の場合，一定期間内に書面で通知すれば契約を解除できる。この制度を（　⑥　）制度という。この制度が可能な期間は，訪問販売やキャッチセールスなどの場合は（　⑦　）日間，マルチ商法などの場合は（　⑧　）日間となっている。

①（　　　　　）　②（　　　　　）
③（　　　　　）　④（　　　　　）
⑤（　　　　　）　⑥（　　　　　）
⑦（　　　　　）　⑧（　　　　　）

4 重要〔消費と環境〕次の（　）にあてはまる言葉を答えなさい。
（各3点－24点）

資源の使用を抑制《よくせい》して，不要になったものを資源として利用し，環《かん》境《きょう》負荷を減らしていく社会を（　①　）という。これを進めるための取り組みとして，（　②　），（　③　），（　④　）の3Rがある。また，消費者の立場からいらないものを拒否《きょひ》すること〔＝（　⑤　）〕を加えて4R，さらに，修理して使う〔＝（　⑥　）〕を加えて5Rと呼ぶ。

消費行動では，個人の満足だけでなく，社会や環境にも配慮する必要がある。倫理的な消費である（　⑦　）の実践や，自立した消費者が積極的に行動をする社会，（　⑧　）を築くことが求められる。

①（　　　　　）　②（　　　　　）
③（　　　　　）　④（　　　　　）
⑤（　　　　　）　⑥（　　　　　）
⑦（　　　　　）　⑧（　　　　　）

［催眠（SF）商法］
商品の説明会に来てほしいと言われ，会場に行くと限定品だと言われてみんなが競って買おうとしているので購入してしまう。被害は高齢者に多い。

●通信販売のクーリング・オフ制度
通信販売は通常だと認められていないが，自主的に規定している業者もある。そのような業者は，JADMA（ジャドマ）マークがめやすとなっている。

ここに注目
快適な生活は，資源とエネルギーを使用することで成り立っている。化石燃料の大量消費は温暖化につながると言われ，環境問題を引き起こしている。

●化石燃料
石油や石炭，天然ガスなど。

●環境問題
地球温暖化や大気汚《お》染《せん》，砂漠《さばく》化，水質汚濁《おだく》などがある。

●持続可能な社会
自分たちだけではなく，次の世代の人々も地球の恵《めぐ》みを受けられる社会を目指す。

●グリーン購入法
再生品などは，新しい原料からつくるよりもコストがかかり高価になる。そこで，国や自治体が環境負荷の少ない商品を購入し，市場に普及《ふきゅう》させることを目指して制定された。

34 家庭と子どもの成長 (1)
幼児の生活と遊び

目標30分／70点
得点　　点

1 〔子どもの成長〕次の（　）にあてはまる言葉や数字を答えなさい。（各4点－16点）

子どもは年齢によって乳児期・幼児期・児童期に分けられる。大まかに区分けすると，乳児期が（　①　）から（　②　）歳《さい》まで，幼児期が（　②　）歳から（　③　）まで，児童期が（　③　）から（　④　）までである。

①（　　　　　　）　②（　　　　　　）
③（　　　　　　）　④（　　　　　　）

2 重要 〔幼児の生活〕次の（　）にあてはまる言葉を答えなさい。（各4点－32点）

幼児は，1日の中では（　①　）の時間が中心である。幼児のなかでも1歳児は（　②　）の時間が長い。

幼児は（　③　）が未発達のために，一度にたくさん食べることができない。そのため，食事以外に食べる（　④　）は大切である。体の成長に合わせて，（　⑤　）のバランスを考える必要がある。

幼児にとって，食事の時間は食事の（　⑥　）や（　⑦　）を身につけたりするための場でもある。そのため，大人と一緒《いっしょ》に楽しい（　⑧　）で食事をすることが大切である。

①（　　　　　　）　②（　　　　　　）
③（　　　　　　）　④（　　　　　　）
⑤（　　　　　　）　⑥（　　　　　　）
⑦（　　　　　　）　⑧（　　　　　　）

3 〔幼児の遊び〕次の（　）にあてはまる言葉を答えなさい。（各3点－30点）

幼児は遊びを通して身体や（　①　）機能が発達する。また，工夫をして創造する喜びを得るとともに，豊かな（　②　）が育つ幼児の遊びは（　③　）の基礎《きそ》になる。最初は（　④　）に遊んでもらっていたり（　⑤　）で遊んでいたのが，次第に（　⑥　）のそばで遊ぶようになる。そうして（　⑥　）と協力して遊びはじめると，さらに集団で（　⑦　）して遊ぶようになる。

幼児の遊びを支えるものに，遊び道具がある。この役割としては，自分の（　⑧　）を広げ，人と人とを結びつけて（　⑨　）をうながすということが挙げられる。遊び道具を選ぶときは，幼児自身や他人

得点アップ

●子どもと家庭
家庭は，子どもが生活し，成長していくうえで中心となる場である。親や家族が愛情深く接して信頼関係を築くことが，子どもの安心感や心身の健やかな成長につながる。

●1歳児の生活
1歳児は，遊びと睡眠《すいみん》が生活の中心になる。また，消化器官が未発達なため一度の食事でたくさん食べることができない。そのため，おやつは食事の一部として非常に重要な役割を持つ。

●1歳児の食生活
1歳の時期は，食生活の基本的な習慣が身に付く時期である。また，食べ慣れていないものも多く，食事に集中することが難しい。

を傷つける危険がないか，つくりが丈夫であるか，（ ⑩ ）マークがついているか，工夫して発展させることができるかなどの点を見るようにする。

①（　　　　　　　） ②（　　　　　　　）

③（　　　　　　　） ④（　　　　　　　）

⑤（　　　　　　　） ⑥（　　　　　　　）

⑦（　　　　　　　） ⑧（　　　　　　　）

⑨（　　　　　　　） ⑩（　　　　　　　）

4 〔遊びの変化〕次の各問いに答えなさい。（各３点－６点）

⑴ 幼児の，人とかかわる力について，発達していく順番に並べなさい。（完答）

ア 一人で遊ぶ，大人と一緒に遊ぶ
イ 友だちと固まって遊ぶ
ウ 集団で協力して遊ぶ
エ 友だちのそばで遊ぶ

（　　）→（　　）→（　　）→（　　）

⑵ 子どもたちの間で，世代を超《こ》えて伝えられてきた伝承遊びの例を１つ書きなさい。

（　　　　　　）

5 〔幼児との触《ふ》れ合い〕次の（　）にあてはまる言葉を答えなさい。（各４点－16点）

幼児と触れ合う施設《しせつ》には（ ① ）や（ ② ），認定こども園，子育て支援《しえん》センターなどがある。幼児は一人一人個性が異なるので，その子らしさを発見して触れ合いを深める。触れ合う時は，安全面や衛生面にも気を配る。

触れ合い体験の前には，具体的な（ ③ ）を立てて（ ④ ）をはっきりさせておく。触れ合い体験のあとには，幼児との関わりで学んだことや感動したことを振《ふ》り返る。

①（　　　　　　　） ②（　　　　　　　）

③（　　　　　　　） ④（　　　　　　　）

復習のポイント

●遊びの中で育つ

遊びによって，
・言葉
・社会性
・運動能力
などが発達する。

●言葉に関する発達

［１歳］
単語を言う（１語文で話す）
↓
［２～３歳］
多くの言葉を覚える（多語文で話す）
↓
［４～５歳］
日常会話ができる

●運動能力に関する発達

［１歳］
一人で歩くことができる
↓
［２～３歳］
走ったり跳んだりすることができる
↓
［４～５歳］
スキップができる

ここに注目

●おもちゃづくりの注意点

おもちゃを使う幼児の興味や年齢に合っているか，材料や道具が手に入りやすいか，製作をする手順と時間は問題がないかを確認する。

35 家庭と子どもの成長 (2)
幼児の成長と生活環境

目標30分／70点
得点　　　点

1 重要〔心身の発達〕次の各問いに答えなさい。(44点)

(1) 次の文章の（　）にあてはまる言葉を答えなさい。(各3点)

幼児の身体の成長は著しく，身長は1歳《さい》で生まれたときの約（　①　）倍，4歳で約（　②　）倍になる。体重は，1歳で生まれたときの約（　③　）倍，4歳で約（　④　）倍になる。身長に対して（　⑤　）が大きく，バランスがとりにくい。また，成長にともなって運動機能が発達すると，行動範囲《はんい》も広がり，（　⑥　）が刺激《しげき》される。また，幼児は大人に比べて（　⑦　）が高く，汗《あせ》をかきやすいので十分な（　⑧　）の補給が大切である。

①（　　　　　　）　②（　　　　　　）
③（　　　　　　）　④（　　　　　　）
⑤（　　　　　　）　⑥（　　　　　　）
⑦（　　　　　　）　⑧（　　　　　　）

(2) 次の文章の（　）にあてはまる言葉を答えなさい。(各4点)

幼児期には自立心が芽生えて（　①　）も身につけることで，友だちとの仲間意識が生まれ始める。互《たが》いにかかわることが多くなり，（　②　）の発達がうながされる。言葉は，2歳ごろから著しく発達し，（　③　）歳ごろには，質問やスムーズな会話が可能になる。食事や睡眠《すいみん》など，生きていく中で毎日繰《く》り返されることを自ら行う（　④　）習慣を身につける大切な時期でもあり，社会的な約束事や習慣，マナーなどに関する（　⑤　）習慣を身につける必要がある。

①（　　　　　　）　②（　　　　　　）
③（　　　　　　）　④（　　　　　　）
⑤（　　　　　　）

2 〔認知と情緒《じょうちょ》の発達〕（　）にあてはまる言葉として適当なものを，あとから選んで記号で答えなさい。(各4点－40点)

認知とは，（　①　）の捉《とら》え方のこと。認知能力が発達するのは（　②　）間もなくで，（　③　）が広がると，周りの状況《じょうきょう》を見て，適切に行動できるようになる。幼児期には，周囲の人間も（　④　）と同じものの感じ方をしていると思うなど，（　④　）を中心に物事を捉える時期がある。

情緒とは，（　⑤　），（　⑥　），（　⑦　），（　⑧　），心配，嫉妬《しっと》，恥《は》ずかしさなどのこと。大人と同じ情緒は（　⑨　）歳ごろまでに現

得点アップ

●体や運動機能の発達

生後しばらくして首がすわって頭を支えるようになる。その後，背骨や腰がしっかりして座れるようになり，ものを伝いながら歩いたり，一人で歩いたりできるようになる。

腕の全体から手先に向かって発達が進み，指先を使えるようになる。

復習のポイント

●自　立

一人で服を脱いだり排せつをしたりなど，自分で判断して生活できること。

●情　緒

愛情や希望，悲しみ，怒《いか》りや心配，嫌《きら》う，恥《は》ずかしがるなど。

3～4歳ごろまでの間に，大人の持っている情緒がほとんど現れるといわれている。

れる。年齢が（　⑩　）ほど情緒の表現が激しい。しかし，心の発達とともに情緒は安定していく。

ア　3～4	イ　自　分	ウ　恐　れ	エ　視　野
オ　怒《いか》り	カ　生　後	キ　喜　び	ク　悲しみ
ケ　も　の	コ　低　い	サ　0～1	シ　高　い

①（　　　）　②（　　　）　③（　　　）　④（　　　）
⑤（　　　）　⑥（　　　）　⑦（　　　）　⑧（　　　）
⑨（　　　）　⑩（　　　）

3 よく出る〔子どもを守る権利や法律〕次の（　）にあてはまる言葉を答えなさい。（各1点－16点）

子どもの権利条約は，1989年に（　①　）が提案した。児童の（　②　）の尊重と幸せな生活を送ることを目的とし，54の条項で構成されている。日本は（　③　）年に批准した。

子どもの権利条約
・病気などで命を奪われない（　④　）権利
・教育を受けて休んだり遊んだりできる（　⑤　）権利
・虐待《ぎゃくたい》や搾取《さくしゅ》などから（　⑥　）権利
・自由に意見を述べたり，グループを作ったりできる（　⑦　）権利

1951年5月5日に，子どもが持っている権利を大人が確認し，全ての子どもの幸福が実現できるように（　⑧　）が制定された。

（　⑧　）前文…児童は，（　⑨　）として尊ばれる
児童は，（　⑩　）の一員として重んぜられる
児童は，よい（　⑪　）の中で育てられる

1947年12月12日に公布された（　⑫　）は，児童にかかわる根本的で総合的な法律である。この法律では，すべての児童が，適切に（　⑬　）されること，その生活を（　⑭　）されること，（　⑮　），（　⑯　）される権利を有することなどが書かれている。

①（　　　　　）　②（　　　　　）
③（　　　　　）　④（　　　　　）
⑤（　　　　　）　⑥（　　　　　）
⑦（　　　　　）　⑧（　　　　　）
⑨（　　　　　）　⑩（　　　　　）
⑪（　　　　　）　⑫（　　　　　）
⑬（　　　　　）　⑭（　　　　　）
⑮（　　　　　）　⑯（　　　　　）

ここに注目

●第1反抗期
2～4歳ごろにかけて，大人の手を借りずに自分でやりたがる時期がある。これは自我が芽生え，自己主張ができるようになったことを意味している。

●子どもと家族を支える施設《しせつ》と機関
＊**保育所**…保護者が働くなどで家庭で保育できない0歳～就学《しゅうがく》前までの乳幼児が対象となっている。
＊**幼稚園**…3歳から就学前までの幼児が対象で，保育時間は9時から2時までが多い。
＊**子育て支援センター**
各市町村などに設置されていて，子育て中の親が集まる場所を提供したり，相談を受け付けたりしている。
＊**認定こども園**…保育所と幼稚園の二つの機能をあわせ持っている。0歳から就学前までの乳幼児が対象となっている。
＊**放課後児童クラブ**
小学校に入学したあとの子どもで，放課後に家に誰もいない場合はこのクラブで過ごすことが可能。
＊**児童館**…18歳までの児童が対象。小学生の放課後の遊びを支えるだけでなく，子育て支援の機能もある。

1 運動とスポーツ

目標30分／70点
得点　　　点

1〔運動やスポーツの必要性と楽しさ〕次の各問いに答えなさい。　(38点)

(1) 次の（　）にあてはまる言葉として適当なものを，あとから選んで記号で答えなさい。(各4点)

健康や体力の維持《いじ》・向上には，体を動かすことが必要であり，運動は，（　①　）の予防や（　②　）の解消にもなる。

また，競争や（　③　）を達成する，自分の気持ちを表現する，仲間との（　④　）をもつ，（　⑤　）と親しむ，余暇《よか》の充実をはかるといった楽しさもあげられる。

現在，スポーツは，運動競技だけでなく，誰もが（　⑥　）にわたって楽しめるものとなっている。スポーツ振興《しんこう》の基本理念などは（　⑦　）によって法律で定められている。

ア 自然　**イ** 生《しょう》涯《がい》　**ウ** 交流
エ ストレス　**オ** 国　**カ** 生活習慣病
キ 記録更新

①（　　）　②（　　）　③（　　）　④（　　）
⑤（　　）　⑥（　　）　⑦（　　）

(2) 「スポーツ」とはもともとどのような意味であったか答えなさい。(5点)
（　　　　）

(3) 次は，2011年に制定された，スポーツに関する法律の内容の一部である。この法律の名称《めいしょう》を答えなさい。(5点)

> (第一条) この法律は，スポーツに関し，基本理念を定め，並びに国及び地方公共団体の責務並びにスポーツ団体の努力等を明らかにするとともに，スポーツに関する施策《しさく》の基本となる事項《じこう》を定めることにより，スポーツに関する施策を総合的かつ計画的に推進し，もって国民の心身の健全な発達，明るく豊かな国民生活の形成，活力ある社会の実現及び国際社会の調和ある発展に寄与《きよ》することを目的とする。

（　　　　）

2〔運動やスポーツへのかかわり方〕スポーツへのかかわり方について，（　）にあてはまる言葉を答えなさい。(各4点－12点)

(1) す　る………クラブに参加，イベントに参加。
(2) （　①　）……競技場やテレビなどでの観戦。
(3) （　②　）……チームの（　③　）・支援，スポーツボランティア。
(4) 知　る………歴史や記録を調べる。

得点アップ

●スポーツ
「気晴らし」「楽しみ」などを表す言葉が語源。
ユネスコの体育・身体活動・スポーツに関する国際憲章第1条で「体育・スポーツの実践はすべての人にとって基本的権利である」と定められている。

＊競技スポーツから誰もが気軽に楽しめるものへと変化。
・ウォーキング
・ダンス
・新しいスポーツ（ゲートボール・カーリングなど）

●スポーツ振興基本計画
「スポーツは，世界共通の人類の文化である……」
＊(3)は，スポーツを盛んにするために作られた。同様のものに，次のようなものがある。

国　内
・スポーツ振興基本計画
国　外
・みんなのスポーツ憲章
…ヨーロッパ
・体育・身体活動・スポーツに関する国際憲章
…ユネスコ

＊**2**②のことを，サッカーなどでは「サポーター」と呼ぶ。

①（　　　　　　　　　　　　）
②（　　　　　　　　　　　　）
③（　　　　　　　　　　　　）

3 〔運動やスポーツの学び方〕次の各問いに答えなさい。(50点)

(1) 次の（　）にあてはまる言葉を答えなさい。(各4点)

運動やスポーツを行う上での合理的な体の動かし方を（　①　）といい，試合のときの方針を（　②　），（　②　）を決める際に有利に運ぶための方法を（　③　）という。

①（　　　　　　）　②（　　　　　　）
③（　　　　　　）

(2) 運動やスポーツの学び方について，（　）にあてはまる言葉を答えなさい。(各5点)

・目的に応じた練習の（　①　）や計画を立てる。
・その運動やスポーツに合った正しい（　②　）を見つける。
・練習したことができたか（　③　）する。

①（　　　　　　）　②（　　　　　　）
③（　　　　　　）

(3) スポーツ活動の条件をまとめた，次の表の（　）にあてはまる言葉として適当なものを，あとから選んで記号で答えなさい。(各3点)

（　①　）	（　②　）	（　③　）
発達の段階に準じて定めた（　④　）に応じて，運動の（①）を決める。	運動の（①）を考慮《こうりょ》して，運動を持続する（②）（長さや回数など）を決める。	運動の（①）や（②）を考慮して，（　⑤　）に何回行うかを決める。

ア　強さ（強度）　イ　頻《ひん》度《ど》　ウ　時　間
エ　週　オ　目　標

①（　　）　②（　　）　③（　　）　④（　　）
⑤（　　）

(4) スポーツ活動を安全に行うために，運動の前と，運動の後に行う運動をそれぞれ何といいますか。名前を答えなさい。(各4点)

運動の前（　　　　　　　　）
運動の後（　　　　　　　　）

＊実際の競技では，②を成功させるために③の練習を行う。

＊ダンスなどでは，表現の仕方も学ぶ。

創作ダンス
表現するテーマのイメージによって，動きに変化をつける。

フォークダンス
音楽に合わせて，特徴的なステップや動きをつけて踊る。

ロック・ヒップホップなど
特徴的なリズムにのって全身で表現する。

●スポーツ活動の条件
主に3つに分類され，いずれも不足すればスポーツ活動の効果が小さくなり，過《か》剰《じょう》になればけがや体調不良の原因となる。

●スポーツ活動を安全に行う
体調や使用する施設・用具の確認，活動中の適切な休憩《きゅうけい》や水分補給などが必要である。

2 体つくり運動／集団行動

目標30分／70点
得点　　　点

1 〔体つくり運動〕次の各問いに答えなさい。(40点)

(1) 次の表の（　）の，①・②にはあてはまる言葉を答え，③～⑥にはあてはまる言葉として適当なものを，あとから選んで記号で答えなさい。(各3点)

（ ① ）の運動	・体や心の状態に気づく ・体の（ ③ ）を整える ・（ ④ ）との交流
（ ② ）運動	Ⅰ （ ⑤ ）を高める運動 Ⅱ 巧《たく》みな動きを高める運動 Ⅲ 力強い動きを高める運動 Ⅳ 動きを（ ⑥ ）する能力を高める運動

ア 持続　イ 柔軟《じゅうなん》性　ウ 調子　エ 仲間

①（　　　　　）　②（　　　　　）
③（　　）　④（　　）　⑤（　　）　⑥（　　）

(2) (1)の表の①について，①2人組での運動，②用具を使った集団での遊びの例を1つずつ答えなさい。(各3点)

①（　　　　　）
②（　　　　　）

(3) (1)の表のⅠ～Ⅳについての説明として適当なものを，A群・B群それぞれから1つずつ選んで，記号で答えなさい。(各完答・各4点)

〔A群〕
a ストレッチ。
b 酸素を体内に取り入れながら長時間行う運動。
c 通常よりも強い負荷を与《あた》えて行う運動。
d 歩く・走る・跳《と》ぶなど基本的な動きを変化させてリズミカルにタイミングよく動く能力を高める運動。

〔B群〕
ア 心肺機能が高まり，持久力が高まる。
イ 瞬発《しゅんぱつ》的な動作・競技力の向上。
ウ 血行がよくなり，疲労《ひろう》回復やリフレッシュに役立つ。
エ 無駄《むだ》な動きが減り，運動による疲れが軽減する。

Ⅰ（　・　）Ⅱ（　・　）
Ⅲ（　・　）Ⅳ（　・　）

得点アップ

＊Ⅰには，静的・動的の2種類があり，スポーツ中のけがを防ぐ効果もある。
＊Ⅱの能力が向上すると，さまざまな動きの習得が短時間でできるようになる。

それぞれの運動例

Ⅰ 前屈

Ⅱ 大縄跳び

Ⅲ 手押し車

Ⅳ ジョギング

ストレッチ(静的)
・弾《はず》みを付けずにゆっくりと伸ばす。
・息を吐《は》きながら伸ばす。

負荷
意図的に加える運動の強さのこと。

2 〔集団行動〕次の各問いに答えなさい。(60点)

(1) 次の（ ）にあてはまる言葉として適当なものを，あとから選んで記号で答えなさい。なお，記号は何度使用してもよい。(各3点)

気を付け

両足のかかとをつけて，つま先を（ ① ）度に開く。

休　め（横型）

（ ② ）を後ろで組む。（ ③ ）を一足長横に開く。

腰を下ろせ

（ ④ ）をそろえ，膝頭《ひざがしら》を抱《かか》え込《こ》むように（ ⑤ ）を組む。

右向け－右

「気を付け」の姿勢から（ ⑥ ）のかかとと（ ⑦ ）のつま先を軸に右へ（ ⑧ ）度回転し，左足を右足に引き付ける。

回れ－右

「気を付け」の姿勢から右足を２足分ほど斜め（ ⑨ ）後ろに引き，（ ⑩ ）のかかとと（ ⑪ ）のつま先を軸に右へ（ ⑫ ）度回転する。その後，右足を左足に引き付ける。

ア 頭　イ 両 膝　ウ 45～60　エ 90　オ 180
カ 両 手　キ 右 足　ク 左 足　ケ 右　コ 左

①（　　）②（　　）③（　　）④（　　）
⑤（　　）⑥（　　）⑦（　　）⑧（　　）
⑨（　　）⑩（　　）⑪（　　）⑫（　　）

(2) 次の隊列の名称を答えなさい。(4点)

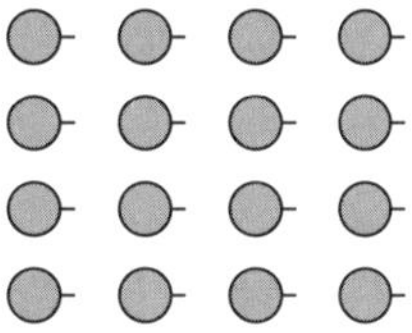

※右が前

（　　　　　　）

(3) 次の図のように２列横隊から３列縦隊《じゅうたい》にかえる場合について（ ）にあてはまる言葉や数字を答えなさい。(各4点)

前・後列ともに横に１～（ ① ）の番号をかけ，合図でいっせいに右に向きをかえる。左の列（ ② ）番の者は（ ③ ）へ出る。
右の列（ ④ ）番の者は（ ⑤ ）へ下がる。

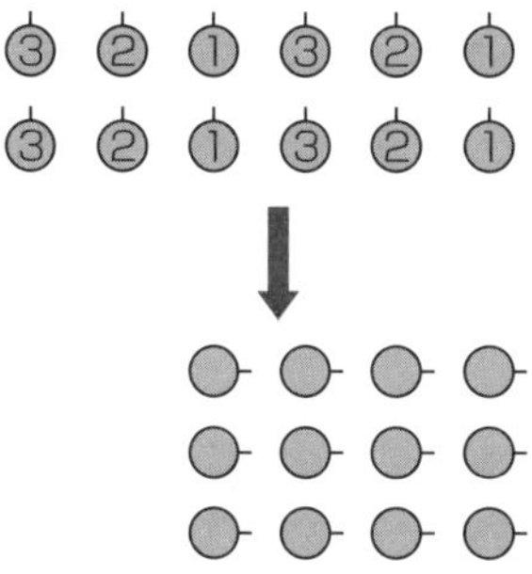

①（　　　　　　）
②（　　　　　　）
③（　　　　　　）
④（　　　　　　）
⑤（　　　　　　）

●「気を付け」では，まっすぐ正面を見て，背筋を伸ばす。体重は両足に等しくかける。

＊「右向け－右」は，両足かかとを中心に一度に90度回転してもよい。

＊「一足長」は足裏の長さ。

●「左向け－左」は，左右を「右向け－右」と逆の動作で行う。

「前へ(駆け足)－進め」

左足から踏《ふ》み出す。

「全体－止まれ」

「止まれ」の合図で１歩踏み出し，次の足を引き付ける。

駆《か》け足の場合には，１・２の動作で止まる。

開　列

基準者は両手を水平に上げ，基準列の人は両手を前にあげる。前後とは両手の２倍の距離をあけ，右左とは水平に上げた手がぶつからない程度距離をとる。

3 陸上競技 (1) 短距離走・長距離走

目標30分／70点
得点　　点

1 〔短距離《たんきょり》走〕次の各問いに答えなさい。（各5点－50点）

(1) 短距離走におけるスタートの名称《めいしょう》を答えなさい。

（　　　　　　）スタート

(2) 次の図のスタート時の足の位置図を見て，名称と特徴《とくちょう》についてA群・B群からそれぞれ1つずつ選んで記号で答えなさい。（各完答）

図

①
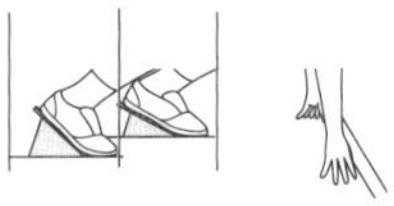

②
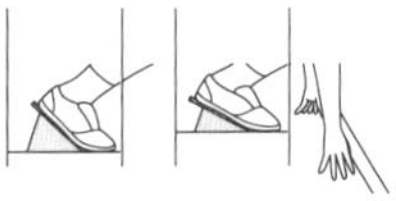

③
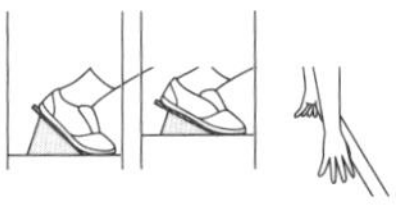

〔A群〕
a　エロンゲーテッドスタート
b　ミディアムスタート
c　バンチスタート
〔B群〕
ア　一般《いっぱん》的なスタート
イ　バランスがよく，キック力が強い
ウ　1歩目が早く出せる

①（　　・　　）②（　　・　　）③（　　・　　）

(3) 「位置について」の合図では，両手をどれくらいの幅《はば》に広げるか答えなさい。

（　　　　　　）

(4) 次の①～③の（　）にあてはまる言葉を答えなさい。また，①と②については，Aの図のア～エからあてはまるものを選んで記号で答えなさい。

スタートからゴールまでは,「スタート」→「（ ① ）疾走」→「（ ② ）疾走」→「フィニッシュ」の順になる。また，フィニッシュはBの▨で示した部分（ ③ ）がフィニッシュラインに到達《とうたつ》したときである。（①・②は各完答）

A

B

①（　　・　　　疾走）
②（　　・　　　疾走）
③（　　　　）

(5) 各走者が走る走路の名称を答えなさい。

（　　　　　　）

得点アップ

●一般的に400mまでを短距離走という。

ピッチ
ある時間での歩数。

ストライド
1歩の歩幅。

＊aは背の高い人向き。
＊cは腕《うで》の負担が大きくバランスも悪いが，脚《きゃく》力《りょく》が強い人向き。

＊(3)では，指を立ててひじを伸ばす。

＊スタートの前傾《ぜんけい》姿勢から徐々《じょじょ》に上体を起こしていく。

●コーナー（カーブ）の走り方は，体を内側に傾《かたむ》ける。

＊③は，首のつけ根から上，腕・手・脚・足を除いた胴体部分。

＊走者は，決められた走路を走らなければならない。

(6) 次の，フライングについて書かれたものの中から正しいものを選んで記号で答えなさい。

ア 用意の姿勢の後，信号器が発射されるまでにスタート動作を始めるとフライングとなる。

イ 信号器が発射されたあと，遅《おく》れて走り出すとフライングとなる。

ウ 中学生の大会では，1回目にフライングした人が失格となる。

（　　）

2〔長距離走〕次の各問いに答えなさい。（各5点－50点）

(1) 次の図から長距離走のスタートを選んで，記号で答えなさい。

ア

イ

（　　）

(2) 次の（ ）にあてはまる言葉として適当なものを，あとから選んで記号で答えなさい。

長距離走のスタートは「位置について」→「（ ① ）」で，「（ ② ）」はない。走るときには（ ③ ）の力を抜《ぬ》いて，（ ④ ）を自然に振《ふ》り，（ ⑤ ）から着地して上下動を少なくする。また，呼吸は「（ ⑥ ）」が一般的である。

ア かかと　　イ つま先　　ウ 肩　　エ 腕

オ 2呼2吸　　カ 用 意　　キ ド ン

①（　　）　②（　　）　③（　　）　④（　　）

⑤（　　）　⑥（　　）

(3) 長距離走で，速く走ったり歩いたりを交互《こうご》に行うトレーニングの名称を答えなさい。

（　　　　　　）

(4) 長距離走のあと，運動の強さを調べるためには何を計測したらよいか答えなさい。

（　　　　　　）

(5) 上級者向きの運動の強さの値はどのくらいか答えなさい。

（　　）

フライング

不正スタート

＊「位置について」「用意」の合図の後，ただちに静止姿勢をとらないと警告を受ける。

＊(1)オープンレーンで，他者との接触などのトラブルを避ける目的がある。

長距離の呼吸法は，自然に行うのがよいが，以下の呼吸法が用いられることもある。

2呼2吸

はく→はく→すう→すう

2呼1吸

はく→はく→すう

息をしっかりはくと，自然と空気が入ってくる。

● 歩幅を広くとる走法を「**ストライド走法**」といい，歩幅の狭い走法を「**ピッチ走法**」という。

● 運動の強さを調べるには，安静にしているときの(4)と，運動後の(4)の両方を調べる必要がある。

4 陸上競技 (2)
リレー・ハードル走

目標30分／70点
得点　　点

1 〔リレー〕次の各問いに答えなさい。(40点)

(1) 次の①～③にあてはまる言葉や数字を答えなさい。また，④は，図中のア～エの記号で正しいものをすべて答えなさい。(各4点④完答)

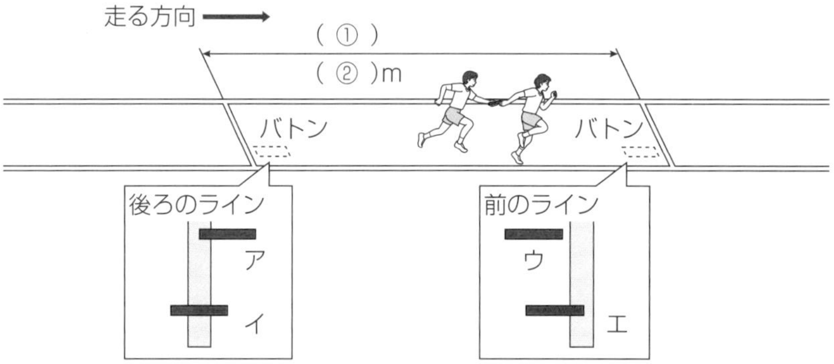

(①)は，バトンパスをするエリアで，前走者が(③)を通過したら次走者はスタートする。

また，バトンパスの際のバトンの位置が正しいものは，図では(④)である。

① (　　　　　　) ② (　　　　　　) m
③ (　　　　　　) ④ (　　　　　　)

(2) レーンが指定されていないリレーで，前走者がコーナーの旗《はた》を通過した順に次走者がレーン内側から並ぶ方法を何というか。(4点)

(　　　　　　)

(3) 次の状況で，バトンパスで落ちたバトンはだれが拾うか答えなさい。(各5点)

① バトンが次走者に渡《わた》される前に落ちた場合。

(　　　　　　)

② 次走者がバトンに触《ふ》れたあとに落ちた場合。

(　　　　　　)

(4) バトンパスが成立するのはどの瞬間《しゅんかん》か答えなさい。(5点)

(　　　　　　)

(5) バトンを渡したあとの走者はどのような行動をとらなければならないか答えなさい。(5点)

(　　　　　　)

得点アップ

● **第1走者のバトン**は，スタートラインから出ていても，地面に触れていてもよい。ただし，両手はスタートラインの手前にあること。

● ③を通過したら，次走者は全力で走り出す。

＊バトンが①の中に位置している間に，受け渡しを完了させなければならない。

● **旗を通過後**は，この並び順を変えてはいけない。

● **第2～4走者**は，スタンディングスタートで，上半身は横向き，つま先は進行方向に向ける。

＊次走者を押すなど，走行を助けるような行為は失格となる。

2〔ハードル走〕次の各問いに答えなさい。(各4点－64点)

(1) 中学生のハードル走の正式コース（男子 110m・女子 100m の場合）における，ハードルの高さと台数を答えなさい。

男子（　　　　）cm　女子（　　　　）cm

（　　　　）台　（　　　　）台

(2) 次の（　）にあてはまる言葉として適当なものを，あとから選んで記号で答えなさい。

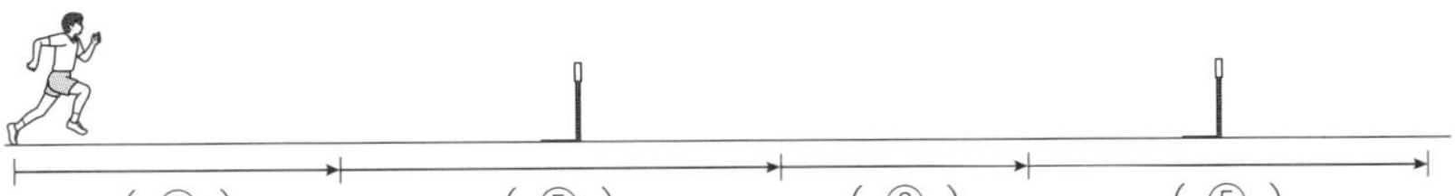

ハードル走は（　①　）スタートで行われ，スタートから第1ハードルを踏み切るまでを（　②　）という。ハードルとハードルの間は（　③　）と呼ばれ，一般《いっぱん》的に（　④　）歩で走る。

理想的な（　⑤　）は，できるだけハードルの（　⑥　）から踏み切り，できる限りハードルを「（　⑦　）」感覚で越《こ》す。ハードルの上では（　⑧　）を（　⑨　）にして，上体は前傾《ぜんけい》にする。

ア　3　**イ**　5　**ウ**　水　平　**エ**　かかと

オ　高　い　**カ**　走り越す　**キ**　抜《ぬ》き足　**ク**　遠　く

ケ　スタンディング　**コ**　クラウチング　**サ**　インターバル

シ　アプローチ　**ス**　ハードリング

①（　　）　②（　　）　③（　　）　④（　　）

⑤（　　）　⑥（　　）　⑦（　　）　⑧（　　）

⑨（　　）

(3) 次の図を見て，ハードルの理想的な踏《ふ》み切り距離《きょり》と着地距離の割合を数字で答えなさい。

①（　　）

②（　　）

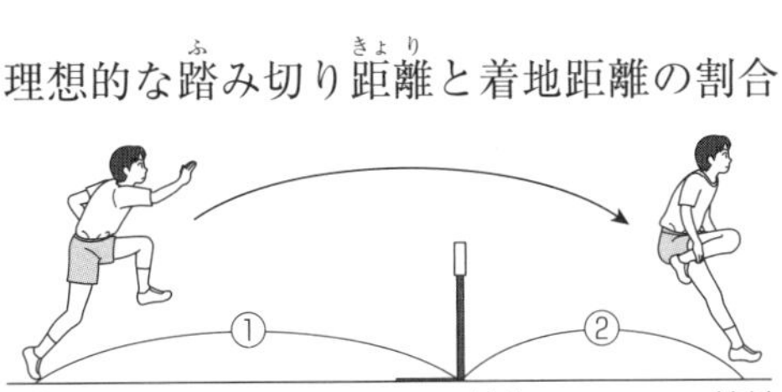

(4) 次の中から，失格となるものを選んで記号で答えなさい。

ア　ハードルの外側にはみ出した足が，バーの高さより低い位置を通ったとき。

イ　偶然《ぐうぜん》にハードルを倒《たお》してしまったとき。

ウ　踏み切り足が毎回違《ちが》っていたとき。　（　　）

ハードリングの練習方法

・歩きながら

歩きながら正しくまたぐ。腕も大きくしっかりと振《ふ》る。

・地面で

地面にハードリングのフォームで座り，動作を確認する。

＊ハードリングとは，踏み切りから空中の動作を経て着地にいたる一連の流れをいう。

●**ハードル**は前傾姿勢で跳《と》び越す。

・抜《ぬ》き足は水平にする。

＊⑤は，踏み切りから着地までのハードルを跳び越す一連の動作のこと。

＊跳び越しの時の最高点は，ハードルの真上ではなく，少し前方になるようにする。

5 陸上競技(3)
走り幅跳び・走り高跳び

目標30分／70点
得点　　点

1 〔走り幅跳《はばと》び〕次の各問いに答えなさい。（各5点－55点）

(1) 次の図の跳び方について，（　）にあてはまる言葉として適当なものを，あとから選んで記号で答えなさい。

Ⅰは（ ① ）で，空中で（ ② ）を反らす。Ⅱは（ ③ ）で，空中で走るように両足を（ ④ ）させる。どちらも（ ⑤ ）から踏《ふ》み切りに入り，（ ⑥ ）で力強く踏み切る。

ア　はさみ跳び　　イ　またぎ跳び　　ウ　そり跳び
エ　つま先　　オ　かかと　　カ　足裏全体
キ　胸　　ク　交　差

①（　　）　②（　　）　③（　　）　④（　　）
⑤（　　）　⑥（　　）

(2) 次の図を見て各問いに答えなさい。

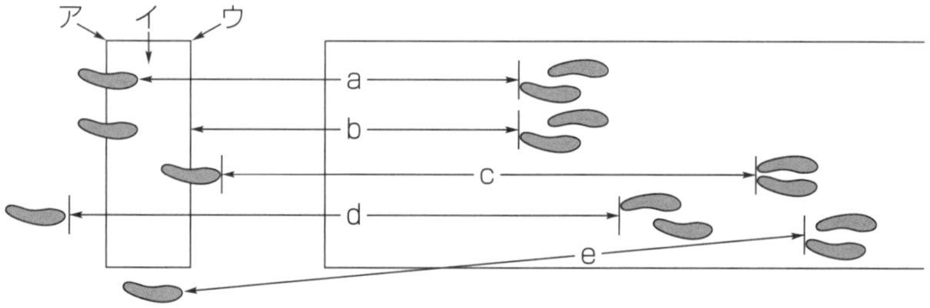

① 踏み切り線は，ア～ウのうちのどれか記号で答えなさい。
（　　）

② 跳躍《ちょうやく》距離を計測しているa～eのうち，正しいものを選んで記号で答えなさい。
（　　）

③ a～eのうち無効試技となるものをすべて選んで記号で答えなさい。
（　　　　）

(3) 次の着地が有効なら○，無効なら×と答えなさい。

① 着地点より後ろに倒《たお》れてしまった場合。

② 着地点より後ろの砂場外に出てしまった場合。

①（　　）　②（　　）

得点アップ

＊ⅠもⅡも着地のときは，両足を前に放り出す。

＊イは，踏み切った状態のまま自然に跳ぶ跳び方。

● **踏み切り**では，ひざを素早く引き上げる。

● **踏み切り板**と足が直角になるように踏み切ると有利になる。

● **跳躍距離**はcm未満切り捨て。

競技ルール

・競技者9人以上
各3回ずつ試技→8位以内はさらに3回試技。

・競技者8人以下
各6回ずつ試技。

2 〔走り高跳び〕次の各問いに答えなさい。（各5点－45点）

(1) 次の図の跳び方について，A・Bにあてはまる言葉を答え，①〜④にあてはまる言葉として適当なものを，あとから選んで記号で答えなさい。なお，②・④については図Ⅲの記号で答えなさい。

図Ⅰ

図Ⅱ

Ⅰの跳び方は（ A ）で，両足でバーを（ ① ）ようにして跳び越える。助走の方向は（ ② ）で，バーから遠い足で踏み切る。

Ⅱの跳び方は（ B ）で，（ ③ ）側でバーを越えるように跳び越える。助走の方向は（ ④ ）で，かかとから柔《やわ》らかく踏み切る。

ア 腹　イ 背中　ウ 挟《はさ》む

図Ⅲ

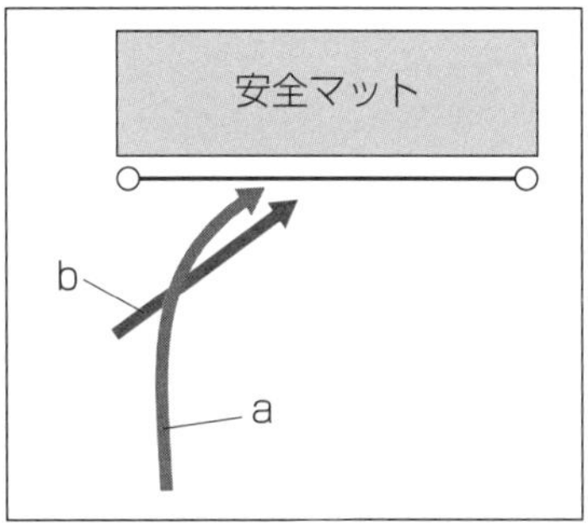

A（　　　　　　）
B（　　　　　　）
①（　　　）　②（　　　）
③（　　　）　④（　　　）

(2) 上体をバーと平行にかぶせて跳び越え，振《ふ》り上げ足と両手で着地する跳び方を何というか答えなさい。

（　　　　　　）

(3) 次の図の計測の仕方として正しいものを答えなさい。

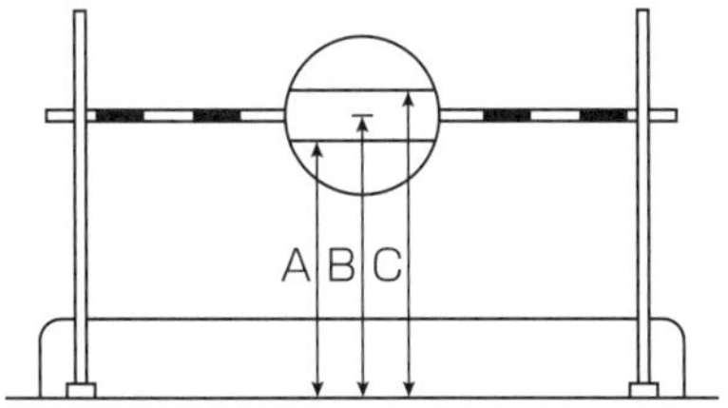

（　　）

(4) 次の中から無効試技となるものをすべて選んで記号で答えなさい。

ア 跳躍後，バーが風で落下したとき。

イ 踏み切りを両足で行ったとき。

ウ 跳躍前に，バーの垂直面を越えた地面に触れたとき。

（　　　　）

● Ⅱは先生の指導のもとで行うこと。安全マットがあっても，自分たちだけでは行わない。

・踏み切りは，進行方向に対してつま先が向くようにし，かかとからやわらかく入るようにする。

・助走が速いと上にあがりにくくなるので，速さよりもリズムに重点を置いた練習が有効になる。

無効試技
失格のこと。
＊ 1回だけでも無効試技となる。

● 続けて3回失敗すると，次の試技はできない。

6 器械運動
マット運動・跳び箱運動・平均台

目標30分／70点
得点　　点

1 〔マット運動〕次の各問いに答えなさい。(44点)

(1)　次の技の分類表の（　）にあてはまる言葉を答えなさい。(各3点)

（ ① ）系	（ ③ ）技	a. 前　転
		b. 後　転
	（ ④ ）技	c. 倒立《とうりつ》回転・倒立回転跳《と》び
		d. はねおき
（ ② ）系	平均立ち技	片足平均立ち
		倒　立

①（　　　　　　　）
②（　　　　　　　）
③（　　　　　　　）
④（　　　　　　　）

(2)　次の図の①・②の技の名称《めいしょう》をそれぞれ答え，(1)の表のa～dのどれにあてはまるか記号で答えなさい。(各4点，各完答)

①（　　　　　　　・　　　）
②（　　　　　　　・　　　）

(3)　次の図Ⅰ・Ⅱの技の名称を答え，（　）にあてはまる言葉として適当なものを，あとから選んで記号で答えなさい。(各4点)

図Ⅰ

図Ⅱ

図Ⅰは着手した後（ ① ）をマットにつけ，（ ② ）に力を入れる。
図Ⅱは（ ③ ）でしっかり支え，（ ④ ）越しをしながら足を開く。

ア 手　イ 腰《こし》　ウ 頭　エ 額　オ 首

Ⅰ（　　　　　　　）
Ⅱ（　　　　　　　）
①（　　）　②（　　）　③（　　）　④（　　）

得点アップ

開脚前転

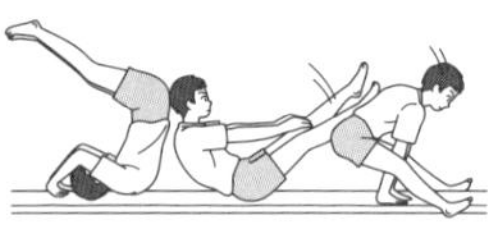

回転後，足がマットにつく直前に開く。

倒　立

両手は肩幅くらいに開き，目線はやや前方に。

＊(2)①は，上体を4分の1ひねりながら着手し，両手両足が一直線上を移動するように。

伸しつ

ひざを伸ばした姿勢。

倒立前転

倒立後ひじを曲げて背面側に重心移動，肩・背中・腰の順にマットに着く。

2 〔跳び箱運動〕次の図の技A～Cの名称を答え，（　）にあてはまる言葉として適当なものを，あとから選んで記号で答えなさい。

（各4点－32点）

A

B

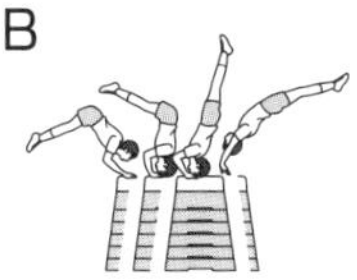

C

A．（　①　）に着手後，（　②　）が手の上を通過する前に突《つ》き放す。

B．手前に着手後，（　③　）を着け，（　④　）が前に出たときに突き放し，（　④　）を伸《の》ばして着地。

C．（　①　）に着手後，（　⑤　）を抱《かか》え込《こ》みながら突き放し，上へ跳ぶ。

ア 額　　イ 肩　　ウ 腰　　エ 体

オ 前方

A（　　　　　　　　　　　）

B（　　　　　　　　　　　）

C（　　　　　　　　　　　）

①（　　　）　②（　　　）　③（　　　）　④（　　　）

⑤（　　　）

水平開脚伸身跳び

Aと似ているが，台上で足を水平以上に振り上げる。

前方倒立回転跳び

着手時に腰《こし》を伸ばし，そのまま高く跳《と》ぶ。

3 〔平均台〕次の各問いに答えなさい。（各4点－24点）

(1) 次の（　）にあてはまる言葉として適当なものを，あとから選んで記号で答えなさい。なお，記号は何度使用してもよい。

・前方歩・後方歩は（　①　）を伸ばし，進む足の（　②　）を伸ばして，台の（　③　）に触れながら進む。

・側方歩（前交差）は，（　④　）から足を交差させ，横に出た足に体重を移動しながら進む。

・両足ターンは，両手を挙げて（　⑤　）で立って回転する。一動作でターンすると体がふらつきにくくなる。

ア 前　　イ 後ろ　　ウ 側面　　エ 上面

オ つま先　　カ 背筋

①（　　　）　②（　　　）　③（　　　）　④（　　　）

⑤（　　　）

(2) 次の図の技の名称を答えなさい。

腰を中心に体を前後にしなやかに動かす。

（　　　　　　　　）

V字バランス

片足水平バランス

腕波動

肩《かた》・ひじ・手首・指先をしなやかに動かして，波が伝わる様子を表す。

7 水　泳

目標30分／70点
得点　　点

1〔4泳法〕次の各問いに答えなさい。(84点)

(1)　次の図の泳ぎ方と説明を読んで，それぞれの名称《めいしょう》を答えなさい。(各5点)

①

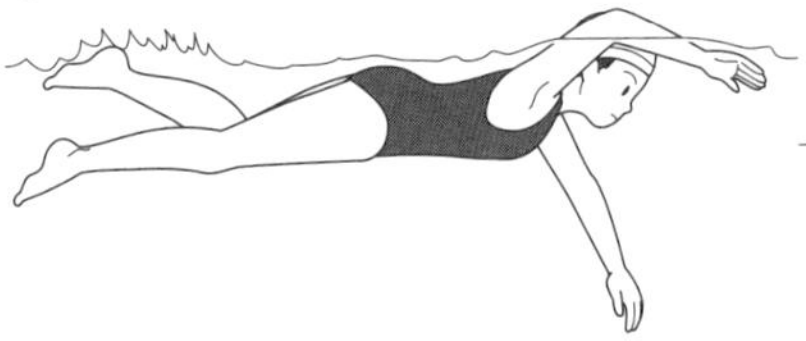

②

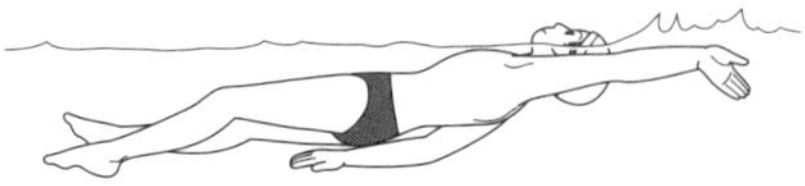

③

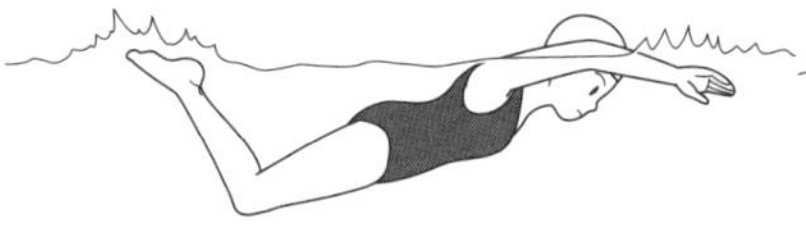

④

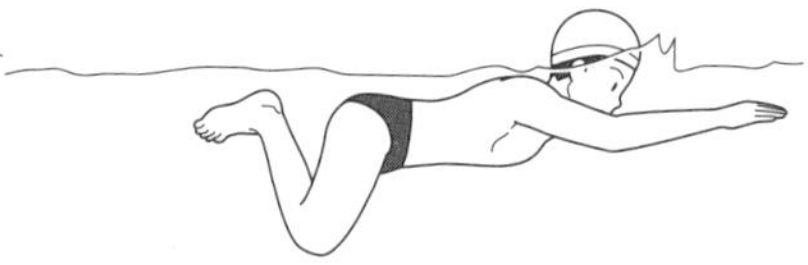

①　S字を描《えが》くストロークが特徴《とくちょう》。　(　　　　　　)

②　あおむけの姿勢で泳ぐ。　(　　　　　　)

③　④から派生した泳ぎ方。現在の形は日本人が考案。　(　　　　　　)

④　カエル足キックで泳ぐ。　(　　　　　　)

(2)　クロール・平泳ぎ・背泳ぎ・バタフライの特徴について，A群・B群からあてはまるものを選んで，記号で答えなさい。(各5点，各完答)

〔A群〕

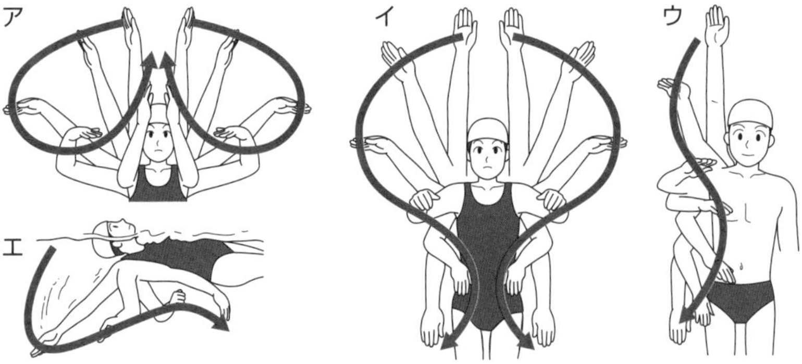

〔B群〕

a．あおむけの姿勢なので，楽に呼吸ができる。

b．4泳法の中では最も速く泳ぐことができる。

c．長距離《ちょうきょり》を泳ぐのに適した泳法で，両腕・両足の動作は左右対称。

d．体全体がうねるように，ドルフィンキックで進む。

クロール（　　・　　）　平泳ぎ（　　・　　）

背泳ぎ（　　・　　）　バタフライ（　　・　　）

得点アップ

ストリームライン

体全体を一直線に伸ばした流線型の姿勢。水の抵抗が少なくなる。

● ②の呼吸法は，口から吸い，鼻から吐《は》き出す。ターンのとき以外は常にあおむけの姿勢。

● ③の現在の1ストローク2ドルフィンキックの形は長沢二郎が編《あ》み出した。

＊アの腕は逆ハート形に動かす。

＊ウの腕はS字を描くように動かし，肘を手首より上に保つ。

⑶　次の泳ぎ方のターン・ゴールの仕方についての表の（　）にあてはまる言葉として適当なものを，あとから選んで記号で答えなさい。なお，記号は何度使用してもよい。（各５点）

クロール	（　①　）でタッチ
平泳ぎ	（　②　）同時にタッチ
背泳ぎ	ターン：（　③　）でタッチ ゴール：あおむけの姿勢で体の一部でタッチ
バタフライ	（　④　）同時にタッチ

ア　両　手　　イ　両　足　　ウ　体の一部

①（　　）　②（　　）　③（　　）　④（　　）

＊②④は水面の上でも下でもよい。

⑷　４泳法のうち，次のルールにあてはまる泳法をすべて答えなさい。（各４点）

①　スタートはスタート台から行う。

（　　　　　　　　　　　　　　　　　　　）

②　両足を交互《こうご》に上下に動かしてはいけない。

（　　　　　　　　　　　　　　　　　　　）

③　両腕《うで》・両脚《あし》は，同時に左右対称の動作を行う。

（　　　　　　　　　　　　　　　　　　　）

④　１かき１蹴《け》りの一連の動作中に頭の一部を水面に出す。

（　　　　　　　　　　　　　　　　　　　）

⑤　頭以外の部分は，水面に対して 90 度未満のあお向けの姿勢を保つ。

（　　　　　　　　　　　　　　　　　　　）

⑥　スタートとターンの後，15m 地点までに頭を水面に出す。

（　　　　　　　　　　　　　　　　　　　）

＊①背泳ぎのスタートは，両足が水面の上でも下でもよい。壁を蹴《け》り，手は指先から入水する。

● 競技会などでの**公式ルールのスタート**は，自由形・平泳ぎ・バタフライ・個人メドレーが飛び込みで，背泳ぎ・メドレーリレーが水中からとなっている。

2 〔メドレーリレー〕次のメドレーの泳ぐ順番をそれぞれ答えなさい。

（各８点，各完答－ 16 点）

⑴　個人メドレー

（　　　　　　　）→（　　　　　　　）→（　　　　　　　）→（　　　　　　　）

⑵　メドレーリレー

（　　　　　　　）→（　　　　　　　）→（　　　　　　　）→（　　　　　　　）

⑴最後は，それまでの泳法以外の泳法で泳ぐ。

⑵前の競技者が壁にタッチしてから，次の競技者はスタートする。

8 バスケットボール

目標30分／70点

得点　　　　点

1〔コートの名称《めいしょう》〕次の図の①～⑤にあてはまる言葉を答え，aはエリアの名称を，b～dは距離《きょり》を答えなさい。(各3点－27点)

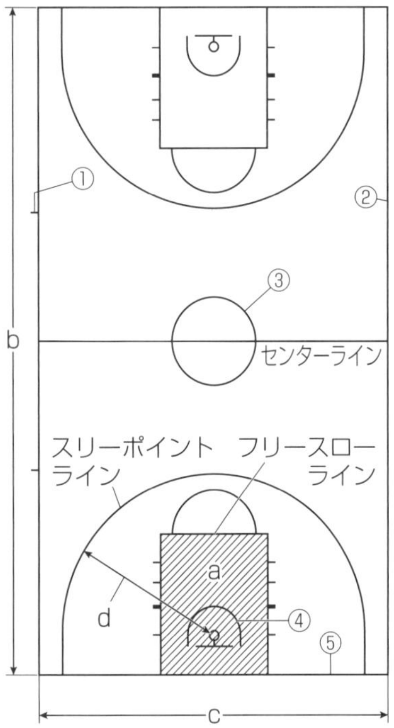

① (　　　　　　　　　　　　)
② (　　　　　　　　　　　　)
③ (　　　　　　　　　　　　)
④ (　　　　　　　　　　　　)
⑤ (　　　　　　　　　　　　)
a (　　　　　　　　)
b (　　　　　　　　) m
c (　　　　　　　　) m
d (　　　　　　　　) m

2〔テクニック〕次の各問いに答えなさい。(38点)

(1)　次の図のパスやプレイの名称を，あとから記号で選んで答えなさい。(各3点)

ア　ピボットターン　　イ　チェストパス　　ウ　ショルダーパス

① (　　　)　② (　　　)　③ (　　　)

(2)　右の図は，(1)の②でのパスコースを表している。それぞれの名称を答えなさい。(各3点)

① (　　　　　　　　)
② (　　　　　　　　)
③ (　　　　　　　　)

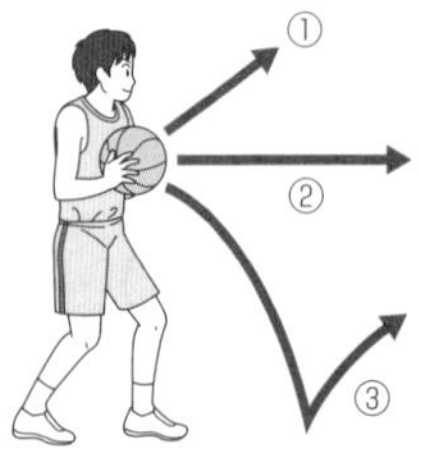

得点アップ

● センターラインをはさんで，攻撃するゴール側を**フロントコート**，その反対側を**バックコート**という。

＊①の長さは0.15m。

＊②は近くの味方に素早くパスするのに有効。手首のスナップをきかせ，手のひらを外向きにボールを押し出す。

＊③ではボールは軸《じく》足から遠くにする。

(3)　次の（　）にあてはまる言葉を答えなさい。(各4点)

空中でボールをキャッチした後，両足を同時に着地する方法を（　①　）といい，片足ずつ着地する方法を（　②　）という。

味方にパスしてゴール下に走り，再びパスをもらってシュートする攻撃《こうげき》法を（　③　）といい，攻撃側が防御《ぼうぎょ》側に対して壁《かべ》をつくり，防御側の動きを止めて攻める方法を（　④　）という。

それぞれが守るエリアを決めて防御する方法を（　⑤　）という。

①（　　　　　　　　　）　②（　　　　　　　　　）
③（　　　　　　　　　）　④（　　　　　　　　　）
⑤（　　　　　　　　　）

＊②では，最初に着地した足を軸足として床《ゆか》から離《はな》さない。もう一方の足を軸足とすると**トラベリング**となる。

3 〔ルール・反則〕次の各問いについて答えなさい。(35点)

(1)　次の表の（　）にあてはまる言葉を答えなさい。(各3点)

競技人数	1チーム（　①　）人
ゲームの開始	第1クォーターはセンターサークルでの（　②　）
得　点	スリーポイントエリアから…3点 ツーポイントエリアから…2点 フリースロー…（　③　）点

①（　　　　　　　　）　②（　　　　　　　　）
③（　　　　　　　　）

●**交代プレイヤーは7人**以内。交代は，失格していなければ何回でも可能。

(2)　次の反則の名称を答え，その反則がファウルであればAを，バイオレーションであればBと記号で答えなさい。(各4点，各完答)

①　相手に突《つ》き当たる。
②　相手の制限区域に3秒を超《こ》えてとどまる。
③　ボールをもらってから3歩以上で持ち運ぶ。
④　相手をたたいたりつかんだりする。

①（　　　　　　・　　　）　②（　　　　　　・　　　）
③（　　　　　　・　　　）　④（　　　　　　・　　　）

＊ファウルは体の接触《せっしょく》による反則（**パーソナルファウル**）と，スポーツマンらしくない行為による反則（**テクニカルファウル**）がある。
＊バイオレーションはファウル以外の違反。

(3)　ヘルドボールや両者同時のバイオレーションの場合，ゲームの再開には何が行われるか。また，それを何というか答えなさい。(各5点)

（　　　　　　　　　　　　　）
（　　　　　　　　　　　　　）ルール

ヘルドボール
両者がボールを離さない状態。

9 サッカー

目標30分／70点
得点　　点

1 〔コートの名称《めいしょう》〕次の図の①～⑥にあてはまる言葉を答えなさい。

（各４点－24点）

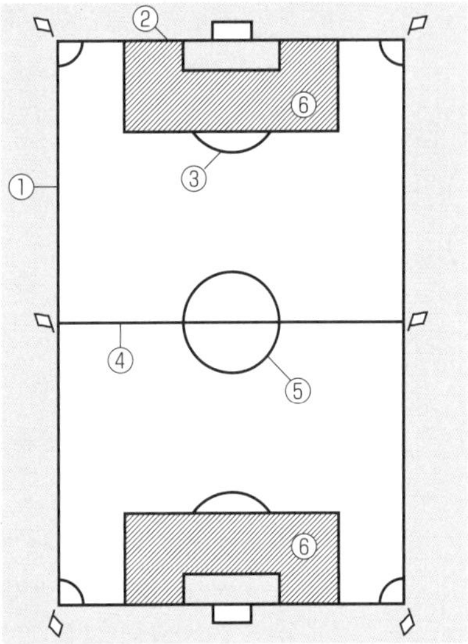

①（　　　　　　　　　　）

②（　　　　　　　　　　）

③（　　　　　　　　　　）

④（　　　　　　　　　　）

⑤（　　　　　　　　　　）

⑥（　　　　　　　　　　）

コーナーフラッグポスト

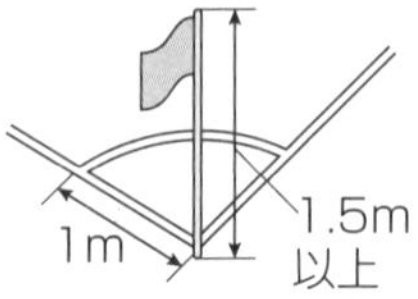

2 〔テクニック〕次の特徴《とくちょう》にあてはまるキックの名称を答えなさい。

（各５点－20点）

① 足の内側を使った，コントロールに重点を置いたキック。

（　　　　　　　　　　）

② 足の甲《こう》を使った，強く遠くに飛ばすキック。

（　　　　　　　　　　）

③ 親指の付け根付近を使った，ボールを浮《う》かすキック。

（　　　　　　　　　　）

④ 足の外側を使った，フェイントなどに用いるキック。

（　　　　　　　　　　）

＊①は味方への正確なパスができる。つま先を上げて蹴《け》る。

＊②は足首を固定した状態で蹴る。

＊④はボールをすくい上げるようにして蹴る。

ドリブル

ボールをバウンドさせながら進むこと。

トラッピング

飛んできたボールを処理すること。

3 〔ルール・反則〕次の各問いに答えなさい。（56点）

(1) 次の表の（　）にあてはまる言葉を答えなさい。（各４点）

競技人数	１チーム（　①　）人。そのうち１人は（　②　）
ゲームの開始	センターサークル内での（　③　）

①（　　　　　　）

②（　　　　　　　　　）

③（　　　　　　　　）

＊③のときは，相手チームはセンターサークル内に入れない。

(2)　次の図で，ゴールインとなるものをすべて選んで記号で答えなさい。
（5点）

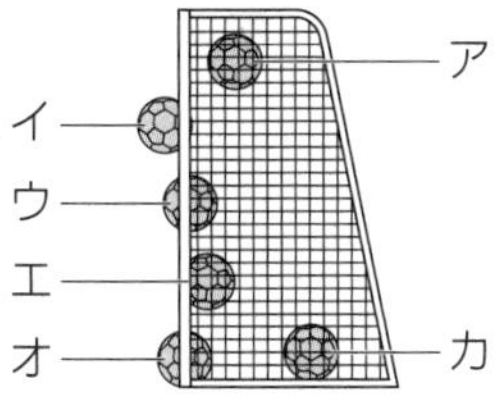

（　　　　　　　　　）

＊サッカーでは，ボールが一部でもフィールド内にある限りインプレーとして扱われる。ボールがすべてフィールドから出た場合，アウトプレーとなる。

(3)　①～③の状態のときの正しい処理の名称を答え，あてはまるものを次の図の中から選んで記号で答えなさい。（各5点，各完答）

ア

イ

ウ

①　ボールがタッチラインから外に出たとき。
（　　　　　　　　・　　）

②　ボールが最後に防御《ぼうぎょ》側に触《ふ》れてゴールラインから外に出たとき。
（　　　　　　　　・　　）

③　自陣のゴールエリア周りで，手や体で相手を押《お》さえたとき。
（　　　　　　　　・　　）

＊①はボールが出た地点のタッチラインの外から行う。
＊②はコーナーアーク内にボールを置いて蹴る。
＊③は自陣のペナルティエリア内での反則行為。

(4)　(3)①について，（　）にあてはまる言葉を答えなさい。（各4点）

両手を（　①　）に使い，頭の（　②　）から頭上を通して投げ入れる。両足は投げ終わるまで地面から離《はな》さない。どちらも守らないと（　③　）になる。相手プレイヤーは（　④　）m 以上離れる。

①（　　　　　　）　②（　　　　　　）

③（　　　　　　）　④（　　　　　　）

●ボール全体が空中でラインを越えても**アウトオブプレイ**となる。

＊スローインの足の位置

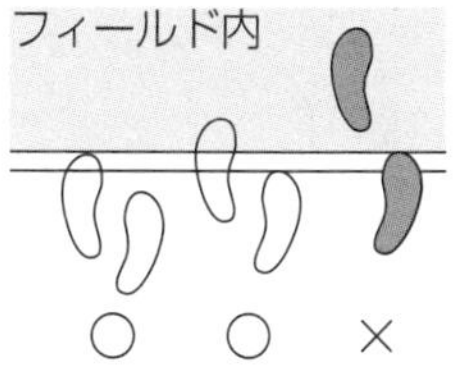

(5)　次の場合の①ルール名，②反則した場合の処置を答えなさい。（各4点）

①　右の図のように，相手プレイヤーより先に行き，有利なプレイをすること。
（　　　　　　　　）

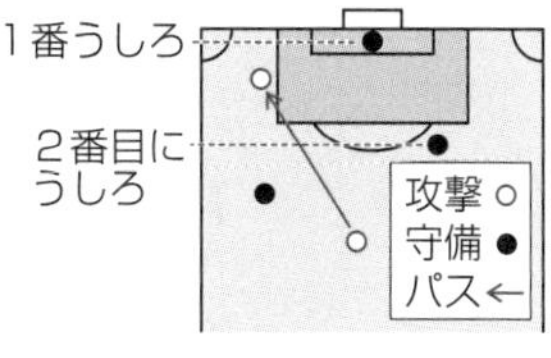

②　相手プレイヤーに対して不当な行いをした場合に用いられる。
（　　　　　　　　）

＊①は間接フリーキックとなる。

＊②は蹴ったり，つまずかせたりすること。

10 バレーボール

目標30分／70点
得点　　　点

1〔コートの名称《めいしょう》〕次の図の①～④にあてはまる言葉を答え，a・bは距離《きょり》を答えなさい。(各3点－18点)

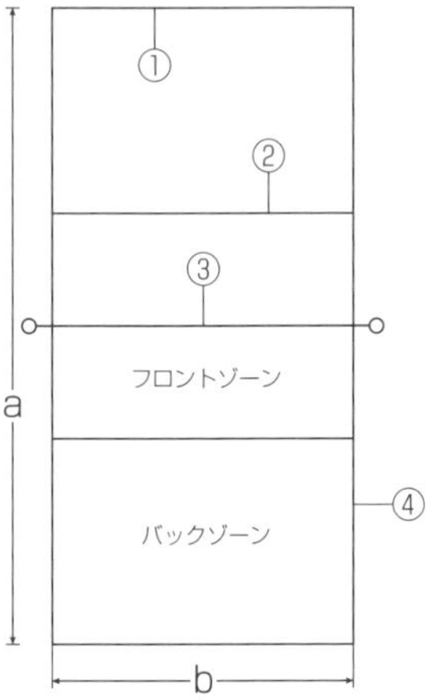

①（　　　　　　　　　　）
②（　　　　　　　　　　）
③（　　　　　　　　　　）
④（　　　　　　　　　　）
a（　　　　　　）m
b（　　　　　　）m

2〔テクニック〕次の各問いに答えなさい。(38点)

(1)　図の動作の名称を答え,（　）にあてはまる言葉として適当なものを，あとから選んで記号で答えなさい。(A～Dは各4点，ほかは各3点)

A　ボールに（　①　）をかけない。打つ瞬間《しゅんかん》は腕《うで》を伸《の》ばす。

B　手首と肘《ひじ》を伸ばして上面を（　②　）にし，膝《ひざ》のバネでボールを送り出す。

C　得点できる攻撃《こうげき》方法。（　③　）全体でスナップをきかせて打つ。

D　ネット際で相手の攻撃を防ぐ。全身を「く」の字にして（　④　）を相手コートに突《つ》き出す。

ア　手のひら　　イ　両手　　ウ　回転　　エ　平ら

A（　　　　　　）
B（　　　　　　）
C（　　　　　　）
D（　　　　　　）
①（　　）　②（　　）　③（　　）　④（　　）

(2)　次の攻撃法の名称を答えなさい。(各5点)

①　レシーブ・トス・スパイクとつないで3回で攻撃する方法。

（　　　　　　　　）

得点アップ

＊6人制の場合。

＊②と③にはさまれたエリアを**フロントゾーン**，①と②にはさまれたエリアを**バックゾーン**という。

構えの姿勢

つま先に体重をかけ，ひざを軽く曲げる。

ボールのとらえ方

オーバーハンドパスのときは両手を開いて，額の前で三角形をつくる。指先でボールを包むようにする。

＊Bでは，ボールは脇《わき》の下から両ひじの間で受け，腕と直角にとらえる。

＊Cでジャンプするときはひじを高く上げ，上体を十分に反らせる。

＊(2)①はバレーボールの基本的な攻撃法。

② 早くて短いトスで，相手がブロックする前に攻撃する方法。

（　　　　　　　　　）

3 〔ルール・反則〕次の各問いに答えなさい。（44点）

(1) 次の（　）にあてはまる言葉を答えなさい。（各3点）

競技人数	1チーム（ ① ）人。交代プレイヤー6人のうち（ ② ）は2人まで。
ゲームの開始	サービス権をもつチームのサービスで開始。新たにサービス権をもったチームのプレイヤーがポジションを時計回りに移動することを（ ③ ）という。

＊②は1人しかコートには入れない。バックプレイヤーとのみ何回も交代可能。

①（　　　　　　）　②（　　　　　　）
③（　　　　　　）

(2) 次の反則の名称をあとから選んで，記号で答えなさい。（各4点）

① ブロックではなく，相手コート上にあるボールにネットを越《こ》えて触《ふ》れたとき。

② センターラインを足が完全に越えて相手コートに触れたとき。

③ 1人のプレイヤーが連続して2回ボールに触れたとき。

④ サービス時，サーバー以外のプレイヤーが正しい位置にいないとき。

⑤ チームで4回以上ボールに触れたとき。

＊①と②を合わせて，ペネトレーションフォールトという。
＊③は足の位置で確認する。
●反則は相手チームの得点となる。

ア オーバーネット　**イ** ポジショナルフォールト
ウ ダブルコンタクト　**エ** パッシング ザ センターライン
オ フォアヒット

①（　）　②（　）　③（　）　④（　）
⑤（　）

(3) 次の図の，審判の合図が示す反則の名称を答えなさい。（各5点）

①

②

③

①（　　　　　　）
②（　　　　　　）
③（　　　　　　）

①は，プレイ中にネットに触れることによってとられる。
②は，ボールがアンテナやアンテナ外のネットに触れた際にとられる。
③は，プレイヤーがボールをつかんだ際にとられる。

11 柔　　道

目標30分／70点
得点　　　点

1 〔動作・技術〕次の各問いに答えなさい。(70点)

(1) 次の（　）にあてはまる言葉を答えなさい。(各4点)

基本姿勢には（　①　）と（　②　）があり，①には，右足を一足長前に出す（　③　）と，左足を一足長前に出す（　④　）がある。

移動するときには，足裏で畳《たたみ》を（　⑤　）ように動き，両足の（　⑥　）を一定に保ち，体全体を同時に上下動のないように移動する。交互《こうご》に足を踏《ふ》み出す歩き方を（　⑦　）といい，片方の足を踏み出したあと，もう片方の足をすり足で継《つ》ぎ足す歩き方を（　⑧　）という。

（　⑨　）は右足を左前方に伸ばし，右斜《なな》め後方に倒《たお》れて右手で（　⑩　）をたたく。

①（　　　　　　　）　②（　　　　　　　）

③（　　　　　　　）　④（　　　　　　　）

⑤（　　　　　　　）　⑥（　　　　　　　）

⑦（　　　　　　　）　⑧（　　　　　　　）

⑨（　　　　　　　）　⑩（　　　　　　　）

(2) 次の①～④の（　）にあてはまる言葉を答え，図Ⅰ・Ⅱの（　）にあてはまるものを，あとから選んで記号で答えなさい。(各2点)

投げ技に入る前に，相手を不安定な姿勢にすることを（　①　）といい，（　②　）方向ある（→Ⅰ）。また，技を掛《か》けやすいように（　③　）を移動することを（　④　）という（→Ⅱ）。

Ⅰ

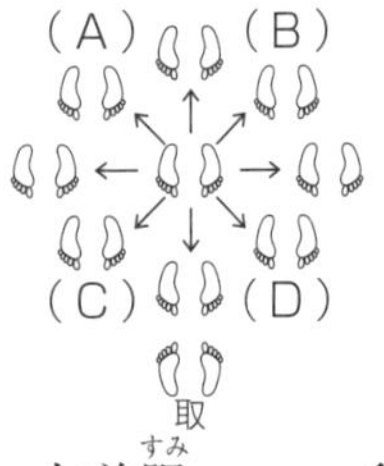

Ⅱ

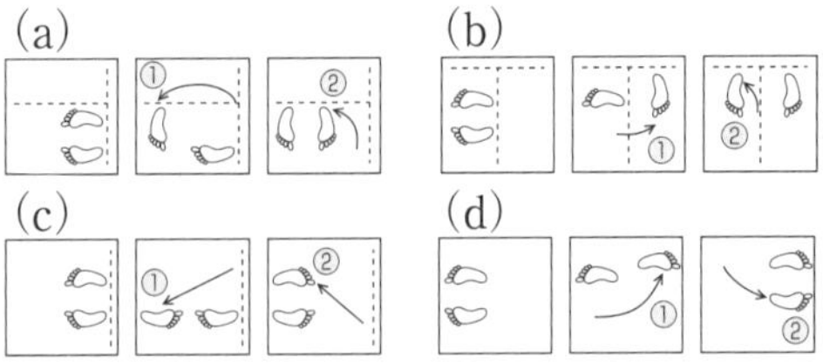

ア　左前隅《すみ》　　イ　左後ろ隅　　ウ　右前隅

エ　右後ろ隅　　オ　後ろさばき　　カ　後ろ回りさばき

キ　前さばき　　ク　前回りさばき

①（　　　　　　）　②（　　　　　　）

③（　　　　　　）　④（　　　　　　）

A（　　）　B（　　）　C（　　）　D（　　）

a（　　）　b（　　）　c（　　）　d（　　）

得点アップ

＊①の基本は，両足を一足長の幅《はば》に開いて，両足に均等に体重をかける自然本体。

＊②は，足を開いて両ひざを曲げ，重心を低くする防御《ぼうぎょ》姿勢。自護本体のほか，右自護体，左自護体がある。

後ろ受け身

つま先立ちから，かかとの近くに尻を下ろしてあごを引き，頭を打たないように後ろに倒れる。足は天井に向ける。

組み方（右組み）

右手は相手の左前襟《えり》(つり手)，左手は相手の右中そでを持つ（引き手）。

●柔道着のたたみ方

＊上着を広げ，その上に2つに折った下ばきを置く。

＊上着のそでをたたみ，左右を横に折り返す。

＊縦にまとめて，帯でしばる。

(3) 次の技の名称《めいしょう》を答えなさい。(各２点)

①  ②  ③ 

①（　　　　　　　　　　）
②（　　　　　　　　　　）
③（　　　　　　　　　　）

＊①は支え技系，②は抑え込み技，③はまわし技系。

抑え込みの条件
・相手があおむけ。
・相手の上で向かい合っている。
・足・胴《どう》が絡《から》んでいない。

2〔ルール・反則〕次の各問いに答えなさい。(30点)

(1) 次の（　）にあてはまる言葉を答えなさい。(各３点)

試合の始めはお互《たが》いに開始線のテープの所に立ち（　①　）をする。その後，（　②　）から前に踏《ふ》みだして自然本体の姿勢で待ち，主審《しゅしん》の「(　③　)」で試合を開始。「一本」または「(　④　)」で試合終了となり，もとの位置に戻《もど》って，(　⑤　）から後ろに下がり（　①　）をする。

①（　　　　　　）　②（　　　　　　）
③（　　　　　　）　④（　　　　　　）
⑤（　　　　　　）

●試合中の「**待て**」→「**始め**」,「**そのまま**」→「**よし**」の間は時間を進めない。

場内・場外
組み合っている際，どちらかの体の一部が場内にあれば試合継続で，両者の全身が場外にあれば「**場外**」となり「**待て**」となる。
「抑え込み」の宣告後に場外に出た場合や，立ち技の攻防で場外に倒れ込んだ直後の「抑え込み」の場合は試合継続となる。

(2) 次の判定にあてはまるものをそれぞれ線で結び，図のア～ウからそのときの主審の合図として適当なものを選んで記号で答えなさい。(各３点)

① 一　本　・　　　　・固め技がかかる
② 技あり　・　　　　・相手が「まいった」と言ったとき
③ 抑え込み・　　　　・「一本」の条件のうちの１つが不足

ア  イ  ウ 

①（　　）　②（　　）　③（　　）

＊①は背中が大きく畳に着くように投げたときもあてはまる。
＊②を２回とると合わせて一本となる。

(3) 次の（　）にあてはまる言葉を答えなさい。(各２点)

軽い違反行為《こうい》に対しては（　①　）が，重大な違反行為に対しては（　②　）の罰則《ばっそく》が与《あた》えられる。（　③　）回の（　①　）で（　②　）となる。

①（　　　　）　②（　　　　）　③（　　　　）

●相手の袖口に指を入れると「**指導**」。

12 剣　道

目標30分／70点
得点　　点

1 〔竹刀《しない》の名称〕竹刀の名称として（　）にあてはまる言葉を答えなさい。（各3点－18点）

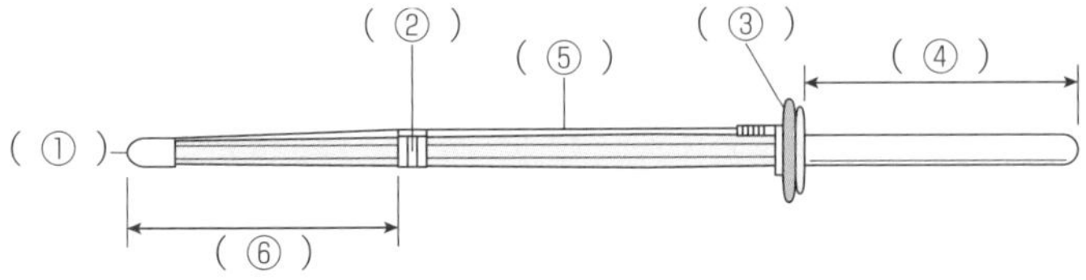

①（　　　　　　）　②（　　　　　　）
③（　　　　　　）　④（　　　　　　）
⑤（　　　　　　）　⑥（　　　　　　）

2 〔動作・テクニック〕次の各問いに答えなさい。（43点）

(1) 次の（　）にあてはまる言葉として適当なものを，あとから選んで記号で答えなさい。（各2点）

竹刀を用いて打ったり突いたりすることを（　①　）といい，自分と相手との距離を（　②　）という。1歩と一振りで打つことのできる相手との距離を（　③　）といい，剣先を相手の喉元《のどもと》の高さに構える（　④　）の構えのときの（　②　）をいう。

竹刀の持ち方は，左手は（　⑤　）を覆《おお》うように上から握《にぎ》る。右手は（　⑥　）を入れすぎず上からやわらかく握る。両手の親指と人差し指の分かれ目が（　⑦　）の延長線上にくるように，内側に絞《しぼ》る感じで握る。

足さばきは，上体を崩《くず》さずにすり足で行う。足を前後に交互に動かす移動法を（　⑧　）といい，移動する方の足から動かして，もう一方の足を引き付ける移動法を（　⑨　）という。遠い②からの①には，後ろ足を前足に引き付けた後，前足を前進させる（　⑩　）を使う。

ア　力　　イ　柄《つか》頭《がしら》　　ウ　弦《つる》　　エ　間合い
オ　上　段　　カ　中　段　　キ　一足一刀の間合い
ク　打　突　　ケ　送り足　　コ　開き足　　サ　継ぎ足
シ　歩み足

①（　　）　②（　　）　③（　　）　④（　　）
⑤（　　）　⑥（　　）　⑦（　　）　⑧（　　）
⑨（　　）　⑩（　　）

(2) 剣道の基本動作における「左座右起」とはどういうことか，簡単に説明しなさい。（5点）

（　　　　　　　　　　　　　　　　　　　　）

得点アップ

＊⑥は⑤の反対側の部分。

●礼　法

立　礼

相手の目を見て，首を折らずに上体を傾ける。竹刀を持っているときは15度，竹刀を持っていないときは30度を目安にする。

座　礼

相手の目を見て，首を折らずに頭を下げる。両手は頭を下げると同時に静かに置く。

●中学生は突きをしてはいけない。

＊④の構えは，左拳《けん》は体の中心線，剣先は相手の眉《まゆ》と眉の間か左目に向ける。

足は拳1つ分開き，左足かかとを少し上げる。

(3) 次の図の技の名称を答えなさい。(各6点)

①

②

③

①(　　　　　　　　　)　②(　　　　　　　　　)

③(　　　　　　　　　)

面抜き胴

相手の面打ちに対し，斜《なな》め右前に体さばきし，相手が空振りをして両腕《うで》が伸びた状態のときに右胴《どう》を打つ。

小手抜き面

相手の小手打ちに対し少し左後方によけてかわし，相手の剣先が下がったときに面を打つ。

3 〔ルール・反則〕次の各問いに答えなさい。(39点)

(1) 次の試合の流れについて，(　)にあてはまる言葉を答えなさい。(各3点)

A．(　①　)――竹刀を左手に持ってあいさつをする。

B．開始線まで前進――竹刀を(　②　)まで上げて，(　③　)足から3歩進む。

C．竹刀を抜き，(　④　)の姿勢をとる。

D．主審の「(　⑤　)」の宣告で立って試合開始。

E．個人試合の場合，(　⑥　)本勝負で，(　⑦　)本先取した方の勝ち。

①(　　　　　　　　　)　②(　　　　　　　　　)

③(　　　　　　　　　)　④(　　　　　　　　　)

⑤(　　　　　　　　　)　⑥(　　　　　　　　　)

⑦(　　　　　　　　　)

＊主審の「勝負あり」または「引き分け」の宣言で中止する。勝敗の宣告後は，開始時とは逆の動作で退場する。

(2) 次のうち，有効打突《だとつ》と認められるものには○を，認められないものには×を書きなさい。(各2点)

① 相打ちの場合。(　　)

② 試合終了の合図と同時の有効打突。(　　)

③ 倒れた直後の有効打突。(　　)

④ 残心のない打突。(　　)

残　心

打突の後でも，攻撃《こうげき》に応じられる心構えのこと。

(3) 次の反則を犯《おか》した場合，どのような罰則《ばっそく》が与えられるか答えなさい。(各5点)

① 相手に手や足を掛《か》ける。

(　　　　　　　　　　　　　　　　　　　　)

② 審判《しんぱん》や相手に対して非礼な言動をする。

(　　　　　　　　　　　　　　　　　　　　)

＊①は，相手を不当に場外に押し出したときも同様。

13 ダンス

目標30分／70点
得点　　　点

1 〔創作《そうさく》ダンス〕次の各問いに答えなさい。(各4点－36点)

(1) 次の（　）にあてはまる言葉として適当なものを，あとから選んで記号で答えなさい。ただし，③～⑥は下の図を参考にすること。

創作ダンスは，個人の思いや（　①　）を（　②　）な動きで表現するもの。テーマから（　①　）したものを動きで表現するのに，aの（　③　），bの（　④　），cの（　⑤　），dの（　⑥　）といった表現方法を用いると効果的である。

a　b　c　d

ア　ユニゾン　　イ　イメージ　　ウ　シンメトリー
エ　アシンメトリー　　オ　自　由　　カ　カノン

①（　　）　②（　　）　③（　　）　④（　　）
⑤（　　）　⑥（　　）

(2) それぞれの動きがリズミカルにつながるように，動きをダイナミックにする方法について，（　）にあてはまる言葉を答えなさい。

（　①　）の動きの変化――動きに高低・強弱・伸縮などの差をつける。
（　②　）――動きの速度にめりはりをもたせる。
（　③　）――同じ動きの繰《く》り返しで強調。

①（　　　　）　②（　　　　）
③（　　　　）

2 〔フォークダンス〕次の各問いに答えなさい。(60点)

(1) 次の（　）にあてはまる言葉を答えなさい。(各4点)

フォークダンスは，それぞれの国柄《くにがら》を反映した踊《おど》りがあり，特徴《とくちょう》的な組み方や（　①　）がある。日本では（　②　）にあわせた踊りがある。

①（　　　　）　②（　　　　）

(2) 次の特徴をもつ踊りの名称を答えなさい。(各4点)

① 紅花の付いた花笠《はながさ》を持って踊る。

（　　　　）

得点アップ

＊ aは全員同時に同じ動きをする。
＊ bは対称な動き。
＊ cは輪唱のように同じ動きをずらして行う。
＊ dは非対称な動き。

●ジャンプやリフトなどを取り入れてもダイナミックな動きが表現できる。

●創作ダンスの発表には，音楽や小道具，衣装《いしょう》なども工夫する。

●いろいろなフォークダンス

アメリカ
　オクラホマミキサー，ネリーブライ
イギリス
　オスローワルツ

② 炭坑労働者が石炭を掘る動作に由来する踊り。

(　　　　　　　　　　　)

③ 鳴子《なるこ》を持って跳《と》びはねたりしながら踊る。

(　　　　　　　　　　　)

(3) フォークダンスで円周上を時計周りとは逆に進むことを何というか，答えなさい。(5点)

(　　　　　　　　　　　)

(4) 次の図の，フォークダンスの基本的な隊形の名称を答えなさい。

(各5点)

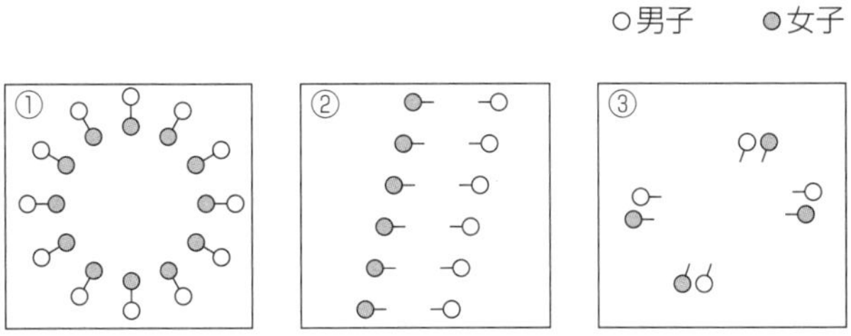

① (　　　　　　　　　)　② (　　　　　　　　　)

③ (　　　　　　　　　)

(5) 次の図のポジションの名称を，あとから選んで記号で答えなさい。

(各4点)

①　②　③　④　⑤

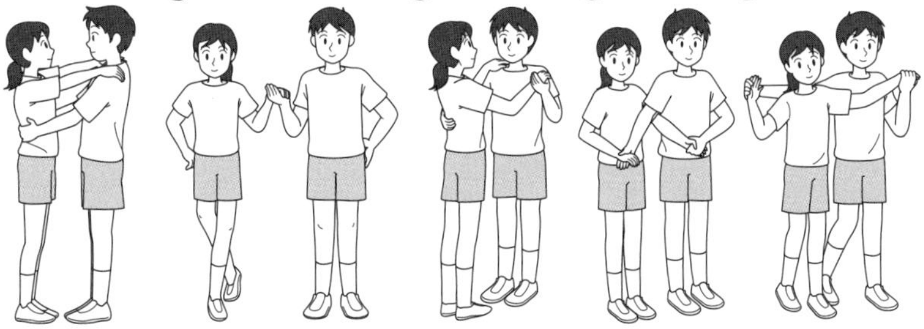

ア プロムナードポジション

イ オープンポジション

ウ クローズドポジション

エ バルソビアナポジション

オ ショルダーウエストポジション

① (　　　)　② (　　　)　③ (　　　)　④ (　　　)

⑤ (　　　)

3 〔現代的なリズムのダンス〕いろいろなリズムにのって踊る現代的なダンスの名称を1つ答えなさい。(4点)

(　　　　　　　　　　　)

＊②は，盆踊《ぼんおど》りなどで踊られることが多い。

＊①は山形県，②は福岡県，③は高知県の民《みん》謡《よう》。ほかにも郡上《ぐじょう》踊りや阿《あ》波《わ》踊りなどがある。

14 新体力テスト

目標30分／70点
得点　　点

1 〔項目･測定方法〕次の図のテスト項目の名称を答え，（　）にあてはまる言葉として適当なものを，あとから選んで記号で答えなさい。なお，記号は何度使用してもよい。(各4点－80点)

A

B

C

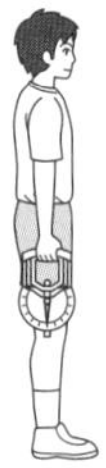

D

E

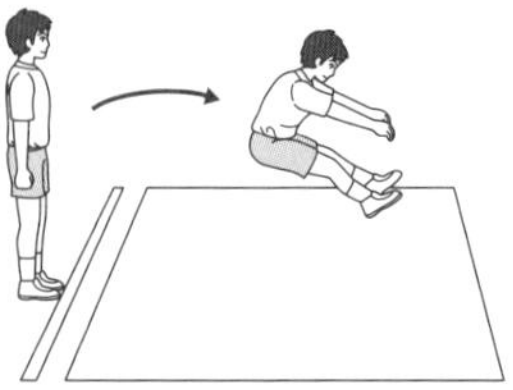

F

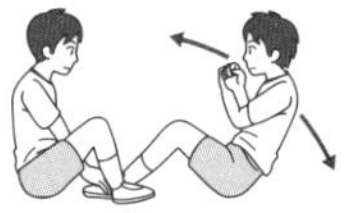

G

H

A—（　①　）の線をまたいで立ち，「始め」で（　②　）の線を越すか触《ふ》れるかするようにサイドステップをする。

　同じようにして（　①　）の線に戻《もど》って，（　③　）にも同じ動作を行い，再び（　①　）の線に戻る。

　（　④　）秒間で線を何回通過したかを記録する。

B—投球は直径（　⑤　）mのサークルの中から行う。

C—指針を外向き，（　⑥　）指の第2関節を（　⑦　）度になるように握《にぎ》り，右手から計測する。

D—電子音でスタートし，次の電子音が鳴るまでに反対側の線を越えるか触《ふ》れるかする。

　（　⑧　）回続けてできなかった場合や音についていけなくなったら終了。

得点アップ

- 新体力テストは8項目で構成される。
- Dか持久走のどちらかを選ぶ。

＊Aは2回行う。それぞれの線の間は100cm。線を通過するごとに1点とする。

＊Bは2回行い，記録はm単位で，m未満は切り捨てる。

＊Cは2回行い，機械が体や服に触れないようにする。

＊Dは電子音からの遅れが1回で，次に遅れが解消されれば継続できる。

E―両足を軽く開き，つま先を踏《ふ》み切り線の（　⑨　）にそろえて立ち，両足同時に踏み切って前へ跳《と》ぶ。

砂場に触れた最も踏み切り線に近い位置から，跳ぶ前の両足中央の踏み切り線の（　⑨　）までを計測する。

F―あおむけで両腕《うで》を胸の前で組み，両ひざを（　⑩　）度にする。

「始め」で，両ひじが大腿《だいたい》部につくまで上体を起こす。

（　⑪　）秒間の回数を記録する。

G―クラウチングスタートで行う。

H―初期姿勢／背筋を伸ばし，背・（　⑫　）を壁につける。手のひら中央が厚紙の手前の端にかかるように置く。

ア　2　　イ　20　　ウ　30　　エ　90
オ　中　央　　カ　左　側　　キ　右　側　　ク　前　端
ケ　人差し　　コ　親　　サ　尻

A（　　　）　B（　　　）
C（　　　）　D（　　　）
E（　　　）　F（　　　）
G（　　　）　H（　　　）
①（　）　②（　）　③（　）　④（　）
⑤（　）　⑥（　）　⑦（　）　⑧（　）
⑨（　）　⑩（　）　⑪（　）　⑫（　）

＊Eは2回行い，記録はcm単位で，cm未満は切り捨てる。

＊Fは，あおむけに戻ったとき，マットに背中をきちんとつける。

＊Gの記録は$\frac{1}{10}$秒単位で，$\frac{1}{10}$未満は切り上げる。

＊Hは2回行う。腕は肩幅に開き，靴を脱いで行う。

記録はcm単位で，cm未満は切り捨てる。

2〔目　的〕次のテスト項目で測定する内容について，（　）にあてはまる言葉として適当なものを，あとから選んで記号で答えなさい。

（各4点－20点）

握　力	（　①　）
上体起こし	（　①　）・筋持久力
長座体前屈	（　②　）
反復横跳び	（　③　）
20m シャトルラン・持久走	全身持久力
50m 走	スピード
立ち幅跳び	（　④　）
ハンドボール投げ	（　⑤　）

ア　柔軟性　　イ　瞬発力（筋パワー）・巧《こう》ち性
ウ　瞬発力（筋パワー）　　エ　筋　力　　オ　敏《びん》しょう性

①（　）　②（　）　③（　）　④（　）
⑤（　）

持久走

男子は1500m，女子は1000mで，スタンディングスタートで行う。

記録は秒単位で，秒未満は切り上げる。

15 運動と体や心のはたらき

目標30分／70点
得点　　　点

1 〔運動やスポーツの効果〕次の各問いに答えなさい。(42点)

(1) 次の(　)にあてはまる言葉を答えなさい。(各6点)

体力には，日常生活を健やかに過ごし，体調を維持するのに必要な「(　①　)」と，スポーツを楽しむ「(　②　)」がある。

運動やスポーツは，体だけでなく心の健康にも効果がある。試合などにおける意欲や達成感は(　③　)につながり，(　④　)のコントロールが身につく。

①(　　　　　　　　　　)
②(　　　　　　　　　　)
③(　　　　　　)　④(　　　　　　)

(2) 次の表は運動やスポーツによる体の器官の発達についてまとめたものである。Ⅰ～Ⅲにあてはまる曲線を図から選び，①～③は適当な言葉をあとから選んで，記号で答えなさい。(Ⅰ～Ⅲは各4点，ほかは各2点)

神経系（脳）	体を巧みに操作する能力（　Ⅰ　）	特に（　①　）で発達
呼吸器・循環器（肺・心臓）	持久力（　Ⅱ　）	特に（　②　）で発達
骨・筋肉	筋力（　Ⅲ　）	特に（　③　）で発達

ア　高校生　　イ　中学生　　ウ　小学生

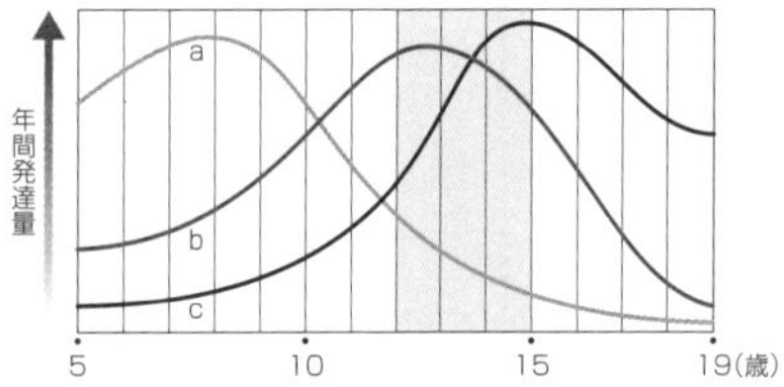

Ⅰ(　　　)　Ⅱ(　　　)
Ⅲ(　　　)
①(　　　)　②(　　　)
③(　　　)

2 〔運動やスポーツと社会性とルール〕次の(　)にあてはまる言葉を答えなさい。(各3点－9点)

運動やスポーツは，さまざまな人々とかかわり合って行うので，(　①　)やマナーについて合意し，適切な人間関係を築くことになり，(　②　)が発達する。

仲間と助け合う，人に賞賛を送るなど，運動やスポーツで身についた(　②　)は，(　③　)生活の多様な場面でもいかすことができる。

①(　　　　　　)　②(　　　　　　)
③(　　　　　　)

得点アップ

体　力
活動するのに必要な体の能力のこと。

●**運動不足**が続くと肥満になったり，生活習慣病にかかる確率が高くなったりする。

＊Ⅱ．毛細血管が発達し，持久力が高まる。
＊Ⅲ．骨密度が高まり，骨《こつ》粗《そ》鬆症《しょうしょう》になりにくくなる。
＊Ⅲ．筋線維が太くなり筋力が高まる。

3 〔運動やスポーツの安全な行い方〕次の各問いに答えなさい。

（各4点－24点）

(1) 運動やスポーツを安全に行うための注意について，（ ）にあてはまる言葉を答えなさい。

・運動やスポーツの（ ① ）や目的を理解する。

・発達の段階に応じた強度・（ ② ）・頻度《ひんど》に配慮《はいりょ》した練習計画を立てる。

・体調に注意する。

・運動の前には（ ③ ），後には（ ④ ）を行う。

・（ ⑤ ）補給や休息を適切に行う。

・道具や施設の安全を確認する。

・自然環境に注意する。

①（　　　　　　）　②（　　　　　　）

③（　　　　　　）　④（　　　　　　）

⑤（　　　　　　）

(2) 体の一部を使いすぎたことにより起こる障がいの名称を答えなさい。

（　　　　　　）

4 〔文化としてのスポーツ〕次の各問いに答えなさい。（各5点－25点）

(1) 誰もが，いつでもどこでも，いつまでもスポーツに親しむことができるという考え方を何というか答えなさい。

（　　　　　　）

(2) 日本で定められた，スポーツに関する法律とは何か答えなさい。

（　　　　　　）

(3) スポーツに関する原則をまとめたユネスコの憲章とは何か答えなさい。

（　　　　　　）

(4) フランス人クーベルタンが唱えたオリンピックの理念は何というか答えなさい。

（　　　　　　）

(5) 身体に障がいのある人が参加する世界最高峰の国際競技大会を何というか答えなさい。

（　　　　　　）

＊自分の体調を知り，適切な自己管理を行う。

＊③④は，けがの予防や疲労回復につながる。

＊⑤は熱中症の予防になる。

●**運動やスポーツの後**は，じゅうぶんな睡眠と栄養をとる。

RICE法

けがの応急処置の基本。

・Rest －安静

・Ice －冷却

・Compression －圧迫・固定

・Elevation －高く上げる

ユネスコ

（国連教育科学機関）

教育・科学・文化を通じて世界平和に貢献《こうけん》することを目的に設置されている国際連合の機関。

＊(4)はオリンピック憲章にまとめられている。

●**オリンピック**は，国際親善や世界平和といった面で重要な役割を果たしている。

16 体の発達・発育

目標20分／70点
得点　　点

1 〔体の発達・発育〕次の各問いに答えなさい。(27点)

(1) よく出る 次の（　）にあてはまる言葉として適当なものを，あとから選んで記号で答えなさい。(各3点)

大人になるまでの間で，身長や体重が急激に発育する時期を（　①　）という。これは（　②　）回あり，（　③　）差がある。

体のさまざまな器官が成長する時期は異なり，3～4歳のころには（　④　）や（　⑤　）が，思春期には（　⑥　）や（　⑦　）が急速に発達・発育する。

ア　2　　イ　3　　ウ　卵《らん》巣《そう》　　エ　脳
オ　脊《せき》髄《ずい》　　カ　個人　　キ　精《せい》巣《そう》　　ク　第二次性徴《せいちょう》
ケ　発育急進期

①（　　）　②（　　）　③（　　）　④（　　）
⑤（　　）　⑥（　　）　⑦（　　）

(2) 下のグラフは，各器官の発育のしかたを表したものです。（　）にあてはまる言葉として適当なものを，あとから選んで記号で答えなさい。(各2点)

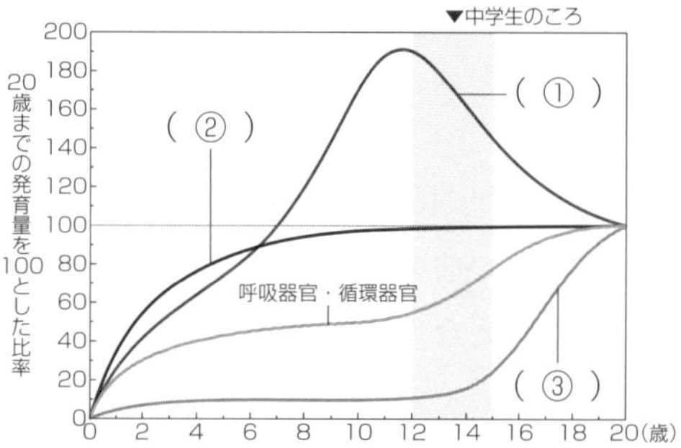

ア　生殖腺《せいしょくせん》型　　イ　神経型　　ウ　リンパ型

①（　　）　②（　　）　③（　　）

2 〔呼吸器・循環《じゅんかん》器の発達・発育〕次の①～⑤の（　）には，A「増大」，B「減少」のいずれかのあてはまる言葉を記号で答え，Ⅰ～Ⅲには，適当な言葉を答えなさい。(①～⑤各2点，ほか4点－22点)

体が大きくなると肺活量が（　①　）し，呼吸数が（　②　）する。これは，肺の中の（　Ⅰ　）の数が増えて肺が大きくなり，1回の呼吸で交換《こうかん》できる酸素と二酸化炭素の量が（　③　）するからである。このように（　Ⅰ　）と（　Ⅱ　）の間では酸素と二酸化炭素の交換（ガス交換）が行われている。

また，循環器が発達・発育すると，心臓の収縮力が強まり，拍出《はくしゅつ》量が（　④　）し，心拍数が（　⑤　）する。

呼吸器や循環器のはたらきが高まる中学生の時期には，適度な（　Ⅲ　）を続けると，その発育がより促《うなが》される。

得点アップ

●体は，骨・筋肉・心臓・肺などの器官で形成されている。

発　達
体のはたらきが高まること。

発　育
体の大きさや重さが増すこと。

思春期
小学校高学年から高校生にかけての時期。

スキャモンの発育曲線
1930年頃のもの。現代では2年ほど発育が早い。
＊神経器やリンパ器は，小学生の頃までに発達・発育する。
＊呼吸器・循環器・生殖器は，中学生の頃（思春期）に急激に発達・発育する。

●胸腺《きょうせん》などのリンパ器官は，病原体から体を守るはたらきをする。

呼吸器（呼吸器官）
空気中から酸素を取り入れ，二酸化炭素を体外へ放出する器官。
鼻，気管，肺など

循環器（循環器官）
酸素や血液，栄養分を全身に運んだり，二酸化炭素や老廃物を運ぶ器官。
心臓，血管など

①（　　　）　②（　　　）　③（　　　）　④（　　　）
⑤（　　　）

Ⅰ（　　　　　　　）　Ⅱ（　　　　　　　）

Ⅲ（　　　　　　　）

3〔生殖機能の発達・発育〕次の各問いに答えなさい。(各3点・(1)完答－51点)

(1) 思春期における男女の体つきの変化を２つずつ答えなさい。

男子（　　　　　　　　　　　　　　　　　　　　　　　　　　）

　　（　　　　　　　　　　　　　　　　　　　　　　　　　　）

女子（　　　　　　　　　　　　　　　　　　　　　　　　　　）

　　（　　　　　　　　　　　　　　　　　　　　　　　　　　）

(2) 次の（　）にあてはまる言葉を答えなさい。

思春期には，脳の（　①　）から（　②　）が分泌され，男子は（　③　），女子は（　④　）が発達する。すると，生殖器から男子は（　⑤　），女子は（　⑥　）が分泌されるようになる。

①（　　　　　　　）　②（　　　　　　　）

③（　　　　　　　）　④（　　　　　　　）

⑤（　　　　　　　）　⑥（　　　　　　　）

(3) 次の（　）にあてはまる言葉として適当なものを，あとから選んで記号で答えなさい。

男子では，精巣でつくられた（　①　）が，分泌液と混ざって（　②　）となり，尿道を通って排出《はいしゅつ》されることを（　③　）という。女子では，成熟した卵巣から卵子が（　④　）されるが，（　⑤　）しなければ，厚くなった（　⑥　）ははがされ排出される。これを（　⑦　）という。

（　①　）と卵子が，（　⑧　）内で結合することを（　⑤　）といい，結合した受精卵が子宮に入って，（　⑥　）に落ち着くことを（　⑨　）という。これが妊娠《にんしん》である。

ア 受 精　　イ 排 卵　　ウ 射 精　　エ 月 経
オ 精 液　　カ 精 子　　キ 卵 管　　ク 着 床
ケ 子宮内膜

①（　　　）　②（　　　）　③（　　　）　④（　　　）
⑤（　　　）　⑥（　　　）　⑦（　　　）　⑧（　　　）
⑨（　　　）

肺活量

空気を思い切り吸い込み，できるかぎり吐《は》き出した空気の量。**肺の容量**を表す。

拍出量

心臓の収縮により送り出される**血液の量**。

＊呼吸・循環器のはたらきが向上し，全身に酸素が効率よく送られると，長時間の運動が可能となる。

●初めての射精を**精通**，初めての月経を**初経**という。

●**精子の大きさ**は，長さ約 0.06（0.05 ～ 0.07）㎜，卵子の大きさは，直径約（0.1 ～）0.2㎜。

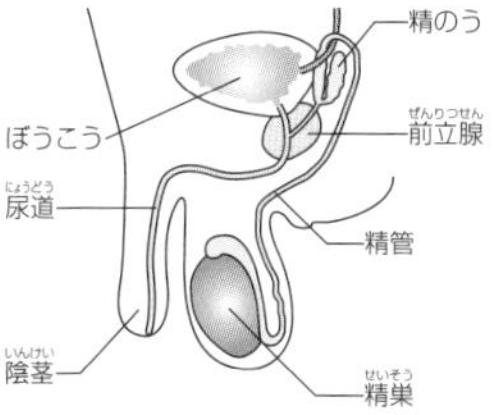

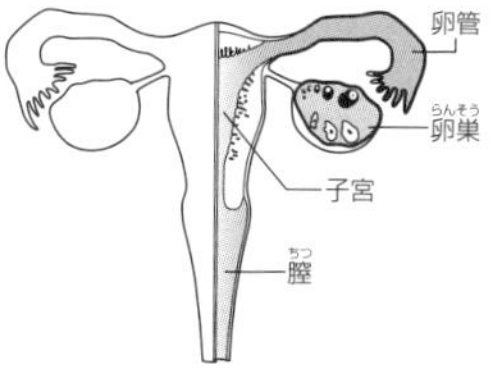

保健体育
保健分野

17 心の発達

目標20分／70点
得点　　点

1 〔心のはたらき〕次の各問いに答えなさい。(64点)

(1) 次の（　）にあてはまる言葉を答えなさい。(各4点)

考える，判断するなどの心の働きをつかさどる器官を（ ① ）といい，さまざまな（ ② ）や学習といった刺激《しげき》によって発達する。

①（　　　　　）　②（　　　　　）

(2) 次のはたらきは，図のⅠ～Ⅳのおもにどの部分で行われているか。記号を答えなさい。(各5点)

①視覚
②記憶・理解・聴覚
③意志・意欲・思考・判断・言語・運動

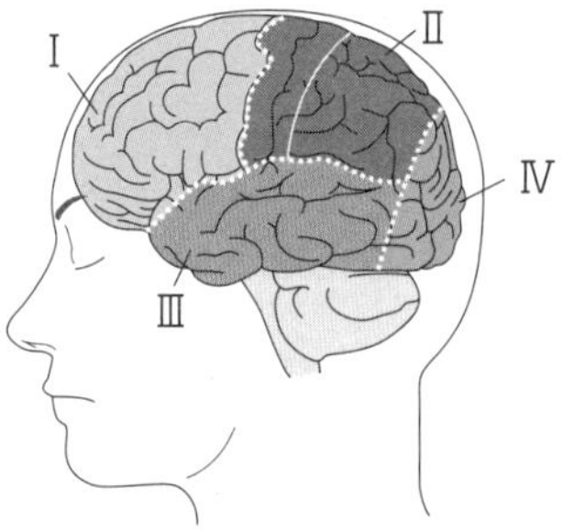

①（　　）
②（　　）
③（　　）

(3) 次の心のはたらきにあてはまる言葉として，適当なものを，あとから選んで記号で答えなさい。(各3点)

・（ ① ）:（ ② ）・判断・理解・（ ③ ）
・（ ④ ）: 感情・（ ⑤ ）
・（ ⑥ ）:（ ⑦ ）・責任感

ア 言　語　　イ 社会性　　ウ 協調性　　エ 知的機能
オ 記　憶　　カ 意　志　　キ 情意機能

①（　　）　②（　　）　③（　　）　④（　　）
⑤（　　）　⑥（　　）　⑦（　　）

(4) 次の（　）に，あてはまる言葉を答えなさい。(各4点)

・喜怒哀楽《きどあいらく》といった心の働きを（ ① ）といい，目的のために行動をコントロールするなどの心の働きを（ ② ）という。
・社会性の発達とともに，周囲との関係を意識したり，自ら行動を起こそうという気持ちが高まり，周囲の大人に反抗したりすることもある。思春期は，このような複雑な感情の揺れを経験しながらも，自分を客観的に見つめる（ ③ ）の始まりともいえる。
・また，心と（ ④ ）は密接にかかわり合っており，心の不調が原因で体に頭痛や腹痛などの症状があらわれることがある。これは，無意識のうちの体の諸器官を調節している（ ⑤ ）やホルモンに影響を及ぼしているからである。

得点アップ

●**大脳**は，経験や学習の積み重ねにより発達し，それとともに心も発達する。

・人間の**前頭前野**（前頭葉の大部分）はサルのおよそ3倍もの大きさがある。この部分の成長はほかに比べて遅く，生活する場やまわりの環境から強い影響を受ける。
＊**知的機能**は，言語の発達と密接に関係し，15歳頃までに著しく発達する。

●**情意機能**は，様々な経験や学習により発達する。

●**中学生の時期**は，人間関係も広がり，社会性が大きく発達する。

社会性

社会生活を送る上で必要な態度や行動。次のようなものがある。
・他人の気持ちを理解する。
・他人をいたわる。
・他人に配慮しながら自分の気持ちを表現する。
・社会的な責任を果たす。

① (　　　　　) ② (　　　　　)
③ (　　　　　) ④ (　　　　　)
⑤ (　　　　　)

●体の調子が心に影響を及ぼすこともある。

2 〔欲求への対処〕次の各問いに答えなさい。(22点)

(1) 次の(　)にあてはまる言葉を答えなさい。(各3点)

何かを欲する心のはたらきを(①)といい，それが満たされない状態を(②)という。

① (　　　　　) ② (　　　　　)

(2) 次にあげる欲求を，①生理的欲求と②社会的欲求に分けて，記号で答えなさい。(各4点)

ア　睡眠の欲求　　イ　仲間になりたいという欲求
ウ　安全のへ欲求　　エ　人に認められたい欲求
オ　食事の欲求　　カ　愛されたいという欲求

① (　　　　　) ② (　　　　　)

(3) 欲求不満への対処法を2つ書きなさい。(各4点)

(　　　　　)
(　　　　　)

＊**生理的欲求**
生命を維持するために必要な欲求。

＊**社会的欲求**
社会生活を送る上で生まれる欲求。

＊**自己成長的欲求**
人から認められたい，価値のある人間になりたいなど，理想に近づきたい時に生まれる欲求。

＊**欲求不満**が続くと，心身に悪い影響を及ぼすことがある。
心身の健康を保つためにも，まず，その欲求が適切なものかを見極め，解決法を見つけることが重要である。

3 〔ストレスへの対処〕次の各問いに答えなさい。(14点)

(1) 次の(　)にあてはまる言葉を答えなさい。(各2点)

環境の変化や人間関係など，周りからの刺激《しげき》により心身に(①)のかかった状態を(②)という。

(②)の受け方は受け止める人の(③)や体の状態によって変わり，誰もが同じように影響を受けるわけではない。心身の健康を保つために，その原因を見きわめて適切に解決したり，(②)を上手に解消したりすることが大切である。

① (　　　　　) ② (　　　　　)
③ (　　　　　)

(2) ストレスへの対処法を2つ書きなさい。(各4点)

(　　　　　)
(　　　　　)

●**適度なストレス**は，その状況を乗り越えることによって，心の発達にもつながる。しかし，強いストレスが長く続くと，心身に悪い影響を及ぼすので，うまく付き合うことが大切である。

18 健康と環境

目標20分／70点
得点　　点

1 〔環境《かんきょう》への適応能力〕次の各問いに答えなさい。（31点）

(1) よく出る 次の（　）にあてはまる言葉を答えなさい。（各4点）

周りの環境が変化しても，体内の状態を一定に保つはたらきを（　①　）といい，その能力を（　②　）という。

この（　②　）には限界があり，環境の変化が大きすぎると健康に重大な影響《えいきょう》が現れる。その例が，高温多湿《こうおんたしつ》下での（　③　）や，長時間の低温下での（　④　）である。

①（　　　　　　　）　②（　　　　　　　）

③（　　　　　　　）　④（　　　　　　　）

(2) 次の表は，暑さや寒さに対する体の変化についてまとめたものです。表の（　）にあてはまる言葉として適当なものを，あとから選んで記号で答えなさい。（各3点）

暑いとき	寒いとき
・（　①　）が出る ・血管が（　②　） ・筋肉が（　④　） ・熱の発生をおさえる（放熱）	・体を縮める ・血管が（　③　） ・筋肉が（　⑤　） ・熱をつくる（発熱）

ア　収縮する　　イ　広がる　　ウ　汗《あせ》
エ　緊張《きんちょう》する　　オ　緩《ゆる》む

①（　　）　②（　　）　③（　　）　④（　　）
⑤（　　）

2 〔快適な環境〕次の各問いに答えなさい。（45点）

(1) 次の表は，教室における快適な温熱条件をまとめたものです。この表の（　）にあてはまる言葉として適当なものを，あとから選んで記号で答えなさい。（各3点）

気　温	（　①　）～（　②　）℃
湿　度	30～（　③　）％
気　流	毎秒（　④　）m 以下

ア　60　　イ　0.5　　ウ　17
エ　20　　オ　28　　カ　80

①（　　）　②（　　）　③（　　）　④（　　）

得点アップ

●高山病

高い山に登ったときに，酸素不足で頭痛などの症状が現れる病気。

高地（高所）トレーニング

酸素濃度の低い高地でトレーニングすることにより，徐々に**ヘモグロビンが増えて**，**酸素の運搬能力が向上**する。このような体の適応能力を利用したトレーニングのこと。

＊暑いとき，寒いときの自分の体の変化を思い出そう。

●体が最も**よく活動できる体温**は36.5℃前後。30℃以下では死亡することもある。

＊暑さや寒さの感じ方には，ふく射熱も関係している。

＊気流は，人体に感じるか感じないか程度の空気の動き。

(2)　快適に活動できる温熱条件の範囲《はんい》のことを何というか。(5点)

(　　　　　　　　　　　　)

(3)　明るさを表す単位を何というか。(4点)

(　　　　　　　　　)

(4)　次の（　）にあてはまる言葉を答えなさい。(各5点)

人の呼吸や物の燃焼には（　①　）が使われ,（　②　）が発生する。大気中には（　②　）が（　③　）%含《ふく》まれる。閉め切った室内で（　②　）の濃度《のうど》が上昇《じょうしょう》すると,頭痛《ずつう》などの症状《しょうじょう》が現れるため,（　②　）の濃度は空気の汚《よご》れを知る目安となっている。

①(　　　　　　　　)　②(　　　　　　　　)

③(　　　　　　　　)

(5)　一酸化炭素の特徴《とくちょう》について,（　）にあてはまる言葉を答えなさい。

(各3点)

- 物質の不完全燃焼により発生する。
- 無色,（　①　）の気体。
- 毒性が強い。
- 血液中の（　②　）と結びつく。
- 許容濃度が（　③　）%以下と定められている。

①(　　　　　　　　)　②(　　　　　　　　)

③(　　　　　　　　)

3〔環境の利用と保全〕次の（　）にあてはまる言葉を答えなさい。

(各4点－24点)

(1)　水…人間の体内の水分は,（　①　）の調節, 血液の濃度調整,（　②　）の排出《はいしゅつ》などの役割をもつ。

(2)　生活排水…し尿《にょう》を含んだ水と（　③　）を合わせたもの

→下水道を通って下水処理場で処理される。

(3)　家庭のごみ…焼却・（　④　）→近年, その処理能力も限界

→（　⑤　）型社会へ転換

＊生活が豊かになり, 大気汚染《おせん》や水質汚濁《おだく》という環境汚染問題が発生。1950年代からはこれらの（　⑥　）が社会問題になった。

①(　　　　　　　　)　②(　　　　　　　　)

③(　　　　　　　　)　④(　　　　　　　　)

⑤(　　　　　　　　)　⑥(　　　　　　　　)

＊(2)の範囲を超えると, 作業能率の低下や体調不良となることもある。

＊(3)は照度計で計測できる。

気体検知管

大気中の気体の濃度を測定する機器。

換　気

- **自然換気**…窓を開ける。
- **人工換気**…換気扇などの空調設備。

●一酸化炭素の発生源

- 自動車の排出ガス
- たばこの煙
- 石油・ガスストーブなど。

＊③は学校環境衛生基準により定められている。

●飲料水は浄水《じょうすい》場で浄化され, 水質検査を経て家庭に送られる。飲料水の水質基準は, 水道法により定められている。

●下水道の完備されていない地域では, 合併《がっぺい》処理浄化槽《そう》によって処理される。

＊水俣病やイタイイタイ病の被害は今も続いている。

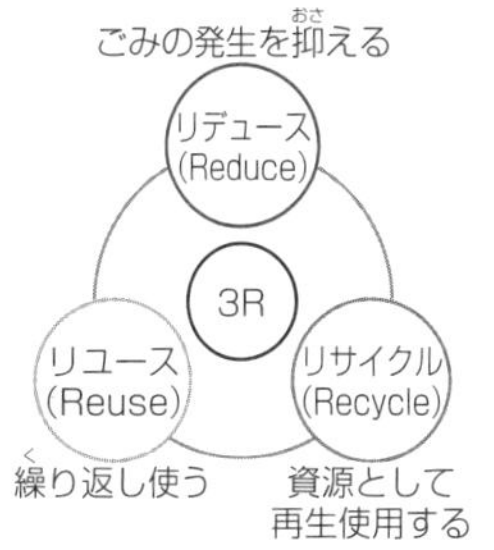

19 傷害と交通事故

目標20分／70点
得点　　点

1 〔傷害の発生要因〕次の各問いに答えなさい。(22 点)

(1)　10 ～ 14 歳《さい》の死亡原因の第 1 位を，次から選んで記号で答えなさい。(4 点)

ア　自　殺　　イ　が　ん　　ウ　事　故

(　　)

(2)　グラフのＡにあてはまる，事故死の中で水死とともに最も多い原因は何か。次から選んで記号で答えなさい。(4 点)

ア　転倒《てんとう》・転落
イ　交通事故
ウ　火　災

(　　)

10～14歳の事故死の原因
厚生労働省「人口動態統計(2017)」

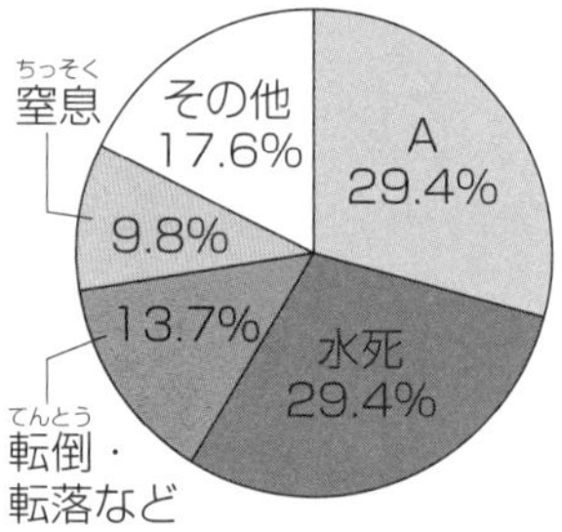

(3)　中学校での傷害（けが）の場面の第 1 位を，次から選んで記号で答えなさい。(4 点)

ア　学校行事　　イ　体育的部活動　　ウ　休み時間

(　　)

(4)　傷害の発生する原因を分類したものの（　　）にあてはまる言葉を答えなさい。(各 5 点)

・(　①　) 要因……人の状態（心身の疲《つか》れ・ルール違反・危険行動）
・(　②　) 要因……施設・設備の状態・気象条件

① (　　　　　　)
② (　　　　　　)

2 〔交通事故の発生要因〕次の各問いに答えなさい。(48 点)

(1)　中学生の交通事故が起きたときの状況の第 1 位を，次から選んで記号で答えなさい。(4 点)

ア　自転車乗用中　　イ　歩行中　　ウ　自動車乗用中

(　　)

(2)　交通事故が発生する原因には人的要因・環境《かんきょう》要因ともう一つどのような要因が関係しているか答えなさい。(4 点)

(　　　　　　) 要因

得点アップ

＊(1)日本人全体での第 1 位はがんである。

＊(1)ア～ウは 10 ～ 14 歳の死亡原因の TOP 3 である。第 4 位が先天奇形，第 5 位が心臓病である。
(厚生労働省「人口動態統計」より)

＊(3)学校でのいろいろな場面を思い出してみよう。

＊(4)ほとんどの傷害は，この 2 つがかかわり合って起きる。

＊携帯《けいたい》電話や音楽プレーヤーを操作しながらの運転は（　①　）要因。

＊(1)第 1 位のものだけで，60％以上になる。

＊自転車事故には，危険行動や安全確認を怠るなどの，**人的要因**によるものが多い。

(3) 次のア～キの例は，交通事故の要因のどれにあたるか。それぞれ記号で答えなさい。(各6点)

ア 狭《せま》い道路　　**イ** 信号無視　　**ウ** 強　風

エ ガードレールの不備　　**オ** ライトがつかない

カ 睡眠《すいみん》不足　　**キ** 交通ルール違反

人的要因（　　　　　）

環境要因（　　　　　）

車両要因（　　　　　）

(4) 中学生の自転車事故による傷害を防ぐには，どんなことに気をつけたらよいか。2つ答えなさい。(各6点)

（　　　　　　　　　　　　　　　　　　）

（　　　　　　　　　　　　　　　　　　）

(5) 次の自動車の特性について，その名称《めいしょう》を答えなさい。(各5点)

① 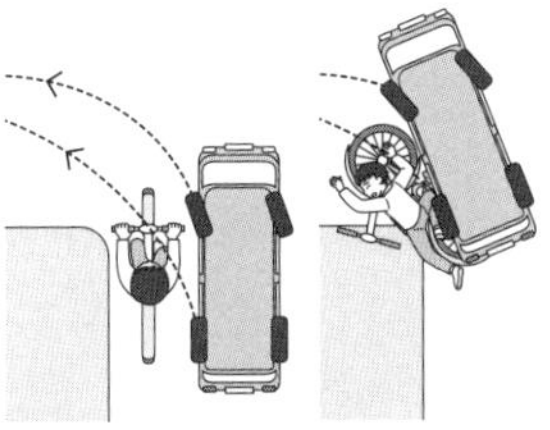

後輪が前輪より内側を通る。

（　　　　　）

② 

運転者からは見えない部分。

（　　　　　）

3 〔自然災害〕次の各問いに答えなさい。(各5点－30点)

(1) 自然災害といわれるものを3つ答えなさい。

（　　　　　　）（　　　　　　）

（　　　　　　）

(2) 地震《じしん》の二次災害として考えられることを2つ答えなさい。

（　　　　　　）（　　　　　　）

(3) 地震が起きた直後の行動について，正しいものを次から選んで記号で答えなさい。

ア 外へ出る　　**イ** 身の安全を確保する　　**ウ** 火を消す

エ 扉《とびら》や窓《まど》を閉める

（　　）

＊(3)心の状態（いらいら）などは，人的要因である。

●**自転車**は道路交通法では**車両扱い**なので，交通ルールに違反すると，罰せられる。近年，中・高校生が加害者となる事故も増えている。

●**交通事故を防止**するために，近年，コミュニティ道路や自転車道の整備など，交通環境の整備が進められている。

空走距離

危険を認識してブレーキを踏むまでに走る距離のこと。

制動距離

ブレーキを踏《ふ》んでから車が実際に止まるまでに走る距離のこと。

停止距離

空走距離＋制動距離。雨天時は1.5倍，積雪・凍結時には3倍以上になる。

自然災害

自然現象によって起こる被害。

＊東日本大震災では，何による被害が大きかったか思い出してみよう。

●普段から**非常持ち出し袋**を用意しておこう。

20 応急手当

目標20分／70点
得点　　点

1〔応急手当の意義と目的〕次の応急手当の目的について，(　)にあてはまる言葉として適当なものを，あとから選んで記号で答えなさい。（各4点－16点）

(1)　(　①　)を救う。

(2)　症状《しょうじょう》の(　②　)を防ぐ。

(3)　不安や(　③　)を和らげる。

(4)　治療《ちりょう》後の(　④　)を早める。

ア　回　復　　イ　悪　化　　ウ　生　命

エ　痛み（苦痛）

①(　　)　②(　　)　③(　　)　④(　　)

2〔応急手当の手順〕次の各問いに答えなさい。（各4点－32点）

(1)　次の応急手当の手順について，(　)にあてはまる言葉として適当なものを，あとから選んで記号で答えなさい。

1．周囲の(　①　)確認

2．傷病者の(　②　)の確認

3．周りの人に協力を求める

・(　③　)番通報

・AEDの確保

4．・呼吸の有無を確認

呼吸なし→(　④　)（胸骨圧迫《あっぱく》・(　⑤　)）→AED装着

(　⑥　)をし，胸骨圧迫30回と

(　⑤　)を2回繰《く》り返す

呼吸あり→(　⑥　)→回復体位にする

・出血→止血

ア　118　　イ　119　　ウ　気道確保

エ　安　全　　オ　心肺蘇生《そせい》　　カ　反応（意識）

キ　人工呼吸

①(　　)　②(　　)　③(　　)　④(　　)

⑤(　　)　⑥(　　)

(2)　次の(　)にあてはまる言葉を答えなさい。

心肺蘇生とは，心肺が停止した傷病者の肺へ人工的に(　①　)を送り込み，心臓を圧迫して人工的に(　②　)の流れをつくり出す処置である。

①(　　　　)　②(　　　　)

得点アップ

応急手当

傷病者（けが人・病人）を発見した場合に，**一時的に行う手当**のこと。

＊119番通報から救急隊の到着まで約7～8分かかるため，その間の救命措置がその後の状況を左右する。

AED

自動体外(式)除細動器

停止した心臓に電気ショックを与え，**心臓の機能を回復させる医療機器**。公共施設など，人が多く集まる場所に設置されている。

胸骨圧迫

心臓マッサージのこと。

回復体位

楽に呼吸ができるように，横向きに寝《ね》かせる。その際，上にある手は頭の下に，上にある足は膝を曲げる。

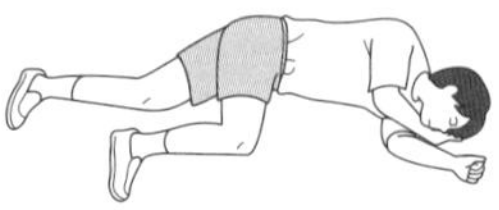

3 〔傷害(けが)の応急手当〕次の各問いに答えなさい。(52点)

(1) 次の傷害の手当の基本について，(　)にあてはまる言葉として適当なものを，あとから選んで記号で答えなさい。(各4点)

1．止血

2．(　①　)感染の防止

3．患部《かんぶ》の保護・(　②　)

ア 固 定　　イ 保 持　　ウ 細《さい》 菌《きん》

①(　　　)　②(　　　)

＊応急手当は，痛みを和らげることにもつながる。

●血液を介《かい》して感染する病気もあるので，**血液に直接触《ふ》れない**ように，ポリエチレンの手袋などを装着する。

(2) 次の(　)にあてはまる言葉として適当なものを答えなさい。(5点)

止血法の1つで，傷口にきれいなガーゼなどを当て，その上から手で強く圧迫する方法を(　　　　)という。感染症《かんせんしょう》の予防のため，手にはビニール袋《ぶくろ》か手袋をはめて行う。

(　　　　　　　)

＊ガーゼやハンカチなどを利用して圧迫し，きず口を心臓より高くする。

(3) 次の包帯の巻き方で正しいものを1つ選んで，記号で答えなさい。(4点)

ア 巻き始めは端をしっかり中に折り込む。

イ ずらしながら重ねて巻いていく。

ウ 巻き終わりは結ばずに中に折り込む。

(　　　)

●**包帯**には，巻包帯・伸《しん》縮《しゅく》包帯，三角巾《きん》，ネット包帯などがある。

巻包帯の場合は，2分の1～3分の1ずつ重ねて巻いていく。

(4) 次の①～⑦にあてはまる言葉として適当なものをあとから選んで記号で答えなさい。なお，記号は何度使用してもよい。(各5点)

出血がなくても，(　①　)や，関節が外れかかって元に戻《もど》った状態である(　②　)などになっている場合がある。このようなときは(　③　)，(　④　)，(　⑤　)を使った処置が必要となる。

右の図は右腕《みぎうで》の骨を折った場合の処置の例である。患部《かんぶ》が動かないようにするため，上下の(　⑥　)を固定している。このとき，板や，二つ折りにした雑誌などを(　⑦　)として使うことができる。

ア 脱水《だっすい》症状　　イ 関 節　　ウ 三角巾

エ 固定具　　オ 捻《ねん》 挫《ざ》　　カ 脱《だっ》 臼《きゅう》

キ 包 帯　　ク 骨 折　　ケ 筋 肉

①(　　　)　②(　　　)　③(　　　)　④(　　　)

⑤(　　　)　⑥(　　　)　⑦(　　　)

●どの場合も，**応急処置**をしてから，**安静を保って**医療機関へ行く。

外傷の応急手当

・**鼻血**(鼻出血)―鼻を両側からつまみ，冷やす。

・**やけど**―すぐに冷水で冷やす。

21 健康な生活 (1)
食生活・運動・休養・生活習慣病と社会

目標20分／70点
得点　　　　点

1〔健康の成り立ち〕次の表は病気の要因をまとめたものです。(　) にあてはまる言葉として適当なものを，あとから選んで記号で答えなさい。(各４点－20点)

(　①　) の要因	性・年齢《ねんれい》・遺伝・免疫《めんえき》・習慣・生活行動など
(　②　) の要因	(　③　) 環境：温度・湿度・化学物質など (　④　) 環境：ウイルス・細菌など (　⑤　) 環境：保健・医療・人間関係など

ア　物理・化学的　　イ　社会的　　ウ　生物学的
エ　環　境　　　　　オ　主　体

①(　　)　②(　　)　③(　　)　④(　　)
⑤(　　)

得点アップ

＊①は，生まれつきもっている素因。②は，成長していくうちに身につけていくもの。
　これら２つの要因が関わり合って病気が発生する。

＊主体は自分自身のこと。

2〔食生活と健康〕次の各問いに答えなさい。(各４点－28点)

(1) 次の (　) にあてはまる言葉として適当なものを答えなさい。

食生活と健康は密接な関係がある。私たちは，食事からさまざまな (　①　) を取り入れて，エネルギーとしている。生きていく上で必要最小限のエネルギー量を (　②　) といい，健康のためには，いろいろな食品を (　③　) よくとる必要がある。

①(　　　　　　)
②(　　　　　　)
③(　　　　　　)

(2) 栄養素が不足した場合の障害の例について，①～④にあてはまる栄養素として適当なものをあとから選んで記号で答えなさい。

(　①　)：貧血・体力低下
(　②　)：骨・歯の発育不良
(　③　)：貧血・息切れ
(　④　)：抵抗《ていこう》力低下・視力低下 (夜盲症《やもうしょう》)・皮膚《ひふ》病

ア　鉄　　　　　　イ　カルシウム
ウ　たんぱく質　　エ　ビタミンA

①(　　)　②(　　)　③(　　)　④(　　)

●運動量や年齢に合わせて食事の量を調節したり，規則正しい食生活をすることが大切である。

１日に必要なエネルギー量

中学生(活動レベル普通)
・男子…2600kcal/ 日
・女子…2400kcal/ 日

主食…ごはん，パンなど
主菜…肉，魚など
副菜…野菜など
これらを基本に，バランスのよい食事をとるように心がける。

●中学生の時期に気をつけるべき食生活
・朝食を抜かない。
・偏食や無理なダイエットはしない。
・夜食のとり方には注意する。

3 〔運動と健康〕次の運動の効果について，（　）にあてはまる言葉として適当なものを，あとから選んで記号で答えなさい。（各4点－20点）

(1)　骨格：（　①　）が増し，丈夫な体になる。

(2)　心臓：（　②　）が増える。

(3)　肺：（　③　）が増加する。

(4)　心：脳が刺激を受け，（　④　）になる。

(5)　体：（　⑤　）の防止になる。

ア　気分転換《てんかん》　　イ　骨　量

ウ　拍出《はくしゅつ》量　　エ　肺活量

オ　肥　満

①（　　）　②（　　）　③（　　）　④（　　）

⑤（　　）

4 〔休養・睡眠《すいみん》と健康〕次の（　）にあてはまる言葉として適当なものを，あとから選んで記号で答えなさい。（各4点－16点）

長時間の学習や作業は心身の（　①　）の原因となる。（　①　）が蓄積すると，体の（　②　）が低下し，病気にかかりやすくなる。心身の（　①　）を回復させるには（　③　）が必要で，（　④　）や入浴，軽い運動，気分転換，栄養補給などがある。

ア　休　養　　イ　抵抗力

ウ　疲《ひ》　労《ろう》　　エ　睡　眠

①（　　）　②（　　）　③（　　）　④（　　）

5 〔生活習慣病と社会〕次の各問いに答えなさい。（16点）

(1)　日本人の死亡原因の第1位と第2位を答えなさい。（各5点）

第1位（　　　　　　）

第2位（　　　　　　）

(2)　次にあげる生活習慣病の予防について，正しいものを2つ選んで記号で答えなさい。（6点・完答）

ア　中学生は成長する時期なので，間食や夜食をどんどんとる。

イ　好き嫌《きら》いなく食事をとり，適度な運動を心がける。

ウ　定期的に健康診断を受け，病気の早期発見に努める。

エ　ストレスを発散するために，夜遅くまで趣味《しゅみ》に没頭《ぼっとう》する。

（　　・　　）

＊**適度な運動**は体の各器官を発達させ，精神的にもよい効果をもたらす。

●**骨の基礎**は思春期につくられ，骨密度が高くなる。

＊ほかにも，生活習慣病の予防・治療や，体力の向上に効果がある。

●**過度な運動**は，スポーツ障害を引き起こす。

VDT作業

パソコンやゲームなど**ディスプレイを見ながら行う作業**のこと。長時間続けると眼の疲労《ひろう》だけでなく，肩こりなどの疲労も感じる。

生活習慣病

生活習慣が原因で起こる病気。自覚症状のないまま進行することが多い。

●日本人の死亡原因は，生活習慣が影響しているものが多い。

メタボリックシンドローム

（内臓脂肪症候群）

40歳以上の成人には，腹囲《ふくい》・血圧・血液検査などを通して，内臓脂肪《しぼう》の蓄積を検査している。

保健体育

保健分野

飲酒・喫煙・薬物の健康被害

目標20分／70点
得点　　点

1〔飲酒と健康〕次の（　）にあてはまる言葉として適当なものを，あとから選んで記号で答えなさい。（各 4 点 − 28 点）

酒の主成分である（ ① ）は，（ ② ）や小腸から血液中に吸収されて，脳や神経のはたらきを低下させ，思考力や自制心を低下させる。

（ ① ）は（ ③ ）で処理されるが，血液中の（ ④ ）が高くなると，吐《は》き気や頭痛などの二日酔いの原因となる。

ただ，③での処理には限界があり，一度に大量の飲酒をすると，（ ⑤ ）となり，長期間，過度の飲酒を続け常習化してしまうと，（ ⑥ ）となる。

20 歳未満はアルコールの害を強く受けるため，（ ⑦ ）により飲酒が禁止されている。

ア　血中アルコール濃度《のうど》　　イ　法　律
ウ　肝《かん》　臓《ぞう》　　エ　胃　　オ　アルコール（エチルアルコール）
カ　アルコール依存症《いぞんしょう》　　キ　急性アルコール中毒

①（　　）　②（　　）　③（　　）　④（　　）
⑤（　　）　⑥（　　）　⑦（　　）

得点アップ

急性アルコール中毒

急激に**血中アルコール濃度**が上がって脳が麻痺《まひ》し，呼吸不全などを起こして死亡することもある。

「一気飲み」は生命に危険。

＊アルコールには，**依存《いぞん》性**があるため，飲酒の習慣が長期にわたるとやめられなくなり，日常生活に支障をきたしたり，消化器や循環《じゅんかん》器にも悪影響を及ぼしたりする。

2〔喫煙と健康〕次の各問いに答えなさい。（52 点）

(1)　たばこの煙《けむり》に含《ふく》まれる主な有害物質について，①〜③の（　）にあてはまる言葉として適当なものをあとから記号で選び，Ⅰ〜Ⅲには適当な言葉を答えなさい。（①〜③各 4 点，ほかは各 5 点）

（ Ⅰ ）	・血管を収縮させる。 ・（ ① ）性がある。
（ Ⅱ ）	・多くの（ ② ）を含む。
（ Ⅲ ）	・（ ③ ）の運搬《うんぱん》能力を低下させる。 ・血管を傷つける。

ア　酸　素　　イ　発がん物質　　ウ　依　存

①（　　）　②（　　）　③（　　）
Ⅰ（　　　　）　Ⅱ（　　　　）
Ⅲ（　　　　）

＊日本人男性の喫煙率は，1965 年では 80 % 以上であったのに対して，2018 では 28 % 近くにまで減っている。

●これらの有害物質により，**毛細血管の収縮や運動能力**の低下，**心臓への負担**など，健康にさまざまな影響が現れる。

＊喫煙《きつえん》がやめられなくなる依存症になると，長い年月を経て肺がんなどの呼吸器の病気や，心臓病などにもかかりやすくなる。

(2)　次の（　）にあてはまる言葉を答えなさい。（各5点）

右の図のAは，喫煙《きつえん》者が直接吸い込む煙《けむり》で（　①　）といい，Bは，たばこの先から出る煙で（　②　）という。（　②　）の方が有害物質をたくさん含み，周囲の人が（　②　）などを吸い込むことを（　③　）という。このように喫煙は，周囲の人にも悪影響《えいきょう》を及ぼすので，（　④　）により，公共施設《しせつ》や飲食店などでは禁煙・分煙が進められている。

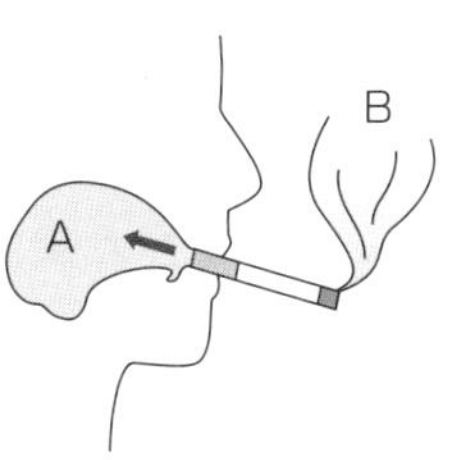

また，喫煙開始年齢が早いと，（　⑤　）をはじめとしたがんなどの病気にかかりやすくなる。20歳未満の喫煙は法律により禁止されている。

①（　　　　　　）　②（　　　　　　）
③（　　　　　　）　④（　　　　　　）
⑤（　　　　　　）

3〔薬物乱用と健康〕次の各問いに答えなさい。（20点）

(1)　次の（　　）にあてはまる言葉を答えなさい。（各2点）

医薬品を治療《ちりょう》目的以外で使用したり，法律で禁止されている覚醒剤《かくせいざい》や大麻《たいま》などの薬物を不正使用することを（　①　）という。（　①　）により，幻覚《げんかく》や妄想《もうそう》におそわれたりして錯乱《さくらん》状態に陥《おちい》ることもある。

また，薬物には（　②　）性があるので，1回の使用でも（　③　）が現れることがある。いったん薬物をやめても，ストレスなどによって幻覚《げんかく》などの精神異常が突然起こることがあり，これを（　④　）という。

①（　　　　　　）　②（　　　　　　）
③（　　　　　　）　④（　　　　　　）

(2)　次の症状《しょうじょう》を何というか，答えなさい。（各4点）

①　実在しない音が聞こえる。
②　形や大きさが違って見えたり，実在しないものが見えたりする。

①（　　　　　　）　②（　　　　　　）

(3)　①覚醒剤，②大麻についての説明として適当なものを，次から選んで記号で答えなさい。（各2点）

ア　興奮作用があり，薬がきれると激しい脱力感や疲労感におそわれる。1度の使用で死亡することもある。
イ　感覚が異常になり，乱用を続けると，白血球の減少や免疫力の低下，生殖機能に障害を及ぼす。

①（　　）　②（　　）

たばこ規制枠組み条約

世界保健機構（WHO）により，2005年に発効。たばこの健康被害に対して，世界的に取り組むことを目指した国際条約で，たばこの広告の禁止や，警告表示の強化などが決められている。

●**妊婦《にんぷ》の喫煙**は，自らの喫煙だけでなく，受動喫煙によっても胎児《たいじ》の発育に悪影響を及ぼし，早産の危険もある。

●ほかには，**有機溶剤**（シンナー），**麻薬**などがある。

＊①は人格の形成を妨《さまた》げ，自分をコントロールする力がなくなるので，犯罪《はんざい》を起こすこともあり，世界的な社会問題となっている。

●近年，**合成麻薬**や**脱法ハーブ**などが問題となっている。これらは一見危険なものとは認識しがたいが，絶対に手を出してはいけない。

23 健康な生活（3）
感染症とその予防／保健・医療機関と医薬品

目標20分／70点

得点　　点

1 〔感染症《かんせんしょう》の原因と予防〕次の各問いに答えなさい。（46点）

(1) 次の（　）にあてはまる言葉を答えなさい。（各4点）

ウイルスや細菌などの（　①　）に感染して起こる病気を（　②　）といい，（　①　）が体内で増殖《ぞうしょく》して体に変化が現れることを（　③　）という。

（　①　）は種類により（　④　）期間が異なり，また，人間の抵抗力や栄養状態などによって発病しない場合もある。

（　②　）の発生には，このような人（主体）の条件だけでなく，気温や湿度《しつど》といった（　⑤　）環境《かんきょう》，人口密度や交通，住居の状態といった（　⑥　）環境が関係している。

①（　　　　）　②（　　　　）

③（　　　　）　④（　　　　）

⑤（　　　　）　⑥（　　　　）

(2) 次の感染症を予防するための**ア**～**オ**の対策を，①感染源（発生源・病原体）をなくす，②感染経路を断つ，③体の抵抗《ていこう》力を高める　のそれぞれに分けて，あてはまるものをすべて記号で答えなさい。（各4点）

ア　十分な栄養をとる。

イ　うがいや手洗いをする。

ウ　予防接種を受ける。

エ　薬品などによる消毒や殺菌《さっきん》をする。

オ　人ごみを避《さ》ける。

①（　　　　）　②（　　　　）

③（　　　　）

(3) 体内に侵入《しんにゅう》した病原体などの異物から体を守る仕組みを何というか。（5点）

（　　　　）

(4) (3)のはたらきをおもに行う，白血球の一種を何というか。（5点）

（　　　　）

2 〔性感染症の予防〕次の各問いに答えなさい。（9点）

(1) 性的接触《せっしょく》により感染する感染症を何というか。（4点）

（　　　　）

得点アップ

＊ウイルスや細菌は微生物。

感　染

病原体が体内に侵入して増えること。

＊①は，咳《せき》やくしゃみ，空気，便やおう吐《と》物，食べ物などを介して感染する。

＊②には，インフルエンザや麻しん，ノロウイルスによる感染性胃腸炎などがある。

新型インフルエンザ

今までは鳥や豚《ぶた》などの動物の間でしか感染しなかったウイルスが，人の体内で増殖できるようになり，**人から人へも感染するようになった**インフルエンザ。

人は新しいウイルスには抵抗力がなく，大流行となる。

＊②には，マスクの着用も有効である。

＊(3)は，抵抗力を発揮《はっき》する仕組みのこと。

＊(3)を利用し，毒性を弱めた病原体などを体内に入れ，感染した状態にして免疫機能をはたらかせて抗体をつくるのが予防接種。

●(1)の病原体は，感染者の精液や膣《ちつ》分泌液，血液などに含まれる。

(2)　(1)の特徴として正しいものを２つ選んで，記号で答えなさい。

（5点・完答）

ア　感染者の低年齢化が進んでいる。
イ　治療《ちりょう》をしなくても自然に治る病気である。
ウ　感染するとすぐに発病する。
エ　発病しても自覚症状に乏しい。

（　　・　　）

＊性器クラミジア感染症や淋菌《りんきん》感染症，性器ヘルペスウイルス感染症などがある。

＊一度の性的接触でも感染するので，予防には性的接触をしないことが一番有効である。

3〔エイズの予防〕次の（　）にあてはまる言葉を答えなさい。

（各5点－25点）

エイズの病原体を（　①　）という。（　①　）はリンパ球の中で増殖するため，（　②　）のはたらきを破壊《はかい》し，感染症やがんなどのさまざまな病気にかかりやすくなる。この状態が発病である。

（　①　）のおもな感染経路は，（　③　）接触，（　④　）を介した感染，母子感染である。また，感染から発病までの（　⑤　）が長く，ほとんどが自覚症状もないので，感染拡大の原因ともなっている。

①（　　　　）　②（　　　　）
③（　　　　）　④（　　　　）
⑤（　　　　）

エイズ
(後天性免疫不全症候群)
①により発病する免疫の病気。近年では，早期発見することで，発病を遅らせることができるようになった。

＊リンパ球は，病原体から体を守るはたらきがある。
＊①の感染のほとんどが③接触であり，日常生活での感染はない。

4〔保健・医療機関と社会の取り組み〕次の各問いに答えなさい。

（各4点－20点）

(1)　次の保健・医療機関についてまとめたものの，（　）にあてはまる言葉を答えなさい。

・保健機関――（　①　）…都道府県・政令指定都市などが設置。
　　　　　　（　②　）…市町村などが設置
・（　③　）機関――病院……ベッド20床以上。
　　　　　　　　　診療所…ベッド19床以下。

①（　　　　）　②（　　　　）
③（　　　　）

(2)　次の（　）にあてはまる言葉を答えなさい。

医薬品には，病気に有効な作用である（　①　）と，それ以外の好ましくない作用である（　②　）がある。（　①　）を最大限効果的にするためには，医薬品の使用回数や時間，量などの使用法を守る必要がある。

①（　　　　）　②（　　　　）

●学校や地域で行われる，健康診断や予防接種，健康相談など，社会全体で行われている保健活動を，**公衆衛生活動**という。

●医薬品の使用量と作用
（１日３回の薬）

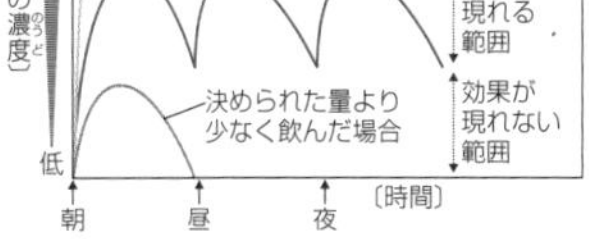

薬の量や回数は，効果が現れる範囲に保たれている。

1 絵画の基本をおさえよう (1)
デッサン・構図

目標20分／70点
得点　　　点

1 よく出る〔デッサン〕次の（　）にあてはまる言葉を答えなさい。

（各4点－28点）

(1) デッサン（素描《そびょう》）とは，対象をよく（ ① ）して，物の形や立体感，材質感などを表現するものである。主に（ ② ）や（ ③ ）などの単色で描かれる。

(2) デッサンには，鉛筆《えんぴつ》，ペン，コンテ，毛筆などを用いる。対象の構造や大きさ，長さの（ ④ ）に注意して，最初は大まかにとらえ，徐々に（ ⑤ ）描いていく。

(3) （ ⑥ ）や（ ⑦ ）もデッサンの一種で，短時間で形を線で表したもの。

①（　　　　　）　②（　　　　　）
③（　　　　　）　④（　　　　　）
⑤（　　　　　）　⑥（　　　　　）
⑦（　　　　　）

2 〔画材の性質〕デッサンで用いる画材の特徴と表現方法について，（　）にあてはまる言葉として適当なものを，あとから選んで記号で答えなさい。なお，記号は何度使用してもよい。（各4点－28点）

鉛　筆…太さや（ ① ）を変えて，細密に表現できる。
ペ　ン…硬くて（ ② ）線で表現できる。
コンテ…柔らかくて（ ③ ）線で表現できる。
毛　筆…（ ④ ）や太さを変え，（ ⑤ ）線で表現できる。
＊陰影を表す場合は，線を粗く描くと（ ⑥ ）が増し，線を密に描くと（ ⑦ ）が増す。

ア 暗さ　イ 柔らかい　ウ 細い　エ 明るさ
オ 濃《のう》淡《たん》　カ 太い

①（　　）　②（　　）　③（　　）　④（　　）
⑤（　　）　⑥（　　）　⑦（　　）

3 〔構　図〕次の（　）にあてはまる構図の名称を答えなさい。また，その構図で描かれたものを，あとから選んで記号で答えなさい。

（各4点・各完答－12点）

構図は，画面全体の基本の骨組みとなる。構図の種類には，まとまりがあり安定した（ ① ）や，左右に広がりのある（ ② ），奥

得点アップ

●画材の特徴に注意

［鉛　筆］

［ペ　ン］

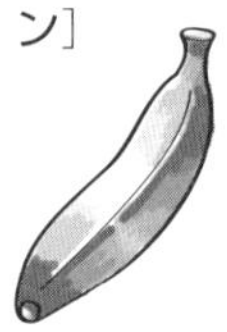

［コンテ］

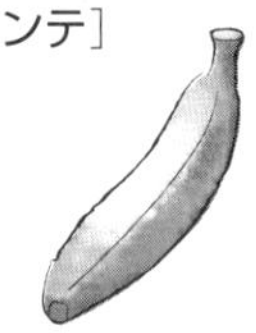

［毛　筆］

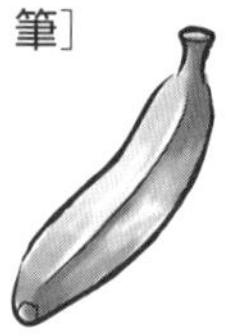

●陰影のつけ方

明るい

暗い

行きをもたせた（　③　）などがある。

ア　　　　　　　　イ　　　　　　　　ウ

①（　　　　　　　構図・　　　　）
②（　　　　　　　構図・　　　　）
③（　　　　　　　構図・　　　　）

4 よく出る〔図法の種類〕次の（　）①～④にあてはまる言葉として適当なものを，あとから選んで記号で答えなさい。また，（　）Aにあてはまる言葉を答えなさい。（各4点－20点）

画面に遠近法を取り入れると，立体感や（　①　）を表現することができる。その際に，遠くに続く線が集まってできる地平線上の一点を（　A　）という。

一点透視図法…1つの（　A　）をもつ線遠近法で，道などを（　②　）から見通すように描く場合に用いられる。

二点透視図法…2つの（　A　）をもつ線遠近法で，建物などを（　③　）から見て描く場合に用いられる。

三点透視図法…3つの（　A　）をもつ線遠近法で，対象となるものの（　④　）を強調して描く場合に用いられる。

ア　高さ　　イ　正面　　ウ　奥行き　　エ　斜め

①（　　　）　②（　　　）　③（　　　）　④（　　　）
A（　　　　　　　）

5〔透視図法〕次の図には，**4** の3つの透視図法が用いられています。それぞれの図に，**4** で答えたAの位置を――と・で表しなさい。
（各4点－12点）

①

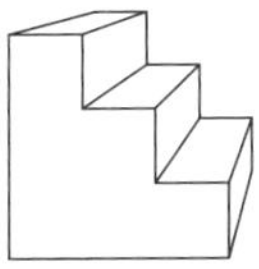

②

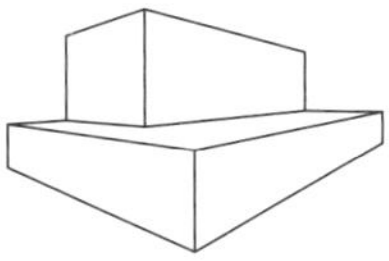

③

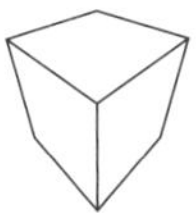

●構図のポイント
・画面の中で中心となるもの（主題）を決める。
・画面全体のバランスを考える。

＊何を主題にするかによって，同じ空間を描いた絵でも違って見える。

＊構図の種類は，ほかに「弧線《こせん》構図」「垂直線構図」などがある。

復習のポイント

遠近法（透視《とうし》図法）は，描く線の方向によって空間を表現する方法。

風景画を描く場合には，近くのものを濃く描き，遠くのものを淡《あわ》く描く「空気遠近法」もある。

ここに注目

図法の種類は，ほかに「等角投影図法」「斜投影図法」などがある。

［等角投影図法］

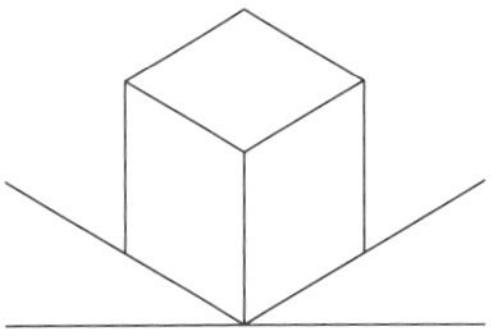

［斜投影図法］

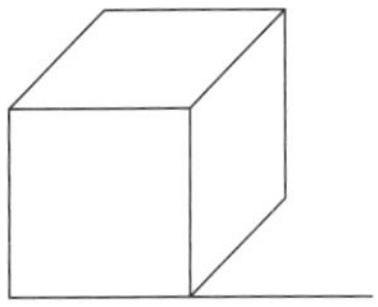

2 絵画の基本をおさえよう (2)
水彩画・風景画

目標20分／70点
得点　　点

1 〔水彩絵の具の使い方〕次の（　）にあてはまる言葉を答えなさい。

（各5点－30点）

水彩画には，絵の具を多めの水でとき，下の色が透《す》ける描き方の（　①　）と，絵の具を少なめの水でとき，下の色を隠す描き方の（　②　）がある。

絵の具は，あらかじめ使う色を（　③　）の上に出しておく。絵筆は，変化のある線で描く場合には（　④　）を，広い面をぬる場合には（　⑤　）を用いるのが適している。（　⑥　）は，まめに水を替えたり，色によって使う部分を分けたりするなどの工夫をするとよい。

①（　　　　　　）　②（　　　　　　）

③（　　　　　　）　④（　　　　　　）

⑤（　　　　　　）　⑥（　　　　　　）

2 よく出る〔水彩画の技法の特徴〕次の各文の，水彩画の技法や表現について，あてはまるものには○，あてはまらないものには×を答えなさい。

（各4点－16点）

① 絵の具を少なめの水でといて用いる技法では，筆のタッチを生かした表現ができる。

② 絵の具を多めの水でといて用いる技法では，明るくしたい部分に最も色を重ねるようにする。

③ 水彩画は，絵の具をとく水の量を調整することで，明るさや透明感を表現できる。

④ 水彩画は，にじみやぼかしの効果を生かした表現には，あまりふさわしくない。

①（　　）　②（　　）　③（　　）　④（　　）

3 〔風景画の構成①〕次の（　）にあてはまる言葉として適当なものを，あとから選んで記号で答えなさい。（各4点－24点）

風景画では，身近な景色の中から心をひかれた風景を切り取り，奥行きや広がりのおもしろさや，そこから感じ取った雰囲気《ふんいき》などを，構図や配色を工夫して描く。

奥行きや遠近感を出すには，（　①　）のものを淡《あわ》くぼんやりと描き，（　②　）のものを濃く描く（　③　）や，線の方向で空間を表現する（　④　）がある。

また，遠くのものは（　⑤　），近くのものは（　⑥　）見えるこ

得点アップ

●水彩絵の具の混色

・赤＋青→紫《むらさき》

・赤＋黄→橙《だいだい》

・青＋黄→緑

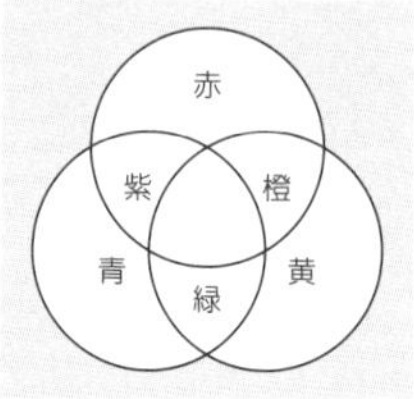

・黒＋白→灰

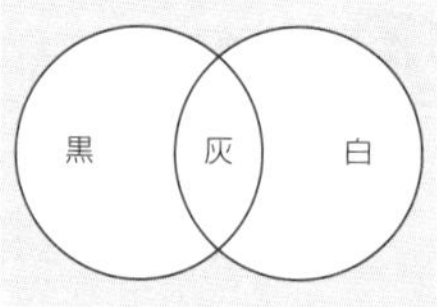

●水彩絵の具の特徴

絵の具のとき方によって，にじみやぼかしといった方法で描くことができる。

ここに注目

絵筆には，ほかに細かい部分を描く場合に用いられる面相筆《めんそうふで》などがある。

ミスに注意！

透明描法と不透明描法の違いを覚えよう。

薄い色は，ぬり重ねることで陰影ができる。

また，絵の具を濃いめにして用ることで，筆のあとを残すような描き方ができる。

とを生かして，遠景，中景，近景を組み合わせて描く方法もある。

ア　小さく　　イ　近　く　　ウ　遠　く　　エ　空気遠近法
オ　大きく　　カ　線遠近法（透視《とうし》図法）

①（　　）　②（　　）　③（　　）　④（　　）
⑤（　　）　⑥（　　）

4 よく出る〔風景画の構成②〕次の図について，あとの各問いに答えなさい。（30点）

A　　　　B　　　　C

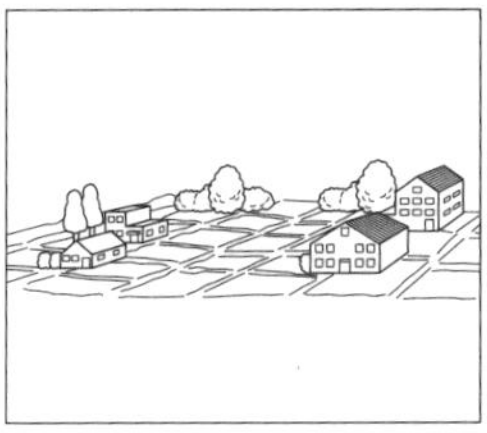

(1)　A～Cを，「近景」「中景」「遠景」の順に並べ替えなさい。

（完答・7点）

（　　）→（　　）→（　　）

(2)　Bに水平な線を書き入れて，奥行きを表現しなさい。（7点）

B

(3)　風景画について述べた次の文で，あてはまるものには○，あてはまらないものには×を答えなさい。（各4点）

①　風景画は，自分の目に映る範囲のものを，すべて写真のように正確に描く必要がある。

②　風景画に広がりをもたせるには，地平線の位置に沿って横一列に描いていくのが効果的である。

③　風景画に奥行きをもたせるには，色のもつ明るさなどの性質を利用して遠近感を出す方法がある。

④　道路などを見通すように描く場合には，線遠近法の１つである一点透視図法を用いるとよい。

①（　　）　②（　　）　③（　　）　④（　　）

●風景画のポイント

・手の指や見取りわくを使って風景を切り取る。いろいろな角度の中から構図を決めるとよい。

・構図の中で，自分の描きたいものを強調するなど，表現を工夫して描く。

●線遠近法（透視図法）には，「一点透視図法」「二点透視図法」などがある。書き手の目の高さと，遠くに続く線が集まってできる地平線上の一点（消失点）を決めて描く。（p.143 参照）

復習のポイント

さまざまな作品の中で，「遠景」「中景」「近景」はそれぞれどのように描かれているかに注目してみよう。また，作者は表現したいことをどのような構図を用いて描いているのか考えてみよう。

ミスに注意！

消失点から放射状に伸びる仮想の線に沿って描くことで，描きたい空間の広がりや建物などの奥行きを表現できる。

3 絵画の基本をおさえよう (3)
静物画・人物画

目標20分／70点
得点　　　点

1 〔静物画の制作〕次の（　）にあてはまる言葉として適当なものを，あとから選んで記号で答えなさい。(各4点－28点)

(1) 静物画では，身の回りにあるものや，それらを組み合わせたものを（　①　）として，色や形といった特徴を表すことができるような（　②　）を考え，構図を決める。

(2) 構図が決まったら（　③　）をする。（　③　）は，彩色のことを考えて線を主体としたものにする。

(3) 彩色は，（　①　）をよく観察しながら主な色を決め，はじめは全体に（　④　）ぬり，形や色の重なり具合に注意しながら徐々に（　⑤　）ぬっていく。

(4) さらに，（　⑥　）などによる色調の変化もとらえて細部を仕上げていく。

(5) 全体として（　⑦　）のある画面を心がける。

ア 明　暗　　イ 下がき　　ウ 配　置　　エ 統一感
オ 濃　く　　カ 薄　く　　キ モチーフ

①（　　）　②（　　）　③（　　）　④（　　）
⑤（　　）　⑥（　　）　⑦（　　）

2 よく出る 〔静物画の構図〕次の図について，あとの各問いに答えなさい。(各4点－8点)

ア　　イ　　ウ　　エ

オ

カ

(1) ア～エのうち，円筒を下から見上げたときの図はどれか。
（　　）

(2) オ・カのうち，斜め上の位置から描かれたものはどれか。
（　　）

得点アップ

●静物画のポイント
・身近にあるものに注目し，それらを組み合わせて素材とする。
・静物を画面にどのようにおさめるかによって，絵の雰《ふん》囲《い》気《き》が変わってくる。窮屈《きゅうくつ》な画面にならないように注意する。

復習のポイント

静物画の彩色は，透明描法（p.144）を生かして，全体のバランスを考えながら，広い部分から細かい部分へと彩色していく。

素材となるものをよく観察して，色のぬり方で材質感を表現する。

ここに注目

目の高さを変えると，静物の見え方も変わる。ア～エの図は，それぞれどの位置から見たときのものか，おさえておこう。

3 〔人物画の描き方〕次の（　）にあてはまる言葉を答えなさい。

（各6点－48点）

(1) 人物画には，自分自身の外面だけでなく内面までを見つめて描く（　①　）や，複数の人物や集団を描く（　②　）がある。対象をよく観察し，その人物の印象をとらえて表現するだけでなく，強調や（　③　）などで，作者の意図や気持ちを表現することができる。特に（　②　）は，人物一人ひとりの配置や組み合わせ，それぞれの動作や表情などから全体の雰囲気をつかみ，（　④　）を決めて状況設定をするとよい。

(2) 人物の顔や人体は，正中線を中心として（　⑤　）対称となっている。頭の大きさは，中学生では身長の約（　⑥　）分の１の割合で，目と耳の位置は，頭部の約（　⑦　）分の１の高さにあることをとらえる。また，人体の動きは，背骨や肩などの骨組みのほか，腕《うで》や脚《あし》などの（　⑧　）の角度にも注意して描くようにする。

①（　　　　　　　）　②（　　　　　　　）

③（　　　　　　　）　④（　　　　　　　）

⑤（　　　　　　　）　⑥（　　　　　　　）

⑦（　　　　　　　）　⑧（　　　　　　　）

4 よく出る〔人物画の構図〕次の図について，あてはまるものには○，あてはまらないものには×を答えなさい。（各4点－16点）

A

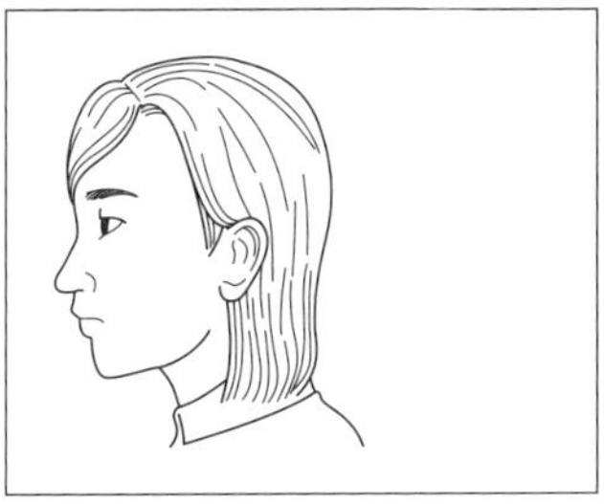

B

① Aは，全体のバランスをよくするために，左の空間をもう少し広くあけるとよい。

② Aのように横向きの顔を描いたものが，自画像を描くときの正しい構図である。

③ Bのような人物画は，表情だけでなく背景を取り入れることによっても，人物の性格や雰囲気などを表現できる。

④ Bのような人物の取り入れ方をする作品を，半身像または全身像と言う。

①（　　）　②（　　）　③（　　）　④（　　）

ここに注目

〈頭部の比率〉

目と耳の高さ，両目と口の位置に注意。

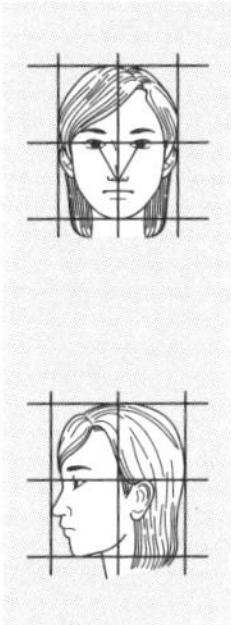

〈人体の比率〉

全身のバランスと，骨組みに注意。

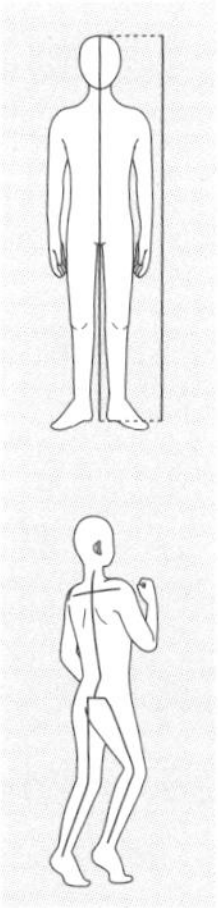

● 人物画のポイント

・人物の顔は，正面，横向き，見上げる，うつむくなど，さまざまな向きで印象が違ってくる。**見る角度を変えて**，表情の特徴をとらえよう。

・人物の顔や胸までの位置だけでなく，全身を画面に取り入れてもよい。**人物の動きや背景も工夫**して表現する。

4 絵画の基本をおさえよう (4)
版　画

目標20分／70点
得点　　点

1 よく出る〔版画の種類と方法〕版画の種類について，次の各問いに答えなさい。(各5点－35点)

(1) 次の文は，ア凸版《とっぱん》，イ凹版《おうはん》，ウ孔版《こうはん》，エ平版《へいはん》の，どれについて述べたものか。それぞれ記号で答えなさい。

① 版に穴をあけて，その穴からインクを通し，絵を直接刷り込む方法。シルクスクリーンは，この技法を用いたもの。

② 版に油性インクをのせて刷り取る方法で，リトグラフは，この技法を用いている。水と油の反発作用を利用した版画の方法である。

③ 版のくぼみにインクをつめ，くぼみ以外の部分のインクをふき取ってプレス機にかけて刷り取る方法。

④ 版の盛り上がった部分にインクをのせ，こすって刷り取る方法。主に木版画に用いられる。

①（　　）　②（　　）　③（　　）　④（　　）

(2) (1)①で，インクを刷り込むときに使うゴム製のへらの名前は何か。

（　　　　　）

(3) (1)③には，直接法と間接法の2つがある。それぞれにあてはまるものを答えなさい。

・直接法…塩化ビニール版などにニードルなどで直接彫《ほ》っていく方法で，（　A　）いう手法。

・間接法…防食材をぬったアルミニウム版，銅版，亜鉛版などをニードルでひっかく方法で，（　B　）という手法。

A（　　　　　）　B（　　　　　）

2 〔彫刻《ちょうこく》刀の種類〕次の図について，あとの各問いに答えなさい。

(各4点－20点)

A　　B　　C　　D

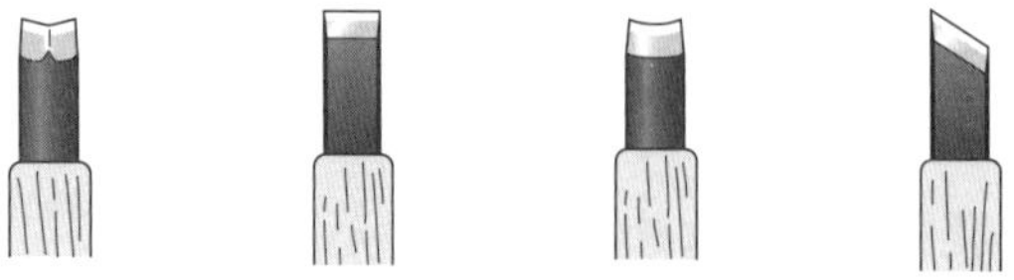

(1) A～Dの彫刻刀の名前を，それぞれ答えなさい。

A（　　　　　）　B（　　　　　）

C（　　　　　）　D（　　　　　）

得点アップ

●版画の特徴

版画は，木の板などで版をつくり，インクや絵の具で紙に絵を写し取る間接的な表現方法。

版を彫るときは，彫刻刀などの道具を使い分けて，彫る線の向きや強弱などを工夫してみる。

ここに注目

版画は，一般的には**凸版，凹版，孔版，平版**の4つに分類できる。

それぞれ，凸版は**活版印刷**，凹版は**グラビア印刷**，孔版は**スクリーン印刷**，平版は**オフセット印刷**の技術に利用されている。

復習のポイント

彫刻刀の種類と，その特徴をおさえる。

・**丸　刀**
　太い線，やわらかい線を彫る。
・**平　刀**
　不要な部分を彫る，ぼかす。
・**三角刀**
　鋭い線，細い線を彫る。
・**切り出し刀**(切り出し)
　細かい線，輪郭，名前を彫る。

(2) よく出る Cの彫刻刀で彫った版の断面として正しいものを選んで，記号で答えなさい。

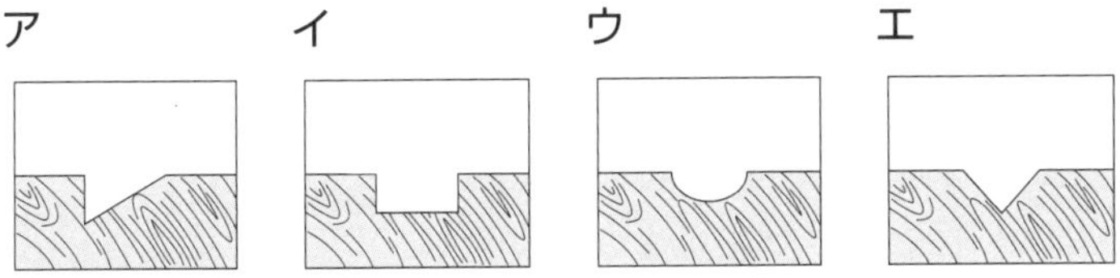

(　　)

3 〔木版画の制作①〕次の（　）にあてはまる言葉を答えなさい。

（各4点－36点）

(1) 木版画は，「下絵」→（　①　）→「彫り」→「刷り」という工程で制作する。（　①　）は，完成した下絵を版に刷り込むなどして写し取ることである。

(2) 木版の彫り方には，輪郭《りんかく》線を残して周りを彫る（　②　）と，輪郭線を彫って白くぬく（　③　）がある。（　②　）の場合は，インクの部分が少なくなるため（　④　）印象になり，（　③　）の場合は，インクの部分が多くなるため（　⑤　）印象に仕上がる。

(3) 版にインクをつけるときは，（　⑥　）で均一になるようにつける。刷るときは，（　⑦　）を使い，中心から外へ円を描くようにしてこする。

(4) 多色刷りをする場合には，1枚の版で部分的に違う色をつけて刷る（　⑧　）多色木版画と，複数の版でそれぞれの色をつけて刷る（　⑨　）多色木版画の方法がある。

①（　　　　　　）　②（　　　　　　）
③（　　　　　　）　④（　　　　　　）
⑤（　　　　　　）　⑥（　　　　　　）
⑦（　　　　　　）　⑧（　　　　　　）
⑨（　　　　　　）

4 〔木版画の制作②〕次の文で，多色木版画について述べたものとしてあてはまるものには○，あてはまらないものには×を答えなさい。

（各3点－9点）

① 多色木版も，単色木版と同様に黒くしたい部分を彫らずに残しておく。

② 複数の版で多色刷りをする場合は，各版がずれないように見当をつけるとよい。

③ 1枚の版で多色刷りをする場合は，版に複数の色をぬって，一度で刷り取る。

①（　　）　②（　　）　③（　　）

●版の断面（凸版）

彫ったときに，版が欠けない形がよい。

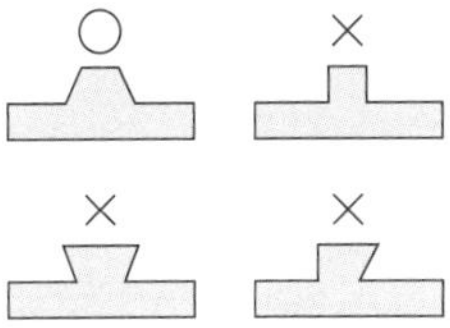

●木版画のポイント

・単色木版画

白と黒のコントラストが生きるよう，単純な線で対象を描き，表現する。

・多色木版画

色をのせる手順を理解しておく。薄い色から濃い色の順に刷っていくとよい。

＊輪郭線を彫るか残すかによって，異なった表現ができる。

ミスに注意！

単色木版画と多色木版画の，表現の仕方に注意。単色木版画では彫った部分が白く残り，多色木版画では彫った部分が黒い部分となる。

ここに注目

版画を刷るときには，版と刷り紙がずれないように，版の位置に見当をつける。

5 彫刻の表現を知ろう

目標20分／70点
得点　　点

1 〔彫造《ちょうぞう》と塑造《そぞう》〕 彫刻《ちょうこく》の種類について述べた次の文の（　）にあてはまる言葉を答えなさい。（各6点－36点）

彫造は，木や石などのかたまりを，外側から内側に向かって彫《ほ》り刻《きざ》んでいく方法で，（　①　）ともいわれる。完全な立体で表現する（　②　）と，平面に浮き出るように表現する半立体の（　③　）がある。

また，木を素材として扱う木彫には，１本の木から彫り出す（　④　）と，２本以上の木を組み合わせてつくる（　⑤　）という技法がある。

塑造は，木や針金の心棒《しんぼう》を使うなどして，粘土《ねんど》などのやわらかい素材で形をつくり出す方法で，（　⑥　）ともいわれる。つけたり削《けず》ったりして，自由に形づくることができる。

①（　　　　　　　　）　②（　　　　　　　　）

③（　　　　　　　　）　④（　　　　　　　　）

⑤（　　　　　　　　）　⑥（　　　　　　　　）

2 〔塑造の制作１〕 塑造に用いる粘土について，次の各問いに答えなさい。（40点）

(1) 粘土の特徴について述べたものとして，あてはまるものは○，あてはまらないものは×で答えなさい。（各4点）

① 土粘土はやわらかいので，あまり練《ね》らずに使ったほうがよい。

② 油粘土は，土粘土に比べて乾燥しにくく，かたくなりにくい。

③ 合成粘土は，土粘土と油粘土を合わせて加工したものである。

④ 粘土は耳たぶよりやわらかくなるように，よく練っておく。

①（　　）　②（　　）　③（　　）　④（　　）

(2) 次の図の，粘土を扱うときに使う道具の名前を答えなさい。また，それぞれの使い方としてあてはまるものを，あとから選んで記号で答えなさい。（各6点・各完答）

①　②　③　④

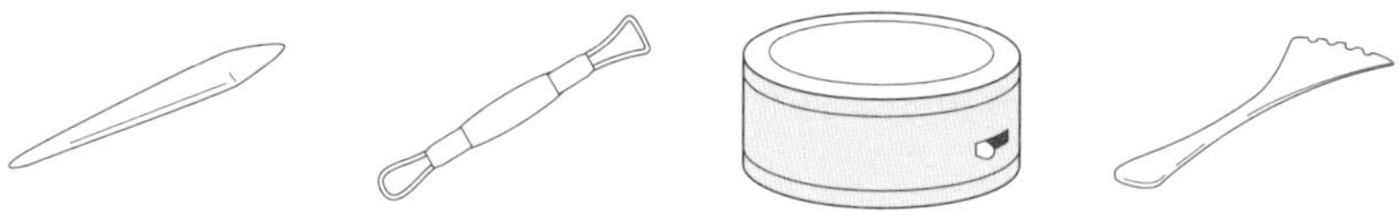

ア　上に粘土板を置き，回転させて使う。

イ　粘土をかき取るときに使う。

ウ　おおまかな面をつくるときに使う。

得点アップ

●レリーフ（浮き彫り）には次のような表現方法がある。

高肉彫り …最も高く盛り上げて彫る，丸彫りに近い表現。

中肉彫り …高肉彫りと薄肉彫りの中間で，一般的な彫り方。

薄肉彫り …材料の面より，ほんの少しの凹凸《おうとつ》をつける彫り方。

肉合《ししあい》彫り …材料の表面よりくぼんだ彫り方をしたもの。

ここに注目

粘土でつくった作品を素焼きにしたものをテラコッタという。

また，塑造の作品には次のようなものがある。

・ブロンズ…粘土でつくったものを石こうの型にとって鋳型《いがた》をつくり，そこに銅を流し込んで完成させる。

・じかづけ…針金などでつくった骨組みに，石こうやセメントなどをへらなどで直接つけて仕上げる。

エ　細かい部分をつくるときに使う。

①（　　　　　・　　　）　②（　　　　　・　　　）

③（　　　　　・　　　）　④（　　　　　・　　　）

3 よく出る〔塑造の制作２〕**塑造で用いる心棒について，次の各問いに答えなさい。**（各４点－８点）

(1)　頭像をつくるとき，心棒につけた粘土とのバランスが最も適当なものを下の図から選んで，記号で答えなさい。

ア　イ　ウ　エ

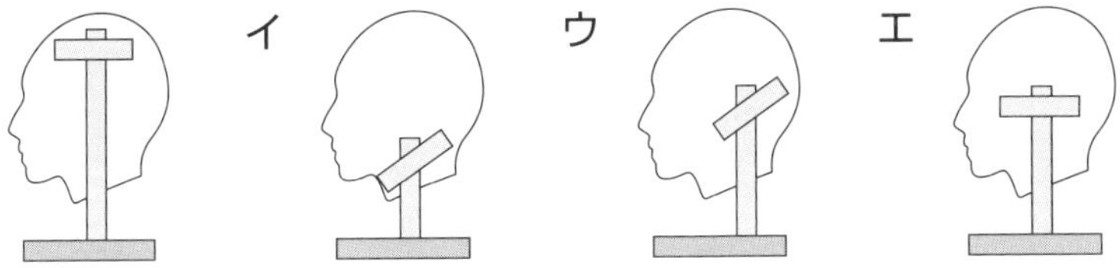

（　　）

(2)　手の像や人物像をつくるとき，関節部の心棒の曲げ方として最も適当なものを下の図から選んで，記号で答えなさい。

ア　イ　ウ

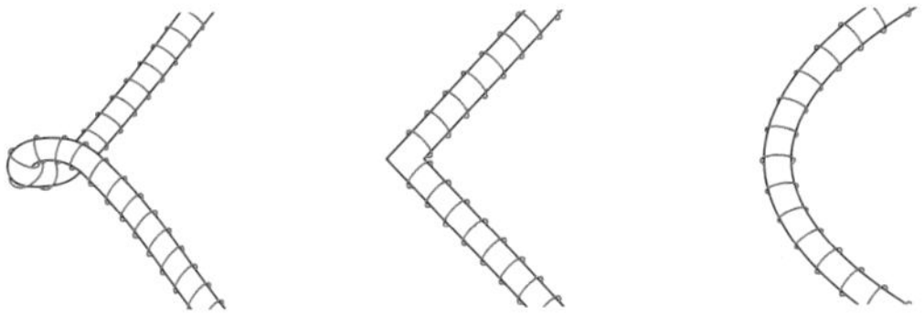

（　　）

4〔彫造と塑造の表現〕次の文は，彫造と塑造の表現についてまとめたものです。（　）**にあてはまる言葉として適当なものを，あとから選び記号で答えなさい。**（各４点－16点）

彫造，塑造の最も大きな特徴は，物を（　①　）として，立体で表すことであり，対象となる物の大きさや（　②　）を伝える工夫が大切である。

また，同時に，全体と各部分との（　③　）も必要である。表面的な印象や細部の再現にとらわれすぎず，全体の調和やバランスの良さを考える。

さらに，対象のしぐさや心情，場面などをよく観察し，単にポーズをとらえるのではなく，立体からの躍動感や（　④　）を表現できるとよい。

ア　均　衡　　イ　動　勢

ウ　量　感　　エ　かたまり

①（　　）　②（　　）　③（　　）　④（　　）

●粘土は，使う前によく練っておく。練ることで粒子が均一になり，なめらかで扱いやすくなる。

・**押し練り**…両手で体重をかけるようにして練る。

・**たたき練り**…棒でたたいて練る。

・**菊練り**…右手首で押し，左手で巻き上げるように練る。

ミスに注意！

・頭像などで木材の心棒を用いる場合，支柱は像の中心に固定し，横木は頭の中心に組む。

・手の像や人物像などで針金の心棒を用いる場合，ひじやひざの関節部は，ペンチを使うなどしてきちんと曲げる。

●心棒には，水でぬらしたしゅろ縄《なわ》（または麻《あさ》ひも）を巻く。乾いたあとで縄がしまり，心棒がしっかりと固定される。また，ぬらすことで粘土のつきがよくなる。

復習のポイント

彫造・塑造の表現には，立体のボリューム，バランス，動きを感じさせる要素が大切である。

6 色彩について知ろう

目標20分／70点
得点　　点

1 〔色の種類〕色の種類について述べた次の文の（　）にあてはまる言葉を答えなさい。（各4点－40点）

(1) 色は，大きく無彩色と有彩色に分けられる。無彩色とは（　①　），（　②　）（　③　）のことで，それ以外の色はすべて有彩色である。有彩色は，色合いを示す（　④　）と，明るさを示す（　⑤　）と，鮮やかさを示す（　⑥　）で構成されており，これらは（　⑦　）と呼ばれている。

(2) （　⑤　）は無彩色ももっているが，すべての色の中で（　⑤　）が最も高い色は（　⑧　）であり，最も低いのは（　⑨　）である。また，それぞれの（　④　）の中で，最も（　⑥　）の高い色を（　⑩　）という。

①（　　　　　）　②（　　　　　）
③（　　　　　）　④（　　　　　）
⑤（　　　　　）　⑥（　　　　　）
⑦（　　　　　）　⑧（　　　　　）
⑨（　　　　　）　⑩（　　　　　）

2 よく出る〔色相環《しきそうかん》〕次の図について，次の各問いに答えなさい。
（各3点－27点）

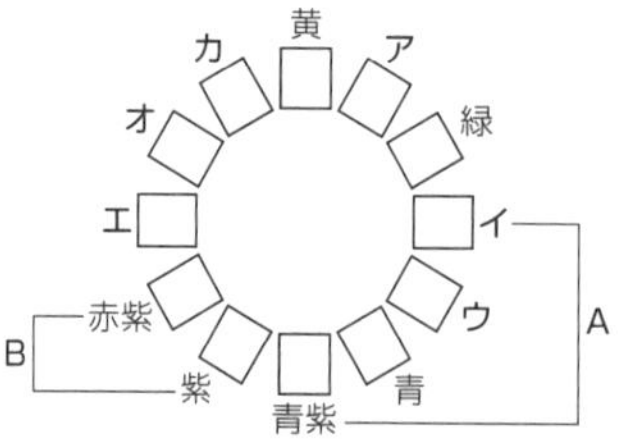

(1) ア～カにあてはまる色を，それぞれ答えなさい。

ア（　　　　　）　イ（　　　　　）
ウ（　　　　　）　エ（　　　　　）
オ（　　　　　）　カ（　　　　　）

(2) 色相環で，向かい合う関係にある色のことを何というか。
（　　　　　）

(3) 図のAの位置にある色は，暖色または寒色のどちらにあてはまるか。
（　　　　　）

得点アップ

●原　色
赤紫（マゼンタ），緑みの青（シアン），黄（イエロー）の3色を色料の**原色**という。これらは混色によって作ることができない。

●純　色
色合い（色相）の中で，最も彩度の高いものを**純色**という。
また，純色に白を混ぜたものを**明清色**，黒を混ぜたものを**暗清色**といい，白と黒の両方（灰色）を混ぜたものを**濁色**という。

●色の三属性（色相・明度・彩度）の関係は，すべての色の位置を立体的に配列した**色立体**で確かめることができる。

復習のポイント

よく似た色の順に環《かん》状に並べたものを**色相環**（12色相環）という。向かいにある色は，色相の差が最も大きい補色となる。補色どうしは，混ぜると無彩色（黒っぽい色）に近づく。

(4)　図のBの位置にある色は，暖色または寒色がはっきりしていない。このような色を何というか。

（　　　　　　）

3 〔三原色と色の混合〕色料と光の三原色と，色の混合について，次の各問いに答えなさい。(各3点－21点)

(1)　A・Bの図で，光の三原色を表しているものはどちらか。

A

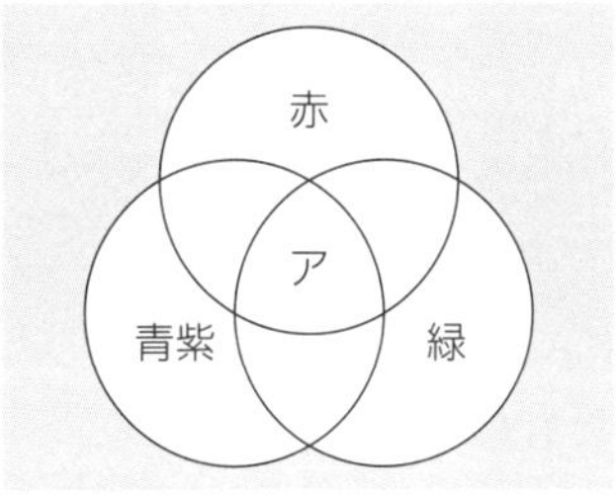

B

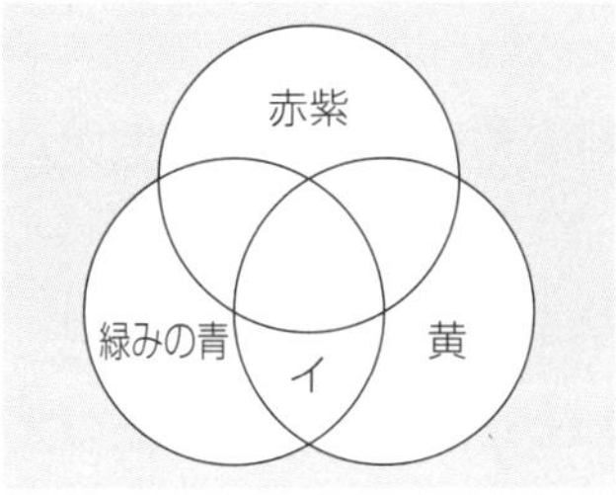

（　　　）

(2)　A・Bの図で，ア，イにあてはまる色を答えなさい。

ア（　　　　　　　）　イ（　　　　　　　）

(3)　次の文は，色の混合について述べたものである。（　）にあてはまる言葉として適当なものを，あとから選び記号で答えなさい。

色の混合は，混合してできた色の明度がもとの色より低くなるものを（　①　），もとの色より高くなるものを（　②　）という。（　①　）では，色は混ぜることにより（　③　）に近づいていき，（　②　）では，（　④　）に近づいていく。

ア　加法混色　　イ　減法混色　　ウ　白　　エ　黒

①（　　　）　②（　　　）　③（　　　）　④（　　　）

4 〔色の配置〕次の図の配色についての説明として，あてはまるものには○，あてはまらないものには×を答えなさい。(各3点－12点)

A　　B　　C　　D

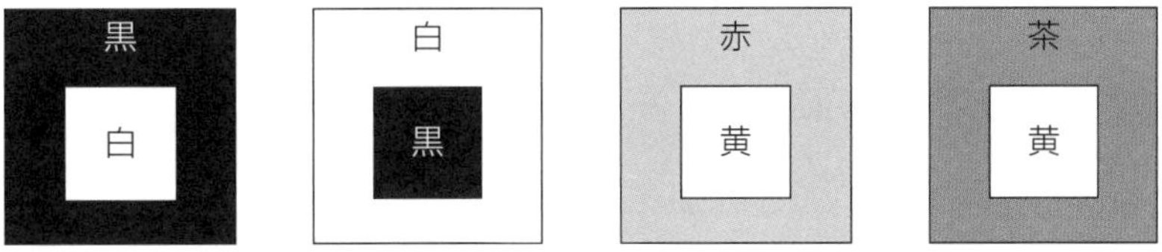

①　AとBでは，Bのほうが中央の□が前進しているように見える。

②　CとDでは，Cのほうが中央の□がよりあざやかに感じられる。

③　A～Dの配色のうち，最も派手に感じられるのは，Cである。

④　Bの中央の□を水色に変えると，明るく軽い印象の配色になる。

①（　　　）　②（　　　）　③（　　　）　④（　　　）

ミスに注意！

色料の三原色と光の三原色の違いに注意する。

光の三原色の場合，重なった部分が白くなる。

ここに注目

色の混合は，**加法混色**，**減法混色**のほかに，明度がもとの色の中間になる**中間混色**がある。

●配色のポイント

色の組み合わせによって，見たときに受ける印象が違ってくる。

暖色＋暖色→動的

寒色＋寒色→静的

高明度＋高明度→軽い

低明度＋低明度→重い

高彩度＋高彩度→派手

低彩度＋低彩度→地味

復習のポイント

・**明度対比**…まわりの色の明度が高いと暗く，低いと明るく感じられる。

・**色相対比**…まわりの色の色相によって，色の印象が違って見える。

・**彩度対比**…まわりの色の彩度が低いとあざやかに，高いとにぶく感じられる。

7 表現技法とデザイン

目標20分／70点
得点　　点

1 よく出る〔モダンテクニック〕次の方法で行われるモダンテクニックの名称を，あとから選んで記号で答えなさい。（各５点－40点）

① 凹凸のあるものの上に紙をあて，その上から鉛筆《えんぴつ》やクレヨンなどでこすり，形や模様《もよう》を写し出す方法。

② 絵の具をたらした紙を２つ折りにするなどして，対称な形の図柄をつくる方法。

③ 紙の上に絵の具をたらし，紙を傾けたり息を吹きかけたりなどして図柄をつくる方法。

④ 紙に写真，絵，布などの素材を貼《は》り付けて図柄をつくる方法。

⑤ クレヨンなどで何色か重ねぬりをして，表面を先のとがったもので引っかく方法。

⑥ 墨汁《ぼくじゅう》や油性の絵の具を水面にたらして静かにかき混ぜ，できた模様を紙に写し取る方法。

⑦ 絵の具をつけたブラシを金網の上からこすり，霧吹《きりふ》きのように飛ばす方法。

⑧ ものにインクや絵の具を直接つけて，紙に押し当てて形を写し取る方法。

ア　コラージュ　　イ　マーブリング
ウ　デカルコマニー　　エ　ドリッピング
オ　スタンピング　　カ　スパッタリング
キ　スクラッチ　　ク　フロッタージュ

①（　　）　②（　　）　③（　　）　④（　　）
⑤（　　）　⑥（　　）　⑦（　　）　⑧（　　）

2〔ポスターのデザイン〕ポスターのもつ特性について，次の各問いに答えなさい。（各４点－20点）

(1) ポスターなどで，内容を的確に表した，相手の関心を引くための宣伝の言葉を何というか。

（　　　　　）

(2) 次の文のうち，ポスターの条件や効果について，あてはまるものには○，あてはまらないものには×を答えなさい。

① ポスターにのせるコピーは，できるだけ短い文章で効果的に表現できるものを考える。

得点アップ

●モダンテクニックは，次のように覚える。
・マーブリング
→墨《すみ》流し
・フロッタージュ
→こすり出し
・ドリッピング
→吹き流し
・デカルコマニー
→合わせ絵
・コラージュ
→貼り絵
・スタンピング
→型押し
・スクラッチ
→引っかき
・スパッタリング
→霧吹きぼかし

ここに注目

モダンテクニックには，ほかに「バチック（ろうけつ染め，はじき絵）」「にじみ・たらし込み」などがある。
また，コラージュで，写真を主に利用したものを「フォトコラージュ」という。

復習のポイント

ポスターなどのデザインには，視覚を通して情報を正確に伝えるだけでなく，人をひきつけ，心に訴《うった》えるための工夫も必要。

② ポスターは文字を大きくすれば目立つので，色彩や書体を考える必要はない。

③ ポスターのデザインは自由な表現が可能だが，掲示される場所との調和を考えることも必要である。

④ ポスターは掲示して繰り返し見ることができるため，印刷で量産する必要のない伝達手段である。

①（　　）　②（　　）　③（　　）　④（　　）

3 よく出る〔いろいろなデザイン〕次の文は，どのデザインについて述べたものですか。あてはまるものを，あとから選び記号で答えなさい。（各4点－20点）

① 本の保護や，内容を伝えるためのデザイン。書籍《しょせき》，文庫本の表紙やカバーなど。

② 中身の保護，見た目の美しさ，運びやすさのためのデザイン。食品，飲料の包装《ほうそう》や容器など。

③ 機能性や大量生産性を備えた製品のデザイン。自動車，電化製品など。

④ 自然や住空間，生活空間のデザイン。室内のレイアウト，公園，コンサートホールの建造など。

⑤ 学校や会社などの団体で，他との区別や特徴を表すデザイン。校章やチームのロゴなど。

ア 工業デザイン　**イ** マークデザイン
ウ 環境デザイン　**エ** ブックデザイン
オ パッケージデザイン

①（　　）　②（　　）　③（　　）　④（　　）
⑤（　　）

4〔学校での環境デザイン〕学校内で，次のようなことを伝えたい場合，どのような方法で行うのがよいか答えなさい。（各10点－20点）

① かぜの予防を呼びかけるために，手洗いとうがいの習慣づくりをすすめたい。

（　　　　　　　　　　　　　　　　　　　　）

② クラスの生徒に，自分が所属する吹奏《すいそう》楽部の定期演奏会を聴きに来てほしい。

（　　　　　　　　　　　　　　　　　　　　）

●ポスターのデザインのポイント

・主題や目的に合わせて，イラスト，コピー，色彩，書体などを組み合わせ，全体のバランスを考えてデザインする。
・掲示する場所にふさわしいかを考える。

ここに注目

イラストレーションやアニメーション（動画）もデザインに含まれる。コンピュータなども利用して制作される。

●環境デザインのポイント

環境デザインは，人々の快適な生活環境をつくるためのデザインで，次のものが含まれる。

都市計画…公共施設の設置，道路整備など
室内装飾…家具，照明の配置など
環境芸術…屋外での立体造形の配置など

復習のポイント

ポスター，案内状，標語，掲示版などを利用して，効果的に呼びかける方法を考えてみよう。

8 日本の美術史

目標20分／70点
得点　　点

1〔有史以前の美術〕有史以前の造形について，次の文の（　）にあてはまる言葉を答えなさい。（各4点－20点）

日本の造形活動は（　①　）時代に始まり，日常生活に用いられた土器や，宗教的な儀式に用いられたと思われる（　②　）が残されている。その後の（　③　）時代には，土器のほか，青銅でつくられた釣鐘《つりがね》形の（　④　）もあった。また，古墳《こふん》時代には，人や動物をかたどった（　⑤　）がつくられ，古墳内部には壁画《へきが》も残されている。これらはいずれも人々の生活の中から生まれたもので，素朴《そぼく》さや力強さを感じられるのが特徴である。

①（　　　　　　）　②（　　　　　　）
③（　　　　　　）　④（　　　　　　）
⑤（　　　　　　）

2 よく出る〔飛鳥・奈良時代の美術〕飛鳥・奈良時代の作品について，次の各問いに答えなさい。（各4点－16点）

(1) 飛鳥時代の代表的な工芸で，全面黒漆《うるし》ぬりで，名前の由来となる装《そう》飾《しょく》がほどこされた作品の名前を答えなさい。

（　　　　　　）

(2) 奈良時代の代表的な建築である正倉院にみられる，高床式の建築様式の名称を答えなさい。

（　　　　　　）

(3) 次のうち，飛鳥時代の作品と，奈良時代の作品をそれぞれ選び，記号で答えなさい。（完答）

ア　薬師寺薬師如来像《やくしじやくしにょらいぞう》　　イ　広隆寺弥勒菩薩像《こうりゅうじみろくぼさつぞう》
ウ　天寿国繍帳《てんじゅこくしゅうちょう》　　エ　唐招提寺金堂《とうしょうだいじこんどう》
オ　法隆寺釈迦三尊像《ほうりゅうじしゃかさんぞんぞう》　　カ　法隆寺金堂壁画

飛鳥時代（　　　　　　）　奈良時代（　　　　　　）

3 よく出る〔平安・鎌倉時代の美術〕次の文は，平安・鎌倉時代の文化と美術について述べたものです。（　）にあてはまる言葉を答えなさい。（各4点－24点）

平安時代の後期に入ると，日本の美術作品は，それまでの中国の影響を受けたものから，日本独自の作風をもつものが主流となり広まった。絵画では（　①　）とよばれる画風が生まれ，日本の風物や，「源氏物語」などの作品を題材とした（　②　）が作られるようになった。

得点アップ

●縄文土器と弥生土器の違い

縄文土器

縄目の模様があり，素朴で力強さのあるつくり。

弥生土器

ろくろを使用。平面的な幾何《きか》学模様がある。

ここに注目

・広隆寺弥勒菩薩像《こうりゅうじみろくぼさつ》は，1本の木から彫り出す一木造《いちぼくづくり》の作品。また，いくつかの木材を合わせてつくる寄木造《よせぎづくり》の作品として，中宮寺《ちゅうぐうじ》弥勒菩薩像がある。

・天寿国繍帳《しゅうちょう》は，日本最古の刺繍《ししゅう》。

・法隆寺釈迦三尊《しゃかさんぞん》像の作者は，止利仏師《とりぶっし》（鞍作《くらつくりの》止利《とり》）といわれている。

復習のポイント

それぞれの時代の特徴をつかむ。

＊飛鳥・奈良時代

仏教の伝来とともに，中国の文化の影響を受けた。

＊平安時代

それまでの大陸的で写実的な表現は衰退《すいたい》していき，貴族社会を中心として日本独自の**国風文化**が生まれていった。

鎌倉時代に入ると，武家社会の文化が中心となり，（　③　）とよばれる武士の肖像《しょうぞう》画が描かれるようになった。その代表的な作品には（　④　）があり，人物を理想化したものではなく，写実的に似せて描かれている点が特徴である。また，彫刻では，（　⑤　）・快慶《かいけい》らの作といわれる東大寺の（　⑥　）などがあり，武家社会らしい力強い作品が残されている。

①（　　　　　　　）　②（　　　　　　　）

③（　　　　　　　）　④（　　　　　　　）

⑤（　　　　　　　）　⑥（　　　　　　　）

4 〔室町・安土桃山時代の美術〕次の文にあてはまる人物名や建築名を答え，それぞれにあてはまる時代を答えなさい。（各4点・各完答－16点）

① 禅宗《ぜんしゅう》の僧侶《そうりょ》で，毛筆の墨の濃淡《のうたん》で描いた「秋冬山水図《しゅうとうさんすいず》」の作者。

② 城郭《じょうかく》や寺院建築の発展とともに活躍した人物で，代表作には「松《しょう》林図屏風《りんずびょうぶ》」がある。

③ 城郭《じょうかく》建築が盛んな時代につくられ，白鷺城《しらさぎじょう》ともよばれる，現存するものとしては最大の城郭。

④ 書院造と禅宗《ぜんしゅう》の様式をそなえ，住宅風の意匠《いしょう》が取り入れられた，東山文化を代表的する建築。

①（　　　　　　・　　　　　　時代）

②（　　　　　　・　　　　　　時代）

③（　　　　　　・　　　　　　時代）

④（　　　　　　・　　　　　　時代）

5 〔江戸時代・近代の美術〕江戸時代と明治時代以降の美術について，次の問いに答えなさい。（各4点）

(1) ①～④にあてはまる絵画の流派を，あとから選び記号で答えなさい。

① 俵屋宗達《たわらやそうたつ》「風神雷神《ふうじんらいじん》図屏風《びょうぶ》」　② 池大雅《いけのたいが》「楼閣山水《ろうかくさんすい》図屏風」

③ 安藤広重《あんどうひろしげ》「東海道五十三次《とうかいどうごじゅうさんつぎ》」　④ 平賀源内《ひらがげんない》「西洋婦人図《せいようふじんず》」

ア 浮世絵　イ 文人画　ウ 洋風画　エ 琳《りん》 派《ぱ》

①（　　）　②（　　）　③（　　）　④（　　）

(2) 次の文のうち，正しいものには○，正しくないものには×を答えなさい。

① 西洋美術の影響を受け，フランスの印象派を学んだ黒田清輝《くろだせいき》の作品に「無我《むが》」がある。（　　）

② 高村光雲《たかむらこううん》は日本の伝統的な木彫りを受け継ぎ，「老猿《ろうえん》」に代表される彫刻作品を残した。（　　）

＊鎌倉時代

貴族社会から武家社会が中心となり，武士を描いた絵画作品や，剛健《ごうけん》な彫刻作品がつくられた。

●平安時代の代表的な建築に，平等院鳳凰堂《びょうどういんほうおうどう》がある。華麗《かれい》な極楽浄土《じょうど》を表現したもので，中央の阿《あ》弥陀堂《みだどう》には，定朝《じょうちょう》作の阿弥陀如来坐像《にょらいざぞう》がおさめられている。

●室町時代には禅宗の影響を受けて，水墨画が多く描かれた。

ミスに注意！

足利義満《あしかがよしみつ》が建立した鹿《ろく》苑寺金閣《おんじきんかく》は，北山文化を代表する建築である。

●浮世絵には，次のような種類がある。

風景画

葛飾北斎《かつしかほくさい》「富嶽三十六《ふがくさんじゅうろっ》景《けい》」など

美人画

喜多川歌麿《きたがわうたまろ》「ビードロを吹く娘」など

役者絵

東洲斎写楽《とうしゅうさいしゃらく》「市川鰕蔵《いちかわえびぞう》の竹村定之進《たけむらさだのしん》」など

●江戸時代は陶器《とうき》，蒔《まき》絵《え》，染色などの工芸に優れており，本阿弥光悦《ほんあみこうえつ》作の舟橋蒔絵硯箱《ふなはしまきえすずりばこ》などは，その代表作である。

9 西洋の美術史

目標20分／70点
得点　　点

1〔原始時代～古代オリエントの美術〕次の文の（　）にあてはまる言葉を答えなさい。（各8点－32点）

原始時代，人々は狩猟《しゅりょう》を中心とした生活を営んでおり，その様子が描かれたものとして，フランスの（　①　），スペインの（　②　）に代表される洞窟《どうくつ》画《が》が現存している。

また，古代オリエントは，エジプト文明が栄えた時期であった。王族の墓である（　③　）や，（　④　）王の黄金のマスクなど，古代の王や貴族たちの権力を象徴《しょうちょう》するものが数多く残されている。

①（　　　　　　　）　②（　　　　　　　）
③（　　　　　　　）　④（　　　　　　　）

2 よく出る〔古代ギリシャ・ローマの美術〕次の文のうち，正しいものは○，正しくないものは×で答えなさい。（各3点－9点）

① 古代ギリシャの代表的な建築であるパルテノン神殿は，エンタシスの柱を用いてつくられており，これは日本の法隆寺《ほうりゅうじ》にもみられる建築方法であるという説がある。

② 古代ローマでは古代ギリシャの文化を受け継ぎ，カラカラ帝胸像などのように，神話の神々の姿から人間の理想的な美を追求した優美な彫刻《ちょうこく》が生まれた。

③ コロッセウムは，古代ローマ時代に競技場としてつくられた建物で，四角形で安定感のある建築様式が特徴である。

①（　　）　②（　　）　③（　　）

3〔中世ヨーロッパの美術〕次の文にあてはまる建築様式を，あとから選んで記号で答えなさい。（各3点－9点）

① シャルトル大聖堂に代表されるように，高い尖塔《せんとう》と大きな窓，内部に設けられたステンドグラスが特徴である。

② ピサ大聖堂に代表されるように，十字形の平面に丸屋根，半円形のアーチと窓が特徴である。壁は厚く窓が少ない。

③ 聖ソフィア大聖堂に代表されるように，丸屋根やアーチ形の窓と，内部を飾《かざ》るモザイクの壁画が特徴である。

ア　ロマネスク　　イ　ビザンチン　　ウ　ゴシック

①（　　）　②（　　）　③（　　）

得点アップ

●原始の美術として知られているものは，ほかにイギリスの**ストーン・ヘンジ**などがある。

●古代オリエントでは**エジプト文明**のほか，チグリス・ユーフラテス河流域を中心とした**メソポタミア文明**，クレタ島を中心とした**エーゲ海文明**が知られている。

復習のポイント

ギリシャの彫刻は，初期の作品には**アルカイックスマイル**といわれる，口元がほほ笑むような形という特徴がある。代表的な作品に，**ミロのヴィーナス**などがある。

ミスに注意！

ギリシャの建築は柱の違いによって3つの様式に分かれる。

ドーリア式
中央に膨《ふく》らみのある柱身。安定感のある様式。

イオニア式
うず巻き型の柱頭があり，優美な様式。

コリント式
細身の柱身。柱頭に装《そう》飾《しょく》があり，華やかな様式。

4 よく出る〔ルネサンスの美術〕次の文にあてはまる人物名を答えなさい。(各8点－24点)

① 解剖《かいぼう》学的にも正しいといわれるほど写実的な「ダビデ像」を制作したほか，建築家や画家としても活躍《かつやく》した。

② 万能の天才ともよばれる芸術家で，聖書を題材とした「最後の晩《ばん》餐《さん》」は，名高い作品のうちの１つである。

③ 「小椅《い》子《す》の聖母」のような聖母子像を多く描き，ルネサンス盛期の集大成ともいえる作品を残した。

①（　　　　　　　　　）
②（　　　　　　　　　）
③（　　　　　　　　　）

5 〔バロック・ロココの美術〕次の文のうち，バロック美術について述べたものにはＡ，ロココ美術について述べたものにはＢの記号を答えなさい。(各5点－10点)

① オランダやスペインなどの宮廷《きゅうてい》を中心とした王朝風のはなやかな美術。色彩の豊かさや動きのある絵画表現が特徴である。

② フランスの宮廷を中心とした貴族趣味の優美な美術。装飾《そうしょく》性の高い形体や，明るく軽快な色彩を用いた表現が盛んになった。

①（　　）
②（　　）

6 〔近代・現代の美術〕19世紀以降の絵画作品について，次の各問いに答えなさい。(各8点－16点)

(1) 19世紀の終わりごろ，光の美しさを研究し，明るい色彩で戸外の風景などを表現しようとする試みが行われるようになった。この一派を何というか。

（　　　　　　）

(2) 20世紀初めごろ，ピカソやブラックによって，自然を円筒《えんとう》や円錐《えんすい》，球《きゅう》の形にとらえ，多視点から再構成して表現しようとする芸術概念が生み出された。この一派を何というか。

（　　　　　　）

得点アップ

●西洋の建築方法

西洋では建築物に石が用いられ，石を積み上げていく方法でつくられた。寺院建築は，時代や土地によって「ビザンチン」「ロマネスク」「ゴシック」などの様式に分けられる。

●ルネサンスとは

14世紀から16世紀にかけてヨーロッパに広まった革新的な文化活動。「再生」「復興」を意味する言葉で，ギリシア・ローマ文化の復興と，個性の解放を求めて，人間や自然を中心としたものが数多く制作された。

ここに注目

現代美術の各派の特徴をつかもう。

・野獣派《やじゅうは》(フォービズム)
原色で自由な筆づかいの表現。
・立体派《りったいは》(キュビズム)
自然を多角的にとらえた表現。
・超現実派(シュールレアリズム)
心の奥底を表現。
・抽象派
色や形だけの抽象的な表現。
・パリ派(エコール・ド・パリ)
情緒的な表現。
・表現派
感情を反映させた表現。

装丁デザイン　ブックデザイン研究所
本文デザイン・図版　ユニックス

JASRAC 出 2102868-101

中学 得点UP問題集 実技4科

編著者　中学教育研究会
発行者　岡本明剛
印刷所　ユニックス

発行所　受験研究社

〒550-0013 大阪市西区新町2丁目19番15号
注文・不良品などについて：(06)6532-1581(代表)／本の内容について：(06)6532-1586(編集)

Printed in Japan　高廣製本
落丁・乱丁本はお取り替えします。

解答編

音楽

1 浜辺《はまべ》の歌／エーデルワイス

p. 4･5

1 (1)①イ　②カ　(2)①♪　②6
(3)①フォルテ　②強く
③リタルダンド　④だんだん遅く
(4)①エ　②ア　③オ
(5)①ウ　②イ

2 (1)①4（分の）3（拍子）
②Ⓐ♩　Ⓑ3
(2)ハ長調
(3)①モデラート　②中ぐらいの速さで
(4)①エ　②F　③カ　④C
⑤イ　⑥B　⑦ア　⑧D
(5)3

解説

1 (1)林古溪《はやしこけい》は，国文学者，漢文学者としても有名。成田為三《なりたためぞう》は，童謡など親しみやすい曲を残している。
(2)拍子《ひょうし》記号の下の数字が音符，上の数字が拍数《はくすう》を表す。
(3) *rit.*は*ritardando*の略。
(4)「あした」は「明日」ではない。また,「ゆうべ」は「昨夜」ではないので注意。歌詞全体で意味をつかんでおこう。
(5)1～2フレーズは, 静かにおだやかに。3フレーズ目に山がくる曲。

2 (1)①② 1小節の中に, ♩が3つ分あるので, 4分の3拍子。
(2)楽譜《がくふ》に調号がなく，短調ではないので，ハ長調と分かる。
(3)イタリア語。AndanteとAllegrettoの間くらいの速さ。
(4) *pp*・*p*・*mp*・*mf*・*f*・*ff*の順に強くなる。< と > の名称の違いに注意。
(5)二部形式の曲。3フレーズ目に歌の山がくる。

2 朝の風に／花の街

p. 6･7

1 (1)①♩　②88～96
(2)①4（分の）4（拍子）
②Ⅰ♩　Ⅱ4
(3)①男声　②Ⅱ　③臨時記号
④付く　⑤シシシレシド

2 (1)①ア　②オ　(2)①♩　②2
(3)へ長調
(4)①メッゾ(･)ピアノ　②少し弱く
③メッゾ(･)フォルテ　④少し強く
⑤フォルテ　⑥強く
(5)①Ⅰクレシェンド　Ⅱ<
②Ⅰア　Ⅱ強く　Ⅲキ

解説

1 (1)音符の右の数字は，メトロノームの数字。1分間に打つ数を表す。
(2)①② 1小節の中に，♩が4つ分あるので，4分の4拍子。
(3)①混声合唱の楽譜では，𝄞は女声，𝄢は男声。
②主旋律はⅡの男声のパート。Ⅰは, 副次的な旋律。
③・④臨時記号は音符の左側に付けられる。その小節内の同じ高さの音にのみ有効。
⑤𝄢（へ音記号）は書きだしの点（第4線）が「へ音」。ハ長調の曲なので階名は「ファ」になる。

2 (1)江間章子《えましょうこ》は，「夏の思い出」の作詞者。團《だん》伊玖磨《いくま》は，作曲家，指揮者。随筆家としても有名。
(2)拍子記号の下の数字が音符，上の数字が拍数を表す。
(3)♭の位置が「ファ」になり,「ド」は「へ音」となる。短調ではないので，へ長調。
(4) *pp*・*p*・*mp*・*mf*・*f*・*ff*の順に強くなる。
(5)①ⅠⅡだんだん強くなるので，*crescendo*を分割して表記している。
② *f*の部分キが山になるように，アから*crescendo*していく。

ひっぱると、はずして使えます。

3 赤とんぼ／夢の世界を

p. 8・9

1 (1)①エ　②イ　(2)①♩　②3
(3)①オ　②エ　③キ
(4)イ
(5)①＜　②Ⅰ強く　Ⅱ弱く

2 (1)①♪　②♩.
(2)Ⅰ①ミレドレドドシ　②女声
Ⅱ①ソソミミミミミ　②女声
Ⅲ①ドシラシララソ　②男声
(3)ア→イ→ウ→エ→ア→イ→オ→カ
(4)①リタルダンド　②だんだん遅く
③タイ　④隣り合った同じ高さの音符をつなぎ，１つの音に
⑤ア（・）テンポ　⑥もとの速さで

解説

1 (1)三木露風《みきろふう》は，詩人。北原白秋とともに時代を築く。山田耕筰《やまだこうさく》は，日本の西洋音楽の基礎を築く。
(3)歌詞全体の意味をとらえておこう。
(4)三木露風の幼い頃の経験である。
(5)②音の高低と強弱が合っている。

2 (1)♩.＝84～92とあるので，１拍を♪ではなく♩.でとることが分かる。
(2)𝄞のパートを女声，𝄢のパートを男声が担当する。𝄢の階名に注意。出だしの音が「ハ音」。ハ長調の曲なので，階名は「ド」。
(3)1.まで演奏したら初めに戻り，ア，イのあと1.をとばして2.へいく。
(4)①② *rit.*は*ritardando*の略。これらの記号は，この曲の歌唱表現に重要。

4 夏の思い出／主人は冷たい土の中に

p. 10・11

1 (1)①オ　②ウ　(2)ニ長調　(3)♩
(4)①フェルマータ
②その音符（休符）をほどよく延ばす
③テヌート
④その音の長さを保って
(5)ア　(6)ウ

2 (1)①フォスター　②アメリカ（合衆国）
(2)ハ長調　(3)①アンダンテ
②ゆっくり歩くような速さで　(4)3
(5)①ミミミファファミドレソファ
②

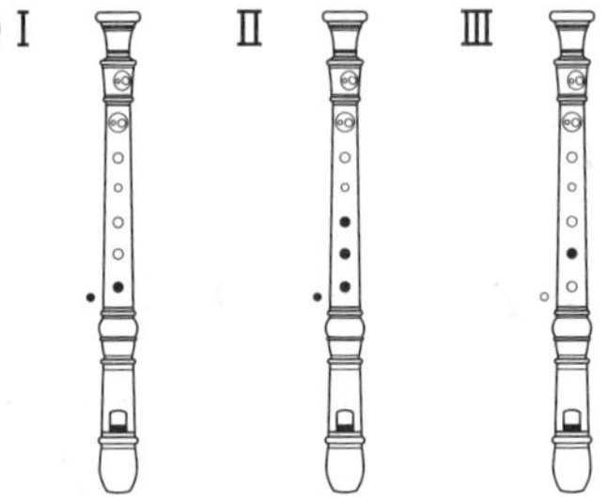

解説

1 (1)江間章子《えましょうこ》は，「花の街」の作詞者。中田喜《なかだよし》直《なお》は，「小さい秋みつけた」「めだかの学校」など，童謡も多く作曲。合唱曲，器楽曲も多数。
(2)調号右の♯の位置が「シ」となる。「ド」の音名は「ニ」。短調ではないので，ニ長調。
(3)３連符は，ある音符を３等分した音符。ここでは１拍（♩）を３等分している。
(4)曲の山の部分の，歌唱表現に重要な記号。
(5)作曲者の言葉に「この曲は自然に話しかけるような気持ちで歌い，詩や旋律の流れを楽しむようにしてほしい。」とある。
(6)歌詞の抑揚がそこなわれないように作曲されている。

2 (1)フォスターはアメリカの作曲家。ほかにも「おおスザンナ」「故郷の人々」など，多くの人に愛される曲を多数作曲した。
(2)調号がなく，短調ではないので，ハ長調。
(3)「ゆっくり歩くような速さで」から，曲の感じをイメージしよう。
(4)aa'ba'の４つのフレーズでできた二部形式の曲。
(5)ハ長調の階名。アルトリコーダーの運指は教科書で確認しよう。

5 サンタ ルチア／荒城の月

p. 12・13

1 (1)イタリア　(2)変ロ長調
(3)①♪　②3
(4)①ファ　②変ホ
(5)①Ⅰ𝄐　Ⅱフェルマータ
Ⅲ＞　Ⅳアクセント　②b

2 (1)①エ　②カ
(2)ロ短調　(3)①ミ　②嬰ヘ

(4)リズムの形，第２小節の♯を削除　など
(5)①イ　②ウ　③ケ　④ク
⑤キ　⑥オ　⑦エ　(6)ウ

解説

1 (1)イタリア，ナポリ地方の民謡である。
(2)♭が２つ付くので，変ロ音が主音（ド）。
(3)拍子記号の下の数字が音符，上の数字が拍数を表す。
(4)階名：音階の中のそれぞれの音の名称。ドレミファソ……。音名：個々の音の絶対的な高さを表す名称。ハニホヘト……。変ロ長調なのでシ♭がドになる。
(5)曲の山の部分の，歌唱表現に重要な記号。＞と𝄐が重なっている部分が曲の山になる。

2 (1)土井晩翠《どいばんすい》は，詩人で英文学者。滝廉太郎《たきれんたろう》は，23歳の若さで世を去ったが，「花」「箱根八里」など，優れた曲を多く残した。
(2)ニ長調とまちがえないように。
(3)ロ短調なので，「ロ音」が「ラ」になる。
(5)難しい言葉が多いが，歌詞全体の意味を理解して歌おう。
(6)歌詞の内容と短調の雰囲気を味わって歌おう。

6 花／早春賦

p. 14・15

1 (1)①ア　②ウ　(2)ト長調
(3)①♩　②2　(4)二部形式
(5)①スラー　②高さの違う２つ以上の音符を滑らかに　③ブレス
④息つぎ
(6)①キ　②カ　③イ

2 (1)①エ　②ウ
(2)8（分の）6（拍子）　(3)二部形式
(4)A＜　B＞　C＞
(5)

(6)①ケ　②オ　③コ　④ア　⑤イ

解説

1 (1)武島羽衣《たけしまはごろも》は，歌人で国文学者である。
(2)♯が１つ付いて，短調ではないので，ト長調。
(3)拍子記号の下の数字が音符，上の数字が拍数を表す。
(4)A(aa′)B(ba″)の二部形式。
(5)歌詞の，意味の区切れも示す重要な記号。歌い方を工夫しよう。
(6)歌詞を味わい，情景を思い浮かべて歌おう。

2 (1)吉丸一昌《よしまるかずまさ》は，文学者。教育者でもある。中《なか》田章《だあきら》は，作曲家でオルガン奏者。中田喜直《なかだよしなお》の父。
(2)１小節に♪が６拍なので，８分の６拍子。
(3)A(aa′)B(ba″)の二部形式。
(4)音の高低と強弱が合っていることに注目。
(5)歌詞を味わい，情景を思い浮かべて歌おう。
(6)「1.2.」とあるので，アイウエを２回繰り返す。３回目はウエをとばしてオカにいく。

7 帰れソレントへ／大地讃頌

p. 16・17

1 (1)イタリア　(2)ア
(3)Aハ短調　Bハ長調　(4)同主調（転調）
(5)①フォルテ　②強く　③アクセント
④その音を目立たせて，強調して
⑤フェルマータ
⑥その音符（休符）をほどよく延ばして

2 (1)ウ　(2)混声四部合唱　(3)ア
(4)①ダブルシャープ
②半音上げられた音をさらに半音上げる
③フォルテフォルティッシモ（フォルティッシッシモ）
④*ff*よりさらに強く
(5)①イ　②𝄢

解説

1 (1)イタリア。この曲もナポリ地方の言葉（方言）で書かれたカンツォーネ。
(2)速度に関する用語。中ぐらいの速さで。
(3)Aは短調で始まり，Bで長調に転じる。この曲の重要な特徴。
(4)短調の主音は「ラ」の位置，長調の主音は「ド」の位置なので，同じ調（平行調）では，主音が変わることが多いが，この曲は主音が同じ音（ハ音）になっている。この関係を同主調という。
(5)アイウは最後の４小節の歌い方のところにある，重要な記号。歌い方を工夫しよう。

2 (1)イタリア語で，表情や表現法を指示している。「壮大に」という意味。

(2)女声二部，男声二部の混声四部合唱。

(3)「カンタータ」は，もとは，器楽伴奏と独唱・重唱・合唱などだったが，19世紀になって，管弦楽と合唱の形になった。

(4)𝄪と*fff* はあまり見ない記号だが，覚えておこう。

(5)①*maestoso*も，表情や表現方法を指示する曲想標語（発想標語）。

②主旋律は𝄢に移っている。𝄞は，ハーモニーを担当している。歌詞も違うので注意。

8　春／平調「越天楽」

p. 18・19

1 (1)①Ⅰウ　Ⅱエ　②イ　③ウ

④（Ⅱ・Ⅲは順不同）Ⅰイ　Ⅱウ

Ⅲオ　Ⅳキ　⑤イ　⑥ウ

(2)Bエ　Dア

2 (1)①ア　②ウ　③イ

(2)①Aク　Bエ　Cウ　Dイ

Eキ　Fケ　Gア　Hカ

②Ⅰエ・ク（順不同）　Ⅱカ

解説

1 (1)①ヴィヴァルディはイタリアのベネチア生まれの作曲家。ヴァイオリン奏者。バッハに影響を与えた。

②バロック後期に活躍した。

④通奏低音とは，楽譜の低音パートの上に，和音を加えながら伴奏する方法。この曲では，チェンバロが担当。

⑤「春」は「四季」の中の第1曲。さらに「春」は3つの楽章にまとめられている。

⑥この曲の演奏特徴。合奏・独奏が交互に現れるリトルネッロ形式という構成。

(2)ソネットで描かれた情景と曲の出だしを覚えておこう。情景が音で表現されているのを感じよう。

2 (1)①管絃《かんげん》は雅《が》楽《がく》の楽器だけの演奏。舞楽は舞と伴奏。

②中国や朝鮮半島から伝来した。

③各部分は，同じ旋律を2回繰り返して演奏される。

(2)①楽器の名称と，舞台での配置を，教科書などで確認しておこう。

②管楽器→篳篥・竜笛（主旋律），笙（和音）打楽器→鞨鼓（一定のリズム，演奏の統率），太鼓・鉦鼓（リズムパターンの区切りを示す）

9　ブルタバ（モルダウ）／フーガ ト短調

p. 20・21

1 (1)①Ⅰイ　Ⅱオ　②ウ

③Ⅰア　Ⅱカ　④ウ　⑤ア

(2)①フルート　②ヴァイオリン　③ウ

2 (1)①Ⅰア　Ⅱエ　②ア

③Ⅰウ　Ⅱエ　Ⅲカ　④ア

(2)①第1声部A　第2声部C　第3声部F

②ウ

解説

1 (1)①スメタナは，チェコの作曲家。オーストリアの支配を受けていた祖国の独立への思いを音楽に託し，生涯をささげた。「我が祖国」のほか，オペラ「売られた花嫁」が代表作。

③ブルタバは連作交響詩「我が祖国」の中の第2曲。6曲で構成されている。交響詩は，絵画的あるいは文学的な内容をもつ曲で，リストが創始した。

④ブルタバは川の名で，祖国の姿を象徴する。

(2)①②ブルタバの源流，流れをイメージする旋律を演奏する楽器の音色を味わおう。

③標題をイメージする旋律で構成されている。

2 (1)①②J.S.バッハは，ドイツの作曲家。フーガの形式を確立した。バロックを代表する作曲家。

③フーガ…始めに提示された主題が，追いかけるように次々と加わる他の声部によって繰り返されて発展していく形式。

④パイプオルガンによる演奏。パイプオルガンの仕組みを教科書などで確認しておこう。

(2)①②主題の旋律をおさえよう。主題がどのように再現されるか確認しよう。旋律が複雑にからまり合って展開する美しさを味わおう。

10　交響曲第5番 ハ短調／箏曲「六段の調」

p. 22・23

1 (1)①Ⅰイ　Ⅱオ　②イ

③ア　④Ⅰウ　Ⅱイ　⑤ウ

(2)Ⅰ展開部　Ⅱ再現部　(3)ウ

2 (1)①イ　②ア　③ウ
④Ⅰウ　Ⅱオ
(2)Ⅰ(例)ゆっくり　Ⅱ(例)速度が増して
Ⅲ緩やか　Ⅳ序破急
(3)平調子　(4)(引き色)ア　(後押し)ウ

解説

1 (1)①ベートーヴェンは，ドイツの作曲家。21歳でオーストリアのウィーンでピアノ奏者として活躍。30歳頃には作曲家としても高い評価を得るが，その頃から耳の病になり，聴力を失う。絶望を乗り越えて，56歳で亡くなるまで多くの作品を書き続けた。
②モーツァルトと並び，古典派を代表する作曲家。モーツァルトの後に活躍。
④⑤交響曲は，18世紀中頃に完成された。４つ程度の楽章で構成され，最低１つはソナタ形式。管弦楽のためのソナタ。提示部→展開部→再現部→コーダからなる。古典派の作曲家，ハイドンが「交響曲の父」と呼ばれる。
(3)**ウ**が冒頭の部分。**イ**はコーダの冒頭部分。主題（動機）が繰り返し出現する。

2 (1)①②八橋検校《やつはしけんぎょう》は，現在の福島県で生まれたといわれている。江戸時代前期の音楽家。初めは三味線で活躍。のち，江戸《えど》で箏《こと》を学び，現在の箏の楽器や奏法の基礎を築いた。検校は当時の目の不自由な音楽家の官位。
③④段物の形式も八橋検校が定めたといわれる。
(2)序破急《じょはきゅう》は，日本の伝統音楽に用いられる速度の変化。もとは雅楽で使われたもの。
(3)平調子も八橋検校が確立したといわれている。
(4)①②糸を緩めて音高を下げるのが「引き色」，弦を押して音高を上げるのが「後押し」。ほかにも，「押し手」「合せ爪」など，いろいろな奏法がある。

11 勧進帳／アイーダ

p. 24・25

1 (1)①イ　②Ⅰウ　Ⅱカ
③ウ　④Ⅰウ　Ⅱオ
(2)①ア　②寄せの合方

2 (1)①Ⅰア　Ⅱオ
②ⅠⅡイ／カ（順不同）　③イ
④Ⅰイ　Ⅱウ　Ⅲカ　⑤イ
(2)Ⅰ２　Ⅱ１　Ⅲ３　Ⅳ４
(3)トランペット

解説

1 (1)①作詞は三世並木五瓶《なみきごへい》，作曲は四世杵屋《きねや》六三郎《ろくさぶろう》。
②歌舞伎は，音楽・舞踊・演技が一体となった演劇。始まりは出雲《いずも》の阿国《おくに》による「かぶき踊り」といわれる。
③長唄《ながうた》は，「唄」を中心とした「歌いもの」で，三味線やお囃子と演奏される。義太夫《ぎだゆう》節（義太夫）は唄ではなく「語りもの」と呼ばれる。
④「勧進帳」では，ふるまわれた酒のお礼に武蔵《むさし》坊弁慶《ぼうべんけい》が舞《ま》う「延年《えんねん》の舞《まい》」が見せ場の１つとなっている。
(2)①②長唄の詞章（歌詞）の意味をつかもう。三味線・お囃子による間奏のことを合方といい，「勧進帳」で，義経一行が登場する前の長い間奏を，寄せの合方という。

2 (1)①②③ヴェルディはイタリアのロマン派の作曲家。オペラを多く制作した。おもな作品に「ナブッコ」「リゴレット」「椿姫《つばきひめ》」「オテッロ」などがある。
④オペラは歌劇とも呼ばれ，歌を中心とする音楽劇。文学（台本），演劇（演出），美術（舞台美術や衣装），舞踊などが結び付いた総合芸術。出演する歌手やオーケストラの団員以外にも大勢の人がかかわることで上演できる。オペラは16世紀末にイタリアのフィレンツェで生まれ，その後ヨーロッパ各地で流行した。19世紀になると，各国でそれぞれ特徴あるオペラが作曲されるようになった。
⑤アイーダは全４幕。ヴェルディのそれまでのオペラの集大成といえる作品。
(2)アリア（独唱曲），合唱，壮大なオーケストラの演奏など，各幕の聴きどころをおさえよう。
(3)第２幕「凱旋の場」で演奏される行進曲。トランペットの華やかな音色が響く。

技術・家庭　技術分野

1 材料の性質

p. 26・27

1 ①針葉樹　②年輪　③晩材　④心材　⑤辺材　⑥膨張

2 ①ア　②エ　③カ　④イ　⑤オ　⑥ウ

3 ①カ　②キ　③オ　④イ　⑤ケ　⑥ア　⑦ク　⑧エ　⑨⑩コ／ウ（順不同）　⑪サ

4 ①電気　②石油
③変色
④熱可塑性　⑤熱硬化性
⑥ポリ塩化ビニル
⑦ポリカーボネート（PC）
⑧ポリエステル
⑨アクリル

解説

1　木材の種類と特徴をおさえておく。基本的なところなので，間違えないようにしておきたい。

2　図を見て，各部の名称を答えられるようにする。特に，まさ目材（板）と板目材（板）を混同しないように気をつける。

3　金属の基本的な性質について問われる内容。性質に加え，合金の特徴についても解答できるようにしておく。

4　プラスチックの加工法と合わせて，その特性とどのようなものに利用されているかについて覚える。

2 材料の加工法

p. 28・29

1 ①ア　②ウ　③イ　④ア　⑤ウ　⑥イ

2 ①かんな身　②台がしら　③0.1
④裏金（裏がね）　⑤切り粉
⑥ワイヤブラシ　⑦はけ　⑧C
⑨B　⑩回転　⑪手袋
⑫防じんマスク
Aイ　Bウ　Cエ

3 ①手袋　②ドリル　③クランプ
④送りハンドル　⑤回転　⑥切りくず
⑦バリ　⑧四つ目ぎり　⑨三つ目ぎり

4 ①ア　②イ　③ウ　④イ

解説

1　材料によって適した道具はそれぞれ異なるが，複数の材料に使用できるものもある。

2　主に木材に対しての作業となる。各道具についての使用法と理解を深めておく。

3　卓上ボール盤は，木材にも金属にもプラスチックにも使用できる。注意事項と各部の名称を頭に入れておきたい。

4　折り曲げは，金属とプラスチックに対しての作業となる。げんのうは，木材の組み立てに使用する道具。

3 じょうぶな構造を知ろう

p. 30・31

1 イ

2 ①2　②4

3 ⑴①補強金具　②ほぞつぎ
③木材　④断面積
⑵接着剤

4 ①四角　②三角

5 ①折り曲げ　②ふちまき　③折り返し
④波形　⑤I形　⑥H形　⑦山形

解説

1　木材は繊維の方向によって強度が変わってくることと，その向きを覚えておく。

2　力のかかる方向に対して，木材がどのようになっていれば強いのかを知る。最も強いのは，力のかかる方向に対して一番厚みがあるもの。

3　補強金具は，その形状から名称が想像できるものもある。ほぞつぎについても覚えておくとよい。

4　不安定な四角形の強度を上げるためには，三角形の構造を取り入れるなどの方法があるが，最も強いのは全面を接合すること。

5　ほとんどは形からそれぞれの名称が結びつくので，覚えるのはそれほど難しくはない。山形は，直角の部分を上にすれば山になる。

4 設計の方法

p. 32・33

1 ①不便さ　②課題
③④製造しやすさ／安全（順不同）
⑤材料　⑥加工

2 ①②③ウ／オ／ケ（順不同）　④⑤⑥イ／エ／ク(順不同)　⑦⑧ア／キ(順不同)
⑨⑩カ／コ（順不同）

3 ①イ　②ア　③ウ　④エ

4 ①くぎ打ち（くぎ接合）　②横
③背板　④面

5 ①②等角図／キャビネット図（順不同）
③H　④2H　⑤第三角法

6 ①JIS　②寸法　③構想図　④寸法
⑤組立図　⑥部品　⑦部品図

解説

1 製作の構想をするにあたっての課題の設定の仕方を頭に入れる。

2 材料，機能，構造，加工法のそれぞれで見るべきところは違うため，これまでに勉強したことを思い出しながらあてはめていく。

3 加工法と工具は，設計の段階から大まかに考えておく。

4 「**3** じょうぶな構造を知ろう」で学習したことがしっかり理解できているかを問う内容。補強する面が大きくなるにしたがって強度も増す。

5 ①～②は順番が入れ違っても正解。まずは各図法の名称や概要を覚えておく。

6 構想図，組立図，部品図の特徴をそれぞれ理解する。

5 図面の描き方

p. 34・35

1 ①45°　②1　③1　④1/2
⑤120°　⑥30°　⑦1　⑧1
⑨1

2 ①水平線　②30　③垂直線
④奥行き　⑤高さ　⑥上面　⑦正面
⑧正面図　⑨コンパス

3 ①JIS　②CAD

4 ①立画面　②平画面　③側画面

5 ①エ　②オ　③ア　④カ　⑤キ
⑥ウ　⑦エ　⑧イ　⑨ウ　⑩サ
⑪コ　⑫ケ　⑬シ　⑭ス　⑮ク

解説

1 基本的な描き方と角度は覚えておきたい。

2 キャビネット図は立体の正面を正確に表すのに適していて，等角図は立体の全体を表すのに適している。

3 基本的な用語なので覚えておくこと。

4 第三角法はキャビネット図と等角図に比べると描き方は複雑になるが，難しい部品の正確な形も表すことができる。

5 線や記号の特徴などを丸覚えするのではなく，実際の図形を思い浮かべながら解答するとよい。

6 けがき・切断・切削

p. 36・37

1 ①長手　②基準面　③仕上がり
④⑤切りしろ／けずりしろ（順不同）
⑥材料取り　⑦鋼尺　⑧けがき針
⑨センタポンチ
⑩保護紙（保護シール）

2 ①エ　②ウ　③イ　④オ　⑤カ
⑥キ　⑦ク　⑧コ　⑨ア　⑩ケ
⑪サ　⑫ス　⑬シ　⑭タ　⑮セ
⑯チ　⑰ソ

3 ①カ　②ア　③オ　④イ　⑤ウ
⑥エ　⑦ク　⑧キ　⑨ケ

4 ①かしら　②平行　③台がしら
④けずり台　⑤2/3　⑥1/3

5 ①×　②×

解説

1 木材，金属，プラスチックで道具と技法が異なる。特に金属は，板材，棒材と，穴や円の中心のどこをけがくのかによっても異なってくるため，間違えないようにする。金属は基本的にペンや鉛筆でしるしをつけることが難しい。

2 のこぎりは，横びきをするのか縦びきをするのかで刃が違う。糸のこはどの素材を切断するかによって使用する刃の種類が変わる。

3 かんなはやすりに比べて部品が多いが，間違えないように注意する。

4　こばけずり，こぐちけずりは，実際の作業をイメージしながら解答する。それにともなう道具の名称や切削の仕方の特徴も覚えておきたい。

5　横びき用の刃は小刀のような形なので①は誤り，金属の薄板は金切りばさみ，棒材は弓のこで切断するので②も誤りである。

7　穴あけ・折り曲げ・ねじ切り

p. 38･39

1　①ドリルチャック　②送りハンドル
③クランプ　④捨て板　⑤保護めがね
⑥手袋　⑦はけ

2　①カ　②ケ　③ア　④イ　⑤ウ
⑥エ　⑦ク　⑧キ　⑨オ　⑩コ
⑪ス　⑫シ　⑬ソ　⑭サ　⑮セ

3　①折り台　②打ち木　③かげたがね
④押さえ刃（刃）　⑤曲げ用ヒータ
⑥角　⑦やけど

4　①タップ回し　②タップ　③先タップ
④中タップ　⑤上げタップ　⑥垂直
⑦右　⑧ダイス回し　⑨ダイス　⑩右

解説

1　卓上ボール盤《ばん》は，テーブルの高さ，穴あけの深さを調整したあと，材料を固定して穴あけを行う。また，注意事項も忘れずに頭に入れておく。

2　角のみ盤はハンドルが多いので，それぞれの名称と位置を混同しないように覚えることが大切。

3　金属の折り曲げ方法はいくつかあるので覚えておく。プラスチックは曲げ用ヒータを使って熱によって曲げる方法を覚えておく。

4　めねじはタップを，おねじはダイスをそれぞれ使用する。作業の細かい流れもおさえておく。

8　接合・仕上げ・塗装

p. 40･41

1　⑴ア
⑵①アきり（四つ目ぎり）　イ垂直
ウ慣通　エ半分　オげんのう
カ平（平ら）　キ曲
②板材を傷つけないようにするため
③（左から）（1）→4→5→（3）→2

2　①研磨紙　②繊維《せんい》　③240
④目止め　⑤5　⑥10　⑦400
⑧マジック　⑨平行

3　①ウ　②イ　③ア　④カ　⑤オ
⑥エ

解説

1　くぎ打ちをはじめとする接合は，製品の強度にかかわってくる。具体的な数字が出てくるので，しっかり確認する。

2　磨いてから塗装を行うが，その際に必要な道具の名称を頭に入れておく。

3　素材によって適した塗料は異なるため，特徴も合わせて答えられるようにしておきたい。種類ではなく，用途や特徴を選ばせる問題でも回答できるようにする。

9　社会の発展と加工の技術

p. 42･43

1　⑴①エ　②ア　③ケ　④カ　⑤イ
⑥オ　⑦ウ
⑧⑨⑩キ／ク／コ（順不同）　⑵イ

2　耐震《たいしん》性の向上：オイルダンパーと摩擦《まさつ》ダンパーを1か所に設置する。
じょうぶな構造の実現：柱や梁《はり》に，鉄の10倍の強度をもつ炭素繊維《せんい》シートを巻く。

3　⑴①②③社会／環境《かんきょう》／経済（順不同）
④物質的　⑤精神的　⑥選択《せんたく》
⑵持続可能な社会
⑶価格，製造・使用・廃棄《はいき》における環境への負荷　などから2つ
⑷①ウ　②エ　③イ　④ア

解説

1　社会からの要求は，形や大きさの可変性，経済性は大量生産などで解決することができる。また，安全性は補強金具などによっても解決を図ることができる。

2　熊本城天守閣《てんしゅかく》の復旧には，このほか鋳鉄《ちゅうてつ》ブロックを用いた耐震壁《へき》などが用いられている。

3　材料の特性や加工技術についての知識を深めたら，これらを適切に選択することが大切。選択の仕方についても考えることが求められる。

10 発電と電気の基礎知識

p. 44・45

1 (1)①石油　②蒸気　③蒸気タービン
④CO_2（二酸化炭素）　⑤33
⑥位置　⑦コスト　⑧天候(天気・気候)
(2)化石(燃料)　(3)核(燃料)
(4)再生可能エネルギー

2 ①変電所　②柱上変圧器

3 ①電流　②A(アンペア)　③電圧
④V(ボルト)　⑤抵抗　⑥Ω(オーム)
⑦直流　⑧交流　⑨オームの法則
⑩電力　⑪W(ワット)

4 ①ウ　②エ　③ク　④イ　⑤カ
⑥オ　⑦ア　⑧キ

解説

1 どの発電方法にも長所と短所がある。太陽光発電は住宅などに設置できるという長所があるが，発電量が少ないという短所もある。

2 発電してから家庭などに届く流れをおさえる。

3 理科でも出てくる内容。基本的な知識なので，もれのないように頭に入れる。

4 記号をかくように問われることもあるので，その場合も自分の手でかけるようにしておく。

11 エネルギー変換・動力を伝達する仕組み

p. 46・47

1 (1)①ウ　②ア　③イ　④オ　⑤エ
⑥カ　(2)①ウ　②ア　③イ　④ウ

2 ①直流モータ（ブラシつき直流モータ）
②ステッピングモータ　③振動モータ
④交流誘導《ゆうどう》モータ

3 ①カ　②イ　③エ　④ア　⑤ウ
⑥オ　⑦ケ　⑧ク　⑨キ　⑩シ
⑪サ　⑫コ

4 ①4　②揺動運動　③往復直線運動
④2　⑤平行クランク機構
⑥てこクランク機構

解説

1 白熱電球から蛍光ランプ，LEDになるにしたがって，消費電力が下がり，製品の寿命は伸びていく。

2 モーターによって用途と特徴が異なるが，用途が問われることもあるので覚えておきたい。

3 回転運動を伝える仕組みもモータと同様に，用途と種類がそれぞれ異なる。用途は，実際に使われている機械を思い浮かべながら覚えるとよい。

4 リンク装置もまずは，それぞれの機構の図を思い浮かべるとともに，使用されている機械を考えると解答しやすい。

12 製品の設計と製作

p. 48・49

1 ①オ　②エ　③コ　④ア　⑤ケ
⑥ウ　⑦キ　⑧ク　⑨イ　⑩カ

2 (1)①エ　②ア　③ウ　④オ　⑤イ
(2)①15　②30　③200　④230
⑤300　⑥こて先　⑦接合部
⑧はんだ　⑨こて先　⑩リード線

3 (1)①電源　②制御《せいぎょ》
(2)①コンデンサ　②ダイオード
③トランジスタ　④スイッチ
⑤抵抗器
(3)イ

解説

1 機械の共通部品について，世界で標準化された規格があることを理解する。もし共通の規格がなければ，機械によって異なる大きさの部品を用意することになり，作業効率がよくない。

2 製作に必要な主な工具とその使い方を覚える。はんだを使用する際の流れ，特に最後は，はんだ，こて先の順で離《はな》す点に注意する。

3 電気回路の設計・製作は設計要素の検討，構想をまとめ図にする，プロトタイプの製作，実装，点検・調整の手順で行われる。検討要素には電源（電池や発電機），制御（スイッチ，コンデンサ，ダイオードなど），負荷（各種のセンサ）がある。

13 機器の安全な扱い方

p. 50・51

1 (1)①分電盤　②感電
③ショート(短絡)　④トラッキング
⑤定格電流　⑥定格電圧

⑵①（例）契約電流を超えたときに作動する。　②（例）漏電したときに作動する。
③（例）負荷に対して過電流が流れたときに作動する。
⑶アース線　⑷①７　②12　③17

2 ①（例）ぬれた手で触《さわ》ったりコードを傷《きず》つけたりしない。
②（例）プラグの付け根などを定期的に掃《そう》除《じ》する。
③（例）許容《きょよう》電流をこえる配線は行わない。
④（例）コードを踏《ふ》んだり束ねたまま使用したりしない。

3 ⑴①取扱説明書（取り扱い説明書）
②電源プラグ　③分解
⑵（例）コンセントに電源プラグが差しこまれているか。
（例）ブレーカが切れていないか。
（例）ほかの電気機器は作動するか。
のうちから２つ

4 ①エ　②カ　③ウ　④イ　⑤ア
⑥オ

解説

1 ブレーカにはいくつかの種類があり，それぞれで役割が異なる。また，電気機器の故障によってどのような事故が発生するか，その原因は何かについてもおさえておきたい。

2 ①はろう電や感電，②はトラッキング現象，③④は過熱による発火などを防ぐための注意である。電気コードや電気機器は正しく使用する。

3 取扱説明書をよく読んで，消耗や摩耗《まもう》をおさえながら，もし故障したら交換することとなる。異常が見つかった際は，電気機器の原因か，それ以外の原因かによって対処が変わってくるので落ち着いて原因を探る。

4 形状から名称を覚えられるものはそのように，難しい場合は図と名称を見比べて覚える。めがねレンチは，両端が眼鏡のような形になっている。

14 社会の発展とエネルギー変換

p. 52･53

1 ⑴①②③電気／運動／熱（順不同）
④⑤電気的／機械的（順不同）
⑵⑥化石燃料　⑦枯渇《こかつ》
⑧温室効果ガス　⑨環境《かんきょう》　⑩事故

2 ①エ　②オ　③ウ　④ア　⑤イ

3 ⑴①②③④⑤ウ／カ／ク／シ／セ(順不同)
⑵⑥⑦⑧⑨⑩⑪イ／エ／オ／ケ／コ／ス（順不同）
⑶⑫⑬⑭ア／キ／サ（順不同）

4 ⑴①つくる　②ためる　③潮流《ちょうりゅう》発電
④燃料電池　⑤リチウムイオン電池
⑥超電導
⑵①ヒートポンプ　②排気《はいき》熱利用技術
⑶二酸化炭素（温室効果ガス）

解説

1 エネルギー変換《へんかん》の技術は，私たちの生活水準を向上させる一方で環境に対する負荷の発生など，新たな問題を引き起こしている。そこで，産業の世界では，消費者の要望に応えるとともに，資源や再生についても考慮《こうりょ》して新しい技術の開発などを行っている。

2 温室効果ガス（二酸化炭素，メタン，一酸化炭素，フロンガス）については世界的な取り組みが求められている。温室効果ガスは地表から宇宙空間に放出される熱を吸収し，地球の温度を保つ働きをする。

4 エネルギー変換の技術は，省エネルギー，エネルギーの創出，エネルギーの蓄積《ちくせき》に大きく分けられる。
⑴潮流発電は海に囲まれた日本の気象や漁業にも配慮した，環境への負荷が小さい発電方法。
⑵ヒートポンプは冷媒《れいばい》が圧縮，膨張《ぼうちょう》した際に温度が上下する仕組みを利用している。

15 生物育成の環境と技術

p. 54･55

1 ①作物　②種　③肥料　④家畜
⑤品種改良

2 ①②③④⑤イ／ウ／キ／サ／ス（順不同）
⑥⑦⑧⑨⑩ア／エ／カ／ク／シ（順不同）
⑪⑫⑬オ／ケ／コ（順不同）

3 ①露地栽培　②施設栽培　③植物
④培養液　⑤容器栽培

4 ①家畜　②成長　③栄養素　④温度

⑤感染　⑥⑦清掃／換気（順不同）
⑧予防薬　⑨衛生　⑩人工授精

5 ①養殖　②整備　③大きく

6 ①イ　②ア　③ウ　④ア

解説

1 生物育成に関する概要を問う内容。例えば野生のキャベツは玉にはならない。玉になるのは品種改良の成果の１つである。

2 生物育成の環境は，気象要因と土壌《どじょう》要因で混同しやすいところがあるので，注意する。

3 植物工場という言葉は耳慣れないが，培養《ばいよう》液と合わせて覚えるようにする。

4 動物をストレスのないように，整った環境において育成することが大切。

5 水産生物を人の手で大きくすることを養殖といい，水産生物の量を増やすことを増殖という。

6 ①スギ，ヒノキなどの木材は，住宅や家具の材料として利用される。
③観賞用植物は，施設や住宅などの環境整備に役立てられる。

16 生物を育てる

p. 56・57

1 (1)①家畜《かちく》　②③④肉／乳／卵（順不同）
⑤⑥⑦毛／皮／羽毛（順不同）
⑧医薬品　⑨ペット　⑩品種改良
(2)①オーロックス　②ア

2 (1)①②イ／エ（順不同）
(2)③④ウ／オ（順不同）
(3)⑤ア

3 (1)①養殖《ようしょく》　②島国　③水域面積
④たんぱく質
(2)①ウ　②イ　③エ　④ア

4 (1)①イ　②エ　③ウ　④ア
(2)①完全養殖　②畜養
(3)マダイ，ヒラメ，クロマグロ　などから１つ

解説

1 家畜に関する基本的な知識が問われる内容。人は家畜から生活に必要な多くのものを得ていることをおさえておく。また，目的に合わせた品種改良がされていることも理解しておく。

2 ウシの場合，出産してから次の人工授精までは約２か月あけて，そこからまた妊娠期間が続く。その間も搾乳は行われるので，このあたりのサイクルを頭の中で整理する。ニワトリは通常は7週齢《れい》（2.9kg）ほどで出荷される。採卵用のニワトリも，2年で加工肉用に出荷される。

3 水産生物の養殖は，サケの放流などをイメージすると身近に感じやすい。できるかぎり人間の手をかけられるところまでかけて放流している。

4 養殖のマダイは，マダイの収穫量の８割を占め，天然のマダイの半分ほどの期間で成長する。完全養殖に成功している魚の代表例でもある。

17 植物の育成

p. 58・59

1 (1)①単粒　②団粒　③隙間《すきま》
④水はけ　⑤通気性
(2)ア

2 ①ウ　②イ　③カ　④エ　⑤オ
⑥ア

3 ①赤玉土　②水はけ　③培養土
④支柱　⑤葉

4 ①イ　②エ　③ウ　④オ　⑤カ
⑥ク　⑦ア　⑧キ

5 ①×　②×　③○　④○

解説

1 (2)アが団粒構造，イが単粒構造の土である。

2 説明から選択肢《せんたくし》をしぼることが可能だが，説明を問われても解答できるようにしておきたい。

3 作業とその様子を図で覚えておくと解答しやすい。

4 カリウム欠乏とマグネシウム欠乏は，症状が似ているので混同しないように。このほか，リン欠乏になると下葉から暗い紫色になる。

5 ①肥料の三大要素は，窒素《ちっそ》・リン・カリウムである。
②定植などの際に元肥《もとごえ》を与えるほか，栽培の途中でも，生育状態に応じて追肥《ついひ》を行う。
③有機質肥料は土中の微生物によって分解されてから吸収されるため，ゆっくりと長く効く。
④高温や低温，多湿，日照不足などが続くと，植物は病気にかかりやすくなる。

18 社会の発展と生物育成技術

p. 60・61

1 ①イ　②ウ　③④ア／オ（順不同）
⑤エ

2 ①量　②品質　③経済性　④環境《かんきょう》
⑤⑥⑦日照／生育温度／土《ど》壌《じょう》（順不同）
⑧品種

3 ①エ　②ア　③カ　④オ　⑤ウ
⑥イ

4 (1)①食材　②医薬品
③バイオエタノール
④⑤除草剤／殺虫剤（順不同）
⑥動物福祉《ふくし》　⑦生命倫理《りんり》　⑧消費
⑨持続可能　⑩自然環境
(2)遺伝子組み換《か》え作物
(3)①ダイズ　②トウモロコシ　③ワタ

5 ①収穫《しゅうかく》量　②IoT　③AI
④スマート農業　⑤GAP
⑥持続可能性

解説

1 **2**　生物育成の技術についての問題発見，課題の設定には，家庭や学校，地域など身近なところから考えを広げていくとよい。都市のオフィスでLEDを使った水耕栽培《さいばい》をするなど，都市型農業の技術も発展してきている。

3　作物は種まきや収穫に適した時期がある。育成する地域の気候が異なると，育成に必要な条件も変わってくるので，それぞれの特徴《とくちょう》を整理して覚えておく。

19 情報の技術

p. 62・63

1 (1)①②③④文字／静止画／音声／動画
（順不同）
⑤キーボード　⑥ディスプレイ
⑦⑧メモリ／ハードディスク（順不同）
⑨処理　⑩制御《せいぎょ》
(2)ハードウェア　(3)ソフトウェア

2 (1)①②エ／カ（順不同）　③キ
(2)④⑤ア／ウ（順不同）
⑥⑦ウ／キ（順不同）
(3)⑧⑨イ／オ（順不同）　⑩ク

3 (1)①②イ／ウ（順不同）　③ア　④オ
⑤エ
(2)①最小　②バイト　③8　④1024
⑤ギガバイト　⑥1024　⑦TB
⑧ペタバイト

4 (1)①画素　②解像度　③きれい(鮮明)
④多く　⑤処理
(2)圧縮

解説

1　テレビの映像や，スマートフォンの写真，メッセージなどはすべて「情報」である。コンピュータには，これらの情報を入力，出力，記《き》憶《おく》，演算，制御する機能が備わっている。

2　装置によって，情報の入力，出力の仕方は異なる。整理して理解しておく。

3　データの量は「バイト」を基準とし，1024（2の10乗）ごとに単位の呼び名が変わる。

4　写真やイラストなどは点の集まりで表現される。画素数が多いほど画像が鮮明《せんめい》になる。

20 情報通信ネットワークとモラル

p. 64・65

1 (1)①情報通信ネットワーク　②ケーブル
③無線通信　④インターネット
⑤LAN　⑥サーバ　⑦ルータ
⑧中継《ちゅうけい》　⑨TCP/IP　⑩パケット
(2)IPアドレス
(3)ドメイン名

2 ①オ　②エ　③ウ　④カ
⑤イ　⑥ク　⑦ア　⑧キ

3 ①ウ　②ア　③エ　④イ
⑤イ　⑥ア　⑦ア　⑧オ
⑨ウ　⑩ア　⑪エ

4 イ，エ

5 ①エ　②イ

解説

1　情報ネットワークについて，基本的なしくみと装置などの名称《めいしょう》を整理しておく。LANには無線LANがあり，このおかげでスマートフォンやパソコンなどのワイヤレス化が可能となった。

2　組織名→組織の種類→国名と，この部分は後ろにいくにしたがって表している規模が大きくなっている。

3 **4**　実用新案件や意匠権は，耳慣れない言葉かもしれない。実用新案権は，物の構造や形状に関するアイディアを守るもので，意匠権は独自性があるデザインを守るもの。特許権は新技術やアイディアそのものを保護し，商標権は商品やサービスとして使用する名前やマークを保護している。これらの四つが産業財産権といわれている。

5　クリエイティブ・コモンズ・ライセンスのものを使用するときも，必ず使用規定を確認することが必要である。

21 セキュリティ，プログラミング

p. 66・67

1　⑴①情報セキュリティ　②機密性
③完全性　④可用性　⑤不正侵入《しんにゅう》
⑥サイバーセキュリティー
⑦セキュリティ対策ソフトウェア
⑧ファイアウォール
⑨⑩ユーザID／パスワード（順不同）
⑵コンピュータウイルス，トロイの木馬，ワームなどから2つ

2　①イ　②ア　③イ　④ウ　⑤ウ
⑥ア

3　⑴①エ　②ア　③イ　④ウ
⑵①イ　②ア　③オ　④イ　⑤ウ
⑥エ　⑦カ　⑧ウ　⑨エ　⑩カ

解説

1　情報セキュリティには，情報を守りながら，使いたい時に使えるようにすることが求められる。外部からの侵入などを防ぐため，国の機関や民間企業も多くのセキュリティ技術を利用している。

2　情報セキュリティの３要素はバランスよく確保されることが重要。

3　⑴処理の流れが理解できているかを問う内容。このあと，フローチャートが出てくるが，基本的にはこのいずれか，あるいはいくつかを組み合わせたものに過ぎない。順次は，１の処理が終われば２の処理をするというたってシンプルなもの。分岐は，「はい」なら１を，「いいえ」なら２の処理を行うといったもの。反復（回数がわかっている場合）は，特定の回数を繰り返せば，そこから抜けて次の処理に進み，反復（条件を満たしている間の繰り返し）は，特定の条件を満たしている間はひたすら繰り返すが，それが一度「いいえ」となれば，そこから抜けて次の処理に進むというもの。

⑵実際のセンサカーの動きを思い浮かべながら答える。

22 コンテンツ

p. 68・69

1　⑴①コンテンツ　②内容　③入力
④出力　⑤双《そう》方向
⑵SNS，地図アプリケーション，ゲームなどから2つ

2　①オ　②ウ　③コ　④エ　⑤ク
⑥キ　⑦ア　⑧ケ　⑨イ　⑩カ

3　⑴①情報の受け手　②絵コンテ
③メディア　④プログラミング
⑤バグ　⑥デバッグ
⑵クライアント

4　⑴①改善　②修正　③メディア
④データ　⑤著作物　⑥権利

解説

1　コンテンツには，一方的に情報を表現するだけでなく，双方向性をもったものも多数ある。操作者の入力に対し，出力（応答）があるもので，ゲームやSNS，行きたい場所を探すときに用いる地図アプリなどがその代表である。

2　メディアごとにプラス面，マイナス面を整理して覚える。文字をメインとしたコンテンツは作成しやすいが，多くの情報を伝えるには不向きで，幼い子どもなど，文字が読めない層には情報を伝えにくい。動画は多くの情報を，時間ごとに伝えることができるが，データ量が多く，時間をかけて見ないといけないというマイナス面がある。

3　コンテンツの制作では，各メディアのプラス面とマイナス面を考えて利用することが必要。

4　設計したコンテンツは，実際に実行してみて問題がないかを検証する。

23 計測・制御システム，情報技術の最適化

p. 70・71

1 ⑴自動ドア，自動点灯ライト，ロボット掃《そう》除《じ》機などから1つ
⑵①センサ　②③湿度《しつど》，音，圧力などから2つ（順不同）
④電気信号　⑤プログラム
⑥コンピュータ
⑦⑧モータ／ヒータ（順不同）
⑨デジタル情報　⑩インタフェース

2 ①エ　②ウ　③カ　④オ　⑤ア
⑥イ

3 ⑴①GPS　②③④事故／交通違反《いはん》／渋《じゅう》滞《たい》（順不同）
⑤⑥利用時／廃棄《はいき》時（順不同）　⑦影響《えいきょう》
⑧環境《かんきょう》
⑵①②③④イ／ウ／カ／ ク／（順不同）
⑤⑥⑦⑧ア／エ／オ／キ（順不同）

4 ①AI　②人工知能
③顔認証システム　④顔検出
⑤顔照合

解説

1 計測・制御《せいぎょ》システムのおかげで，装置が自動で処理を行うことができる。

2 計測・制御の流れでは，センサからの電気信号をデジタル情報に変換《へんかん》するインタフェースの働きが欠かせない。

3 自動車の自動運転技術はシステムがすべての運転を行うことができるレベル5（完全運転自動化）を目指して開発が進められている。衝突《しょうとつ》の回《かい》避《ひ》や，人を的確に認識できるかどうかなど，解決すべき課題が残っている。

4 AI（人工知能：Artificial Intelligenceの略）は情報技術の要となるものなので，必ず覚えておく。AIは情報ネットワークの中などから，自ら情報を収集し，判断や処理を行うことができる。そのため，センサなどから集められた膨大《ぼうだい》な情報量（ビックデータ）と組み合わせて，より多くの情報を集めることができる。

技術・家庭　家庭分野

24 栄養素の種類とはたらき

p. 72・73

1 ⑴①糖質　②食物繊維　③ぶどう糖
④脂肪　⑤エネルギー
⑥細胞膜　⑦アミノ酸（必須アミノ酸）
⑧⑨カルシウム／リン（順不同）　⑩鉄
⑪脂溶性ビタミン　⑫水溶性ビタミン
⑵①ア　②③ア／イ（順不同）
④⑤ア／イ（順不同）
⑥⑦イ／ウ（順不同）　⑧ウ

2 ①ア　②ウ　③エ　④イ

3 ①老廃物　②体温
③④たんぱく質／カルシウム（順不同）
⑤食事摂取基準

4 ①×　②○　③○　④×

解説

1 ⑴栄養素ごとの特徴を整理して覚えておく。炭水化物については，糖質と食物繊維の違いを明確にしておきたい。脂質が細胞膜の構成成分であるのは見落としがち。無機質として挙げられるのは主にカルシウム，リン，鉄。鉄は赤血球をつくる重要な材料である。

⑵⑴とあわせて覚えておけば，それほど難しい問題ではない。ただし，各栄養素は1つのはたらきだけをもっているわけではなく，複数の場合もある。脂質はエネルギー源にもなり，体の組織をつくってくれる。たんぱく質も同様である。無機質は，体の組織をつくり，体の調子を整えてくれる。混同しないように整理して覚えよう。

2 ①それぞれのビタミンの性質が問われている。ビタミンの基本的なはたらきは，体の調子を整えることである。また，脂溶性ビタミンであるカロテンは，体内で分解されるとレチノールに変わる。脂溶性ビタミンはAやD，水溶性ビタミンはB_1，B_2，Cなど。

3 ①栄養素とともに，水も人体になくてはならないものである。そのはたらきを覚えておく。

4 ①塩分にはナトリウムが含まれており，体の調子を整えるのに役立つ。④性の違いによっても，必要な栄養は異なる。

25 献立と食品の選び方

p. 74・75

1 ⑴①食品群別摂取量のめやす
②食品の概量　③たんぱく質
④カルシウム　⑤緑黄色野菜
⑥カロテン　⑦ビタミンC
⑧炭水化物　⑨しょ糖　⑩脂質
⑪動物性油脂　⑫植物性油脂
⑵①B　②B　③C　④C
⑤A　⑥A　⑦⑧オ／キ（各順不同）
⑨⑩ア／ク　⑪⑫イ／サ　⑬⑭エ／シ
⑮⑯ウ／コ　⑰⑱カ／ケ

2 ①献立　②主食　③主菜　④副菜
⑤3

3 ①生鮮食品　②旬　③加工食品

解説

1 ⑴各食品群の主な成分は何か，ほかにどのような成分があるのかも覚えておきたい。
⑵栄養素と同じように，食品群の基本的なはたらきは「エネルギーになる」「体の組織をつくる」「体の調子を整える」の三つ。1群と2群は混同しやすいものがあるので注意。あじなどの魚は1群になるが，煮干しなどはカルシウムを多く含む食品として2群になる。色の濃いものは3群に入り，カロテンを多く含むほか，ビタミンCや食物繊維も含まれている。しいたけなどのきのこ類は4群である。選択肢にはないが，5群には，いも類も含まれる。

2 献立を構成する4つの組み合わせを覚え，メニューから主食，主菜，副菜，汁物のどれにあたるのかをわかるようにしておく。

3 生鮮食品と加工食品の違いをとらえておく。旬の時期は，出荷量が多いうえに価格も安くなる。また，含まれる栄養素の量が増えるものもある。

26 食品添加物と保存

p. 76・77

1 ①生鮮食品　②加工食品　③物質名
④多い　⑤消費期限　⑥賞味期限

2 ①日本冷凍食品協会　②日本農林規格
③特定保健用食品　④保健効果

3 ①ウ　②イ　③ア　④エ　⑤コ
⑥シ　⑦サ　⑧オ　⑨キ　⑩ク
⑪ケ　⑫カ

4 ①オ　②ア　③ケ　④カ　⑤ク
⑥イ　⑦キ　⑧ウ　⑨エ

解説

1 食品を選ぶ際の基本的な知識が問われている。食品添加物は，物質名が表示されるが，用途は場合による。消費期限と賞味期限の異なる点を整理しておく。

2 ①冷凍食品認定マークを定めた団体。②はほかに，有機JASマークがあり，有機農産物や有機農産物加工食品などに付けられる。

3 ②③発色剤は色を鮮やかにするもので，着色料は色そのものをつけるためのもの。食品添加物は，物質名から用途名を問われても答えられるようにしておく。また，表示方法として，多くの情報を載せる必要があるのは保存料，酸化防止剤，増粘剤，発色剤，着色料，甘味料。香料と調味料は一括名での表示が認められ，栄養強化剤の表示は不要とされている。

4 食品によって保存方法は異なる。野菜でも，冷蔵庫を利用しなくてもよいものもある。冷蔵室，冷凍室の温度は，それぞれの食品を適切に保存できるように設定されている。また，水分の多い野菜や果物，とうふなどはホームフリージングには適さないので注意する。

27 食品の調理と食文化

p. 78・79

1 ⑴①水平（平ら）　②5　③15
④200　⑤柄　⑥正面
⑵ウ

2 ⑴①たんぱく質　②縮む（小さくなる）
③強　④水　⑤中央（真ん中）
⑥肉汁（汁）
⑵①白身魚　②赤身魚　③煮汁
④落としぶた
⑶①②③イ／ウ／オ（順不同）　④カ
⑤⑥イ／ウ（順不同）　⑦ケ　⑧ク

4 ⑴地産地消　⑵郷土料理　⑶行事食
⑷①イ　②ア　③エ　④ウ

解説

1　(1)調理をするにあたって，調理用具の基本的な知識や使い方を知っておく。計量スプーンを使うときは，山盛りにすくったあとですり切りべらですり切って計るとよい。

(2)引き切りは包丁を刃元から入れるようにする。

2　(1)肉の性質と調理方法による変化が問われている。焼いた場合はどうなるのかといったことは，普段食べるときを思い浮かべれば答えることができる。肉のうま味を出す場合ととじこめる場合とでは，調理方法が異なることも覚えておく。

(2)魚の成分は肉と似ている。脂質が少ない白身魚と脂質の多い赤身魚にはどのような種類があるかも知っておきたい。

3　(1)～(3)地域の食材と食文化に関する言葉を答える。地産地消によって，食材をより新鮮なうちに入手することが可能になる。

(4)ここに取り上げたもののほかにも，青森県のせんべい汁，秋田県のきりたんぽ鍋，神奈川県のけんちん汁，富山県のます寿し，長野県のおやき，大阪府の箱寿司，沖縄県のゴーヤチャンプルーなどはおさえておきたい。

28 衣服の着用・採寸

p. 80・81

1　(1)A　保健衛生　　B　T.P.O.
(2)①②ア／エ（順不同）　③イ
④⑤⑥ウ／オ／カ（順不同）

2　①ウ　②ア　③イ　④エ　⑤オ
⑥ウ　⑦ア　⑧カ　⑨イ　⑩キ

3　①JIS　②組成表示　③混用率
④混用　⑤取り扱い　⑥原産国

4　①40℃以下の液温で，洗濯機での弱い洗濯がよい。
②家庭洗濯はできない。
③塩素系漂白剤による漂白ができる。
④ドライクリーニングはできない。
⑤アイロンはできない。
⑥日かげのつり干しがよい。

5　①薄着　②バスト　③チェスト
④高い　⑤胴　⑥腰骨
⑦太い　⑧いすの座面

解説

1　衣服の役割と，その目的を知っておく。普段の生活における衣服を思い浮かべながら解答するとよい。

2　和服と洋服では，前身ごろや後ろ身ごろ，そでの大まかな位置は変わらないが，和服には襟とおくみがあり，洋服は後ろパンツと前パンツがあるのが特徴。

3　既製服の表示に対する基本的な知識を問う内容。JIS（ジス）は日本産業規格の略称で，製品の形状や寸法，品質に関して国が定めた規格。

4　衣服の取り扱い表示について代表的なものがいくつか出題されている。表示の中で記されている数字などにも注目して意味も覚える。

5　採寸は，実際にどこを図るかのイメージするとスムーズに答えられる。ウエストの場合は，男女で測る位置が違うので注意する。

29 衣服の手入れ・洗濯

p. 82・83

1　①イ　②オ　③ウ　④エ　⑤ア
⑥キ　⑦ク　⑧カ　⑨カ　⑩カ
⑪ク　⑫ク

2　①合成洗剤　②弱アルカリ性
③天然油脂　④湯　⑤中性
⑥綿　⑦合成繊維　⑧絹

3　①ポケット　②肩　③布目
④そで口　⑤水　⑥血液
⑦漂白剤　⑧洗剤
⑨ドレッシング　⑩温度目盛り
⑪低い　⑫小さい

4　①まつり　②縫い糸
③凸　④凹　⑤玉どめ
⑥かぎホック

解説

1　繊維の種類には大きく分けて天然繊維と化学繊維があり，天然繊維の場合はさらに植物繊維と動物繊維に分けることができる。化学繊維ではぬれたときの強さや防しわ性，吸湿性はほとんどいっしょだが，天然繊維の場合は吸湿性以外は異なる。このほか，適する洗剤やアイロンの温度，それ以外の特徴が問われることがあるので注意。

2　石けんと合成洗剤の種類と液性，原料，特徴をそれぞれ混同しないようにまとめておきたい。

3　衣服の手入れには，ブラシかけやほころび直し，スナップつけやアイロンかけがある。ほころび直しとスナップつけについては**4**を参照。しみ抜きは，汚れによって有効な方法が異なるのでそれぞれを覚えておく。アイロンかけは，布の種類と適切なアイロンの温度を頭に入れておく。

4　ほころび直しとスナップつけは，基本的な知識に加えて，縫い方の復習をしながらどのようなやり方なのかをおさえておくこと。

30 衣服の製作

p. 84・85

1　①裁ちばさみ　②糸切りばさみ
③へら　④まち針　⑤ルレット
⑥リッパー　⑦巻き尺　⑧針さし

2　①ク　②エ　③キ　④ウ　⑤オ
⑥ア　⑦イ　⑧カ

3　①みみ　②光沢《こうたく》　③柄《がら》　④45
⑤布幅　⑥平織り　⑦フェルト

4　①カ　②ウ　③イ　④ア　⑤エ
⑥キ　⑦オ

5　①押さえ　②上糸　③下糸
④はずみ車　⑤ゆっくり

解説

1　衣服の製作において必要な道具を答えられるようにしておく。名称を答えられるだけでなく，それぞれにどのような用途があるのかも合わせて知っておきたい。

2　ミシン針，縫《ぬ》い糸の数字をここで覚えておく。ミシン針は９，11，14番，縫い糸は50，60，80番からそれぞれ選ぶ。布と糸は，それぞれの厚さや材質が合っていないとうまく縫えなかったり，糸が切れたりすることがある。

3　布には，「たて」と「よこ」があり，「たて」方向の端は「みみ」と呼ぶことを知っておく。さらに表と裏を見分けられるようにする。ここに挙げた特徴《とくちょう》のほかに，みみの部分に文字の入ったものなら，読めるようになっているのが表である（裏だと逆になる）。

4　ミシンの各パーツを覚えるとともに，上糸の準備をする際の順番も知っておく。「復習のポイント」にもあるとおり，図の①～⑥の順に糸をかける。このほか，ミシンを安定するところに置く，針の下に手を置かないといった注意事項についても，問われたら答えられるようにしておく。

5　ミシンを使用するときの基本的な手順をおさえる。電源を入れて，縫い始めから縫い終わって終了するまでの一連の流れを，実際の操作をイメージしながら覚えておきたい。

31 住まいの役割と機能

p. 86・87

1　⑴①健康　②③吸湿性《きゅうしつ》／保温性（順不同）
④洋式
⑵（例）自然災害や風雨，暑さや寒さなど
⑶（例）引き戸や障子やふすまで風通しを調節することができる

2　①イ　②ウ　③ア　④オ　⑤エ

3　①イ　②ウ　③エ　④ア

4　①シックハウス症候群　②結露《けつろ》
③不完全燃焼　④換気《かんき》
⑤0.001　⑥家庭内事故　⑦高齢《こうれい》者
⑧窒息《ちっそく》　⑨温度　⑩ヒートショック
⑪ユニバーサルデザイン
⑫バリアフリー

解説

1　普段，当たり前に過ごしている住まいについて大きく３つの役割が述べられている。また，日本の住まいの特徴《とくちょう》の１つとして畳があり，吸湿性と保温性を兼《か》ね備えていることを知っておく。洋式の場合，窓や戸は開き戸で，気密性が高い。

2　生活行為《こうい》と住空間について，ここでは五つに分けている。普段の住まいでの過ごし方をふまえながら答えるとよい。

3　ここで挙げている地震《じしん》対策器具は，地震のときに家具が倒《たお》れてこないようにするためのもの。基本的には床《ゆか》，壁《かべ》，天井に器具を使って固定し，さらにガラスが飛び散るのを防止したり，家具の中にあるものが飛び出てこないようにしている。家具の手前に耐震《たいしん》マットをはさむといった対策もある。

4　室内空気の汚染《おせん》や，住まいに潜《ひそ》む危険に関する知識を問う内容。住宅には，かび，一酸化炭素中毒，ダニ，騒音などの問題がある。名称が似ているので，一酸化炭素と二酸化炭素を取り違《ちが》えないように注意する。一酸化炭素は，濃度《のうど》が上がるにつれて人体に影響《えいきょう》を及ぼすが，その濃度の割合によってどのような影響があるかもおさえておくとなおよい。

32 家庭のはたらきと消費

p. 88・89

1 ①ケ　②エ　③カ　④ウ　⑤イ
⑥ア　⑦キ　⑧オ　⑨ク

2 ①契約《けいやく》　②物資　③サービス
④無店舗販売　⑤直接　⑥通信
⑦訪問

3 ①②③エ／オ／ク（順不同）
④⑤ア／キ（順不同）
⑥⑦⑧イ／ウ／カ（順不同）

4 ①カ　②ウ　③イ　④ア　⑤エ
⑥オ

解説

1 消費生活について考えたときに，まず「家庭」での消費を思い浮《う》かべやすいが，ここでは「家庭」のほかに「工場・農家」，「商店」，「公共機関」などを含《ふく》めた全体図を知る。それぞれがどのような関係にあり，どのような役割として消費生活の中に位置づけられているかを図のようにとらえておきたい。

2 商品の選択《せんたく》と購入において，買うという行為《こうい》はどんなことを意味するのか，また，形のある「物資」を買うのか，形のない「サービス」を買うのかの区別ができるようになっておく。また，販売方法の種類も頭に入れ，それぞれの特徴《とくちょう》についても理解を深めたい。

3 前払《まえばら》いは，使用する前に使用可能な範囲《はんい》の金額を支払っておく方法で，即時払いは購入した際にその場で支払う方法。後払いは，商品購入後に分割にしたり，一定の期日までに支払ったりする方法。クレジットカードは後払いだが，デビットカードは購入と同時に引き落とされる即時払いになる。後払いは現金がなくても利用できるというメリットがあるが，手数料や利子がかかるというデメリットもあることがある。

4 ここに挙げたマークは必ず覚えておく。大きく分けると，環境《かんきょう》に関するもの，安全に関するもの，品質に関するもの，福祉《ふくし》に関するものになる。それぞれの代表的なマークとその意味をおさえておきたい。「復習のポイント」で取り上げたマーク以外にも多様なマークがある。

33 消費生活と環境

p. 90・91

1 ①国際消費者機構（CI）
②ニーズ　③安全
④知らされる　⑤選択《せんたく》する（選ぶ）
⑥意見　⑦補償《ほしょう》
⑧消費者教育（教育）
⑨健全な環境《かんきょう》　⑩批判《ひはん》的　⑪行動
⑫弱者　⑬環境　⑭連帯

2 ①ウ　②オ　③エ　④ア　⑤イ

3 ①製造物　②商取引　③消費者庁
④国民生活　⑤消費生活
⑥クーリング・オフ　⑦8　⑧20

4 ①循環《じゅんかん》型社会　②③④リデュース／リユース／リサイクル（順不同）
⑤リフューズ　⑥リペア
⑦エシカル消費　⑧消費者市民社会

解説

1 消費者の権利と責任は合わせて覚えておきたい。実際の商品購入やサービス利用の過程を考えてみよう。８つの権利は，消費者基本法にも位置づけられている。

2 それぞれの悪質商法の違《ちが》いを明確にしておく。キャッチセールスは街頭で声をかけ，アポイントメントセールスはその名のとおり電話やメールなどで約束をとって呼び出す方法。訪問販売は，販売者側が自宅や職場を訪問して契約《けいやく》をもちかけるやり方。

3 クーリング・オフ制度は，書面で通知するなどの方法や，適用される範囲《はんい》（店舗《てんぽ》購入の品は対象外など），適用される商品（原則として全ての商品やサービス），解約期間を答えられるようにする。

4 3Rのリデュースは「発生抑制《よくせい》」，リユースは

「再利用」，リサイクルは「再生利用」の意味。容器包装リサイクル法では，消費者，市町村，事業者に対してのそれぞれの役割が定められている。

34 幼児の生活と遊び

p. 92・93

1 ①出生　②1　③小学校入学
④小学校卒業

2 ①遊び　②睡眠《すいみん》　③胃（消化機能）
④おやつ　⑤栄養　⑥マナー
⑦社会性　⑧雰囲気

3 ①運動　②感性　③生きる力
④おとな　⑤一人　⑥友だち
⑦協力　⑧イメージ
⑨コミュニケーション
⑩玩具《がんぐ》安全（ST）

4 (1)ア→エ→イ→ウ
(2)おはじき，こま，けん玉などから１つ

5 ①②保育所／幼稚園《ようちえん》（順不同）　③計画
④課題

解説

1 子どもは心身ともにめまぐるしく成長する。それぞれの時期の特徴《とくちょう》をまとめておくとよい。

2 乳児のときは１日の大半が遊びと睡眠で占《し》められており，その合間に食事がある。幼児にとって食事は楽しみの１つだが，その一方でほかのことにとらわれて集中できないといった面もある。

3 幼児が，遊びを通してどのように成長していくかを知っておく。大人に相手をしてもらって遊んでいたのが一人で遊ぶようになり，次に友だちのそば，友だちと直接遊ぶようになっていく。その過程で自分の世界が広がり，他者との関係性や社会性も芽生えるようになる。

4 (1)年齢《ねんれい》と成長に応じて変わっていく遊び方を理解する。

5 授業で幼児と触れ合う時は，保育所，幼稚園，認定こども園，子育て支援《しえん》センターに訪問するほか，中学校に幼児を招くこともある。触れ合い体験を行う幼児の年齢や発達状況を事前に確認し，どのような触れ合いをするのかを検討する。衛生面や安全面，マナーにも気を配る。

35 幼児の成長と生活環境

p. 94・95

1 (1)①1.5　②2　③3　④5
⑤頭　⑥好奇心《こうきしん》　⑦体温　⑧水分
(2)①自律心　②社会性　③4
④基本的生活　⑤社会的生活

2 ①ケ　②カ　③エ　④イ
⑤⑥⑦⑧ウ／オ／キ／ク（順不同）
⑨ア　⑩コ

3 ①国際連合　②人権
③1994　④生きる　⑤育つ
⑥守られる　⑦参加する　⑧児童憲章
⑨人　⑩社会　⑪環境
⑫児童福祉法　⑬養育　⑭保障
⑮愛され　⑯保護

解説

1 (1)幼児は成人と比べて体のバランスに違いがある。また，体が著しく成長して大きくなることをおさえておく。運動機能や生理的機能の発達も著しく，多くの睡眠時間を必要とする。
(2)自律心は，ほしいものやしたいことの欲求に対して，状況に応じてそれらをコントロールすること。言葉の発達には個人差があるが，およそ４歳ごろになると活発に質問をするようになる。

2 心の発達には言葉や認知，情緒《じょうちょ》，社会性が深く関係している。認知，情緒がそれぞれどのような特徴《とくちょう》をもっているか，幼児に特徴的な認知，情緒は何かをおさえておく。幼児期には心が発達する過程で反抗《はんこう》期（第1次反抗期）もみられる。幼児の感情をあたたかく見守る周囲の環境《かんきょう》が大事である。

3 子どもを守る条約や法律には，日本だけではなく，国を越《こ》えて定められているものがある。その時代背景や，いつ定められたかといった点もおさえるようにする。それぞれの前文や条約文には重要な言葉があるので，それらも覚えておきたい。児童に関する権利を守る責任は，保護者と国及《およ》び地方公共団体にある。

保健体育 体育分野

1 運動とスポーツ

p. 96・97

1 (1)①カ　②エ　③キ　④ウ
⑤ア　⑥イ　⑦オ
(2)気晴らし，楽しみ，遊びなど
(3)スポーツ基本法

2 ①見る　②支える　③運営，指導 など

3 (1)①技術　②作戦　③戦術
(2)①目標　②動き（方）　③確認
(3)①ア　②ウ　③イ　④オ
⑤エ
(4)前　準備運動，後　整理運動

解説

1 運動は血液の循環を促し，体のはたらきも活発にする。近年，競技スポーツだけでなく，健康維持のための運動，人や自然との交流を楽しむ運動などが，さまざまな必要性から生まれている。

2 スポーツには，さまざまな関わり方がある。テレビで観戦したり，ボランティアで大会の手伝いをしたりすることも関わり方の１つである。

3 運動の前には準備運動，あとには整理運動を行う。

2 体つくり運動／集団行動

p. 98・99

1 (1)①体ほぐし　②体力を高める
③ウ　④エ　⑤イ　⑥ア
(2)①ストレッチ，柔軟体操，マッサージなどから1つ　②リズム渡し，走り抜け，陣取り などから1つ
(3)Ⅰ—a・ウ　Ⅱ—d・エ
Ⅲ—c・イ　Ⅳ—b・ア

2 (1)①ウ　②カ　③ク　④イ
⑤カ　⑥キ　⑦ク　⑧エ　⑨コ
⑩ク　⑪キ　⑫オ　(2)４列縦隊
(3)①3　②2　③右斜め前　④2
⑤左斜め後ろ

解説

1 簡単な運動で自分の体の状態に気づくことができる。
ストレッチには，静的と動的の２種類があり，柔軟性を高めるのに有効である。

2 集団でまとまって行動するときの効率的な動き方を身につける。緊急時の避難にも役立つ。

3 短距離走・長距離走

p. 100・101

1 (1)クラウチング（スタート）
(2)①c・ウ　②a・イ　③b・ア
(3)肩幅《かたはば》
(4)①イ・加速（疾走《しっそう》）
②エ・中間（疾走）　③トルソー
(5)レーン　(6)ア

2 (1)イ　(2)①キ　②カ　③ウ　④エ
⑤ア　⑥オ
(3)インターバル走
(4)心拍《しんぱく》（数）　(5)0.7以上

解説

1 (4)「用意」の合図で静止し，スタートから徐々に上体を起こして加速していく。
ピッチ（歩数）を多くすると速く走れるが，多すぎてもストライド（歩幅）が狭《せま》くなって遅《おそ》くなる。
(6)中学生の大会では，１回目のフライングは警告《けいこく》，２回目以降のスタートでフライングをした人は，すべて失格となる。国際ルールと同じように，１回目のフライングで失格となる中学生の大会もある。

2 (1)長距離《ちょうきょり》走のスタート方法はスタンディングスタート，短距離走のスタート方式はクラウチングスタートという。
(2)腕《うで》を広げる幅に注意する。

4 リレー・ハードル走

p. 102・103

1 (1)①テークオーバーゾーン　②30（m）
③マーク　④ア・ウ
(2)コーナートップ制
(3)①前走者　②前走者または次走者（どちらでもよい）

(4)受け取る走者の手の中にバトンが完全に渡《わた》った瞬間《しゅんかん》。

(5)走者の邪魔《じゃま》にならないように，走路が空くまでレーン内にとどまる。

2 (1)男子―91.4(cm)，10（台）
女子―76.2(cm)，10（台）

(2)①コ　②シ　③サ　④ア
⑤ス　⑥ク　⑦カ　⑧キ　⑨ウ

(3)①3　②2　(4)ア

解説

1 (1)バトンパスは，バトンがテークオーバーゾーンの中にあるうちに行う。この場合，後ろのライン上にバトンの一部が残っているのは大丈夫だが，前のラインにかかると失格となる。

2 (2)ハードリングは，高く引き上げた足の膝《ひざ》から下を振り出して，前傾姿勢《ぜんけいしせい》で走り越《こ》える。着地は，膝を水平にして引き付けて振り上げた足を伸《の》ばす。

(4)自分のレーン以外のハードルを跳《と》んだときや，故意にハードルを倒《たお》したときも失格となる。

5 走り幅跳び・走り高跳び

p. 104・105

1 (1)①ウ　②キ　③ア　④ク　⑤オ
⑥カ　(2)①ウ　②b　③c・e
(3)①○　②×

2 (1)Aはさみ跳《と》び　B背面跳び
①ウ　②b　③イ　④a
(2)ベリーロール　(3)C　(4)イ・ウ

解説

1 (2)走り幅《はば》跳びの計測は，踏《ふ》み切り線に最も近い砂場の跡《あと》から，踏み切り線（踏み切り板の最も砂場に近い線）までを測る。

踏み切り線の先に体の一部が触《ふ》れたとき，踏み切り板の外側で踏み切ったとき，跳ばずに走り抜《ぬ》けたとき，着地の跡よりも踏み切り線に近い砂場外の地面に触れたときも無効試技（失格）となる。

順位は記録のよい者から順に，同記録の場合は２番目の，それも同じ場合は３番目の記録で決める。

2 (3)走り高跳びの計測は，バーの中央で最も低いところの上辺から地面までを垂直に測る。１cm未満は切り捨てる。

(4)踏み切りは片足で行う。

6 マット運動・跳び箱運動・平均台

p. 106・107

1 (1)①回転　②巧技　③接転
④ほん転
(2)①側方倒立回転・c
②跳び伸しつ前転・a
(3)Ⅰ頭はねおき　Ⅱ開脚後転
①エ　②オ　③ア　④ウ

2 A斜め開脚跳び　B頭はね跳び
Cかかえ込み跳び
①オ　②イ　③ア　④ウ　⑤エ

3 (1)①カ　②オ　③ウ　④ア　⑤オ
(2)体波動

解説

1 (2)跳び伸しつ前転は，両腕で体をしっかり支えてから前転に入る。

(3)頭はねおきは，腰が頭上を通過すると同時に腰を伸ばして手で押し放す。

2 跳び箱の技は，開脚跳びやかかえ込み跳びなどの切り返し系と，頭はね跳びや倒立回転跳びなどの回転系に分けられる。

3 平均台の技は，歩走や跳躍の体操系と，ポーズやターンのバランス系に分けられる。

7 水　泳

p. 108・109

1 (1)①クロール　②背泳ぎ
③バタフライ　④平泳ぎ
(2)クロール―ウ・b　平泳ぎ―ア・c
背泳ぎ―エ・a　バタフライ―イ・d
(3)①ウ　②ア　③ウ　④ア
(4)①クロール・平泳ぎ・バタフライ
②バタフライ・平泳ぎ　③平泳ぎ
④平泳ぎ　⑤背泳ぎ
⑥クロール・背泳ぎ・バタフライ

2 (1)バタフライ→背泳ぎ→平泳ぎ→自由形
(2)背泳ぎ→平泳ぎ→バタフライ→自由形

解説

1 それぞれの泳法のキックの仕方は，

クロール…膝を伸ばして足首の力を抜き，股関節からしなやかに動かす。
平泳ぎ…足裏で水を後方へしっかり蹴る。
バタフライ…両足親指は触れ合うようにし，膝を曲げたときに水面に足が出過ぎないように注意する。
2 リレーの引き継ぎでは，前の競技者が壁に触れる前にスタートすると失格となる。

8 バスケットボール

p. 110・111

1 ①スローインライン
②サイドライン　③センターサークル
④ノーチャージセミサークル
⑤エンドライン　a制限区域　b28
c15　d6.75

2 ⑴①ウ　②イ　③ア
⑵①フロートパス（ループパス）
②ストレートパス　③バウンスパス
⑶①ジャンプストップ
②ストライドストップ
③カットインプレイ
④スクリーンプレイ
⑤ゾーンディフェンス

3 ⑴①5　②ジャンプボール　③1
⑵①チャージング・A
②3秒ルールの違反《いはん》・B
③トラベリング・B
④イリーガルユースオブハンズ・A
⑶スローイン・オルタネイティングポゼション

解説

2 ボールは，指を開いて縫《ぬ》い目にかけて持つが，できるだけ手のひらはボールに付けないようにする。
片方の足を軸《じく》足にして，もう片方の足を動かすことをピボットターンというが，このときのボールは軸足から遠いところで持つ。
3 中学生の場合，第１・２クォーターを前半，第３・４クォーターを後半とし，各クォーターは８分ずつ，ハーフタイムは10分となる。

9 サッカー

p. 112・113

1 ⑴①タッチライン　②ゴールライン
③ペナルティアーク
④ハーフウェーライン
⑤センターサークル
⑥ペナルティエリア

2 ①インサイドキック
②インステップキック
③インフロントキック
④アウトサイドキック

3 ⑴①11　②ゴールキーパー
③キックオフ　⑵ア・カ
⑶①スローイン・イ
②コーナーキック・ウ
③ペナルティキック・ア
⑷①均等　②後方　③違反　④2
⑸①オフサイド　②直接フリーキック

解説

2 状況によってキックの種類を使い分ける。インサイドキックはパスに使うことが多く，インステップキックはシュートに使うことが多い。
3 ペナルティキックのときゴールキーパーは，キックされるまでゴールライン上に立っていなければならない。
ボールが攻撃側に触れてゴールラインを越えて外に出たときには，守備側のゴールキックとなる。また，オフサイドや危険プレイは，間接フリーキックとなり，その地点でボールを静止させてからキックする。

10 バレーボール

p. 114・115

1 ①エンドライン　②アタックライン
③センターライン　④サイドライン
a18　b9

2 ⑴Aフローターサービス
Bアンダーハンドパス
Cスパイク　Dブロック
①ウ　②エ　③ア　④イ
⑵①三段攻撃《こうげき》　②クイック

3 (1)①6　②リベロ　③ローテーション
(2)①ア　②エ　③ウ　④イ　⑤オ
(3)①ネットへの接触《せっしょく》（タッチネット）
②ボールアウト
③キャッチ（ホールディング）

解説

2 (1)フローターサービスはボールに体重をかけて打つ。
(2)ネットの左右両サイドに高いトスを上げて攻撃することをオープン攻撃という。

3 (1)リベロとは守備専門の選手のことで，バックプレイヤーとして入ることができる。
(2)ボールは少しでもラインに触《ふ》れていればインとなる。

サービスを打つとき，足がエンドラインやその延長線上を踏《ふ》んだり踏み越《こ》したりすると，フットフォールトとなる。

11 柔　道

p. 116･117

1 (1)①自然体　②自護体
③右自然体　④左自然体
⑤する　⑥間隔《かんかく》　⑦歩み足
⑧継《つ》ぎ足　⑨横受け身　⑩畳
(2)①崩し　②8　③体　④体さばき
Aエ　Bイ　Cウ　Dア
aキ　bオ　cク　dカ
(3)①膝車《ひざぐるま》　②横四方固め　③大腰《おおごし》

2 (1)①礼　②左足　③始め
④それまで　⑤右足
(2)①中・ウ　②下・イ　③上・ア
(3)①指導　②反則負け　③3

解説

1 自護体とは，足を開いて両膝を曲げた防御の姿勢のことである。

投げ技は，大腰や体落としなどのまわし技系と，膝車などの支え技系，大外刈りなどの刈り技系に分けられる。

2 抑え込みの条件は，相手を仰向けにし，相手の上で向かい合っていることである。うつ伏せの状態では「とけた」ことになる。

12 剣　道

p. 118･119

1 ①剣先　②中結《なかゆい》　③つば　④柄《つか》
⑤弦《つる》　⑥物打《ものうち》

2 (1)①ク　②エ　③キ　④カ　⑤イ
⑥ア　⑦ウ　⑧シ　⑨ケ　⑩サ
(2)座るときは左足から，立つときは右足から動かすこと。
(3)①胴打ち　②面打ち　③小手打ち

3 (1)①立礼　②腰　③右　④蹲踞《そんきょ》
⑤始め　⑥三　⑦二
(2)①×　②○　③○　④×
(3)①１回ごとに反則とし，２回で相手に一本が与えられる。
②相手に二本が与えられ，退場となる。

解説

2 有効打突とは，竹刀の物打で，面部･小手部･胴部を，勢いのある発声と，背筋を垂直にした姿勢で打ち，残心のあるものである。

3 「気剣体」の三つが調和した，残心のある打突を「一本」とみなす。

13 ダ　ン　ス

p. 120･121

1 (1)①イ　②オ　③ア　④ウ　⑤カ
⑥エ
(2)①対極　②テンポ　③反復

2 (1)①ステップ　②民謡
(2)①花笠音頭　②炭坑節
③よさこい鳴子踊り　(3)LOD
(4)①ダブルサークル　②対列　③方形
(5)①オ　②イ　③ウ　④ア　⑤エ

3 ヒップホップダンス　ブレイクダンス
ロックダンス　などから一つ

解説

2 (2)日本にはほかにも，盆踊りで馴染みのある春駒（郡上おどり）や，阿波踊りなどがある。
(3)時計周りを逆LODという。

3 ヒップホップダンスとは，1970年代にアメリカで生まれた，ダンス，音楽，DJ，アートの４要素をもつストリートダンスのことである。

14 新体力テスト

p. 122・123

1 A反復横跳び　Bハンドボール投げ
C握力　D20mシャトルラン
E立ち幅跳び　F上体起こし
G50m走　H長座体前屈
①オ　②キ　③カ　④イ
⑤ア　⑥ケ　⑦エ　⑧ア
⑨ク　⑩エ　⑪ウ　⑫サ

2 ①エ　②ア　③オ　④ウ
⑤イ

解説

1 反復横跳びは，回数を点数で表す。
ハンドボール投げは，投球中と投球後に，サークルの線を踏んだり踏み越してはいけない。
握力の計測は，右左の順に交互に行う。
長座体前屈では，両手を厚紙から離さずにゆっくり前屈して箱を前方に押す。

2 ８項目のどれも運動をするために必要な体力の要素である。また，筋力・筋持久力，全身持久力，柔軟性は，日常の健康に生活するために必要な体力の要素である。

15 運動と体や心のはたらき

p. 124・125

1 (1)①健康に生活するための体力
②運動（やスポーツ）をするための体力
③自信
④感情
(2)Ⅰa　Ⅱb　Ⅲc
①ウ　②イ　③ア

2 ①ルール　②社会性　③日常

3 (1)①特性　②時間　③準備運動
④整理運動　⑤水分
(2)スポーツ障がい

4 (1)生涯スポーツ
(2)スポーツ基本法
(3)体育・身体活動・スポーツに関する国際憲章
(4)オリンピズム
(5)パラリンピック

解説

1 スポーツの種類によって高められる体力の要素は異なる。それぞれの目的に応じた運動の仕方を考えることが大切である。

2 スポーツを安全に行うためにルールがあり，みんなが楽しくスポーツを行うためにマナーがある。これらを尊重する態度を通して社会性が身につくのである。

3 スポーツを安全に行うためには，自らの体調管理だけでなく，周囲への配慮《はいりょ》も欠かせない。

4 近年，世界的にも生涯《しょうがい》スポーツという考え方が重要視されている。

保健体育　保健分野

16 体の発達・発育

p. 126・127

1 (1)①ケ　②ア　③カ
④⑤エ／オ（順不同）
⑥⑦ウ／キ（順不同）
(2)①ウ　②イ　③ア

2 ①A　②B　③A　④A　⑤B
Ⅰ肺胞　Ⅱ毛細血管　Ⅲ運動

3 (1)男子…ひげが生える。声変わりが起こる。筋肉質になる。などから２つ
女子…乳房《にゅうぼう》が発達する。体が丸みをおびる。腰幅《こしはば》が広くなる。などから２つ
(2)①下垂体　②性腺《せいせん》刺激《しげき》ホルモン
③精巣　④卵巣
⑤男性ホルモン　⑥女性ホルモン
(3)①カ　②オ　③ウ　④イ　⑤ア
⑥ケ　⑦エ　⑧キ　⑨ク

解説

1 赤ちゃんの身長は生まれて１年で約25cm伸《の》びるが，毎年これほど伸び続けるわけではない。人間の体は，生きる上で重要な器官から発達・発育が進む。

一度目の第１発育急進期は胎児期から乳児期，幼児期前半までを，第２発育急進期は小学校高学年から高校生頃の思春期をさす。

2 二酸化炭素は吸気には約0.04%，呼気には約４%含《ふく》まれている。

中学生の時期に，ジョギングや水泳などの持久力を高める運動をすると，呼吸数や拍出《はくしゅつ》量が増え，毛細血管がさらに細かく張り巡《めぐ》らされるので，呼吸器・循環《じゅんかん》器の機能がより発達・発育していく。具体的には，脈拍数120〜140（170）拍/分程度の運動を20（10）〜30分，週に３〜５日，継続《けいぞく》的に行うのが効果的だといわれている。

3 ホルモンは，体のはたらきを調節する重要な物質である。ホルモンを分泌《ぶんぴつ》する内分泌腺には下垂体，甲状腺，性腺（精巣・卵巣）などがあり，これらから分泌されたホルモンは，血液によってそれぞれの器官に運ばれる。

思春期には，下垂体から大量の性腺刺激ホルモンが分泌されて生殖器が発達・発育するので，男女の体つきに特徴的な変化が現れる。

17 心の発達

p. 128・129

1 (1)①大脳（脳）　②経験
(2)①Ⅳ　②Ⅲ　③Ⅰ
(3)①エ　②③ア／オ（順不同）
④キ　⑤カ　⑥イ　⑦ウ
(4)①感情　②意志　③自己形成
④体　⑤自律神経（神経）

2 (1)①欲求　②欲求不満
(2)①ア・ウ・オ　②イ・エ・カ
(3)欲求の現実的な実現方法を見つける。自分自身で努力する。あきらめる。気持ちを切り替える。などから２つ

3 (1)①負担　②ストレス
③心
(2)趣味や運動などをして気分転換をする。休養をとる。家族や友達などに相談する。ものの見方や考え方を変える。などから２つ

解説

1 (1)人間は，生まれたときには「興奮」を感じるだけで，「快・不快」といった感情はない。しかし，それらの基本的な感情も５歳頃までには出現する。これは，心が生活経験や学習などの刺激を受けながら大脳とともに発達していくからである。
(2)大脳の中でも，意志や意欲，判断力，創造力のはたらきをする前頭葉は成長が遅く，経験や環境によって影響を受ける。
(4)緊張して腹痛を起こしたり，頭痛がして物事に集中できなかったりすることがあるように，心と体は密接につながっている。これは，大脳と体の諸器官がホルモンを介して関わり合っているからである。

2 欲求は，食欲や睡眠などの生まれながらにある生理的欲求に始まり，生活していく上で生まれる社会的欲求も生じるようになる。

3 ストレスの感じ方は，心や体の状態によって変わる。心の健康を保つためにも，適切な対処法を見つけることが大切である。

18 健康と環境

p. 130・131

1 (1)①適応　②適応能力　③熱中症
④低体温症（凍傷《とうしょう》）
(2)①ウ　②イ　③ア　④オ　⑤エ

2 (1)①ウ　②オ　③カ　④イ
(2)至適範囲《はんい》　(3)ルクス
(4)①酸素　②二酸化炭素
③0.04
(5)①無臭　②ヘモグロビン　③0.001

3 ①体温　②老廃物《ろうはいぶつ》
③生活雑排水　④埋《う》め立て
⑤循環《じゅんかん》　⑥公害

解説

1 体のはたらきを正常に保つためには，体内の環境《かんきょう》を一定に保つことが必要である。そこで，体の調節機能をはたらかせて，体温を一定に保ち，気圧の変化に柔軟《じゅうなん》に対応しているのである。

2 (1)私たちの感じる暑さ・寒さは，気温だけでなく，湿度《しつど》や気流なども関係している。これらの温熱条件には，それぞれ快適な範囲がある。
(3)教室の明るさは，500ルクス以上が望ましいとされている。
(4)空気中の気体の濃度《のうど》は，気体検知管で測定できる。室内の二酸化炭素の濃度が0.15%をこえると換気《かんき》が必要とされている。
(5)一酸化炭素は血液中のヘモグロビンと結合する性質をもっている。体内に入った酸素はヘモグロビンと結合して体中に運ばれるが，一酸化炭素が少しでも体内に入ると，酸素はヘモグロビンと結合できなくなり，酸素が全身に運ばれなくなる。こうして酸素不足が起こり，一酸化炭素中毒になるのである。

3 人間の体内の水分量は約60～70%で，１日の体内の水分の出入りは約2.5リットルである。
(1)体内で水分は，栄養素を運んだり，老廃物《ろうはいぶつ》を排《はい》出《しゅつ》したり，体温調節をしたりと生命維持《いじ》に重要な役割を果たしている。よって人間は，体内の水分が約10%失われると脱水症状《だっすいしょうじょう》を起こし，約20%失われると死亡してしまう。
(2)家庭での水の使用量の第１位は風呂《ふろ》，第２位はトイレ，第３位は炊事《すいじ》である。
飲料水の水質基準は，無色透明，無臭，有害物質を含《ふく》まないなどである。
(3)ごみの焼却《しょうきゃく》の際に発生するダイオキシンなどの内分泌かく乱物質（環境ホルモン）が社会問題になっていたが，近年焼却施設の整備により減ってきている。

19 傷害と交通事故

p. 132・133

1 (1)ア　(2)イ　(3)イ
(4)①人的　②環境《かんきょう》

2 (1)ア　(2)車両
(3)人的要因：イ・カ・キ
環境要因：ア・ウ・エ
車両要因：オ
(4)交通ルールを守る。車両の特性を知る。周囲の状況から危険を予測する。交通環境を整備する。などから２つ
(5)①内輪差　②死角

3 (1)地震《じしん》，台風，大雨，大雪，雷《かみなり》，竜巻《たつまき》などから３つ
(2)火災，津波，土砂崩《くず》れ，地割れなどから２つ
(3)イ

解説

1 傷害は，原因となる要因を取り除くことで回《かい》避《ひ》することができる。

2 中学生の自転車乗用中の事故は，本人の不適切な行動によるものが多いのが現状である。自分の身を守るためにも，交通規則を守り，周囲の状況をしっかり把握《はあく》することが大切である。
自転車安全利用五則――①自転車は車道が原則，歩道は例外。②車道は左側を通行。③歩道は歩行者優先で，車道寄りを徐行。④安全ルールを守る。⑤子どもはヘルメットを着用。

3 災害時には，気象庁の緊急《きんきゅう》地震速報などを活用しよう。

20 応急手当

p. 134・135

1 ①ウ　②イ　③エ　④ア

2 ⑴①エ　②カ　③イ　④オ　⑤キ
⑥ウ　⑵①息（呼気《こき》）　②血液

3 ⑴①ウ　②ア
⑵直接圧迫止血法　⑶イ
⑷①ク　②オ
③④⑤ウ／エ／キ（順不同）
⑥イ　⑦エ

解説

1 応急手当の開始が早ければ早いほど，救命の可能性が高くなる。救命処置をすれば，しない場合と比べて救命の可能性は約２倍になる。

2 応急手当の手順としては，まず安全の確認と，呼吸などの反応の確認である。そして，救急車が到着するまで適切な処置をする。

3 体の血液量は体重の約８％である。そのうち約３分の１を一度に失うと生命に危険が及ぶ。
⑶包帯の目的は，①患部・ガーゼ・固定具の固定，②患部をごみや病原体などから守る，③傷口を圧迫して止血する，などである。
⑷骨折・脱臼《だっきゅう》・捻挫《ねんざ》や打ぼく傷の応急手当の基本は，体育編P.125の「RICE法」を参考に，「R→I→C→E」の順に行う。

21 食生活・運動・休養・生活習慣病と社会

p. 136・137

1 ①オ　②エ　③ア　④ウ　⑤イ

2 ⑴①栄養素　②基礎《きそ》代謝量
③バランス
⑵①ウ　②イ　③ア　④エ

3 ①イ　②ウ　③エ　④ア　⑤オ

4 ①ウ　②イ　③ア　④エ

5 ⑴第１位：がん　第２位：心臓病
⑵イ・ウ

解説

1 健康は，自分自身（主体）の心身の状態と，周囲の環境《かんきょう》が適切に保たれていることによって成立している。病気は，これら主体と環境の二つの要因がかかわり合って発生する。

2 ⑴体の諸器官を動かしたり，日常の活動をしたりするにはエネルギーを消費している。私たちは，これらの消費されたエネルギーを食事で補っているが，体が発育する中学生の時期には，より多くのエネルギーが必要になる。
健康を維持《いじ》するためにもいろいろな栄養素を取り入れたバランスのよい食生活が大切である。
⑵鉄はひじきやレバーに，カルシウムは乳製品に，たんぱく質は肉や魚に，ビタミンAは人参やほうれん草，うなぎなどに含まれている。

3 運動をすることにより，骨や筋肉が強くなり，体の諸器官も刺激《しげき》を受けて発達が促《うなが》される。また，脳にもよい影響《えいきょう》を与《あた》えるので，気分転換《てんかん》にもなり，ストレスの解消につながる。反対に運動不足は体力の低下を招き，生活習慣病や肥満の原因にもなる。

4 疲労《ひろう》がたまると，けがや事故につながったり，抵抗《ていこう》力が低下することにより病気にかかりやすくなる。健康を維持するためには，休養や睡眠《すいみん》，入浴，趣味《しゅみ》でのリフレッシュ，栄養補給などで疲労回復をはかることが効果的である。
ブレスローの７つの健康習慣―①適正体重の維持。②定期的な運動。③１日７～８時間の睡眠。④毎日朝食をとる。⑤間食に気をつける。⑥喫煙《きつえん》をしない。⑦飲酒は適量を。
　また，眠りはじめの頃には，体の成長や疲労回復を促す成長ホルモンがたくさん分泌されるので，成長のためにもしっかりと睡眠をとることが大切である。

5 生活習慣病の要因として，塩分や脂肪分の多い食事，運動不足や睡眠不足，ストレス，喫煙などが挙げられる。生活習慣病は，子どもの頃からの生活が積み重なって起こる病気なので，中学生のうちから健康的な生活習慣を心がけたいものである。
　循環《じゅんかん》器の病気としては，塩分のとり過ぎやストレスから起こる高血圧や，脂肪《しぼう》分のとり過ぎや運動不足が引き起こす動脈硬化《こうか》がある。これらは，さらに心臓病や脳卒中を引き起こす。心臓病の中でも，血管が狭《せま》くなる狭心症《きょうしんしょう》，血管が詰《つ》まる心筋《しんきん》梗塞《こうそく》がある。また脳卒中には，血管が詰まる脳梗塞や，血管が破《やぶ》れる脳出血がある。

22 飲酒・喫煙・薬物の健康被害

p. 138・139

1 ①オ　②エ　③ウ　④ア　⑤キ
⑥カ　⑦イ

2 (1)①ウ　②イ　③ア
Ⅰニコチン　Ⅱタール　Ⅲ一酸化炭素
(2)①主流煙《しゅりゅうえん》　②副流煙　③受動喫煙《きつえん》
④健康増進法（法律）　⑤肺がん，喉頭《こうとう》がんなどから１つ

3 (1)①薬物乱用　②依存《いぞん》　③依存症状《しょうじょう》
④フラッシュバック現象
(2)①幻聴《げんちょう》　②幻視（幻覚）
(3)①ア　②イ

解説

1 アルコールには脳や神経のはたらきを低下させる作用があり，それが，暴力や交通事故などを引き起こす原因となる。死に至る血中アルコール濃度《のうど》は約0.41%以上である。
アルコールは，肝臓《かんぞう》で酵素《こうそ》によってアセトアルデヒドに分解され，その後別の酵素によって酢酸《さくさん》に分解される。酢酸は水と二酸化炭素に分解され，体外に排出《はいしゅつ》される。日本人の約40%はこの分解酵素のはたらきが弱いためにアセトアルデヒドが体内にたまり，顔が赤くなったり，吐《は》き気がしたりする。

2 喫煙によって体に現れる症状としては，毛細血管の収縮，血圧上昇《じょうしょう》，心臓への負担，運動能力の低下などがある。これらは，たばこの煙《けむり》に含《ふく》まれる有害物質による影響《えいきょう》である。
　近年，受動喫煙の害から健康を守るために，健康増進法による禁煙・分煙が進められている。また，未成年者の喫煙による影響が大きいことから，たばこの自動販売機の規制や未成年者喫煙禁止法などが制定されている。

3 薬物乱用は，自分自身を滅《ほろ》ぼすだけでなく，社会にも深刻な影響を与える。覚醒剤《かくせいざい》はスピード，麻薬はエクスタシー，バツなどと呼ばれ，危険を感じにくいものとなって身近に存在している。近年は，脱法ハーブなどが社会的にも問題となっている。

23 感染症とその予防／保健・医療機関と医薬品

p. 140・141

1 (1)①病原体　②感染症《かんせんしょう》　③発病（発症）
④潜伏《せんぷく》　⑤自然　⑥社会
(2)①エ　②イ・オ　③ア・ウ
(3)免疫《めんえき》　(4)リンパ球

2 (1)性感染症　(2)ア・エ

3 ①HIV　②免疫　③性的　④血液
⑤潜伏期間

4 (1)①保健所　②保健センター
③医療《いりょう》　(2)①主作用　②副作用

解説

1 感染症の発病には，抵抗《ていこう》力や栄養状態なども関係するため，病原体に感染しても必ず発病するとは限らない。また，予防接種でワクチンを体内に取り入れて免疫をつけることも有効である。

2 性感染症はきちんと治療することが大切である。放置すると，男女ともに不妊《ふにん》症の原因となることもある。予防としてはコンドームは有効である。

3 エイズは免疫のはたらきを低下させるため，さまざまな病気を引き起こす。また，長い潜伏期間のために，知らずに感染が拡大する可能性もあり，ほかの性感染症に感染していると，HIVに感染しやすくなる。

4 (1)体に不調を感じたら，まずは近くのかかりつけ医を受診《じゅしん》する。保健所や保健センターで行われている健康診断や予防接種などの保健活動は公衆衛生という。
(2)医師から処方された薬を医療用医薬品，薬局で購入できる薬は一般用医薬品（大衆薬・市販薬・OTC薬）という。

美術

1 デッサン・構図

p. 142・143

1 ①観察　②③黒／茶（順不同）
④比率　⑤細かく
⑥⑦クロッキー／スケッチ（順不同）

2 ①オ　②ウ　③カ　④オ
⑤イ　⑥エ　⑦ア

3 ①三角形・イ　②水平線・ウ
③放射線・ア

4 ①ウ　②イ　③エ　④ア
A消失点

5 ①

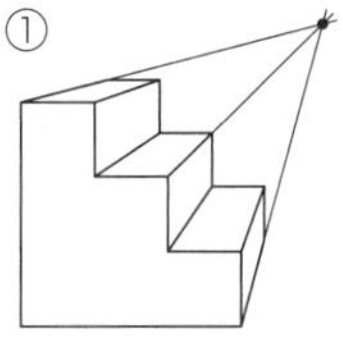

③

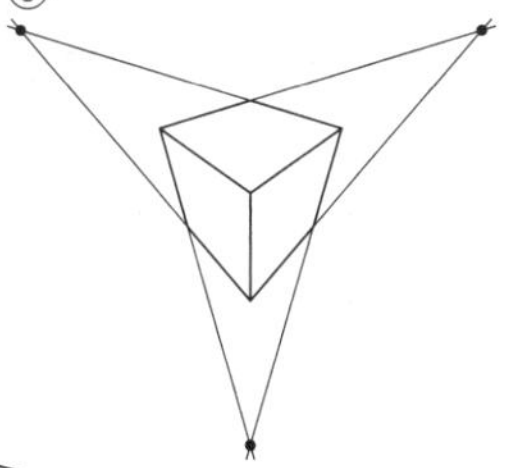

②

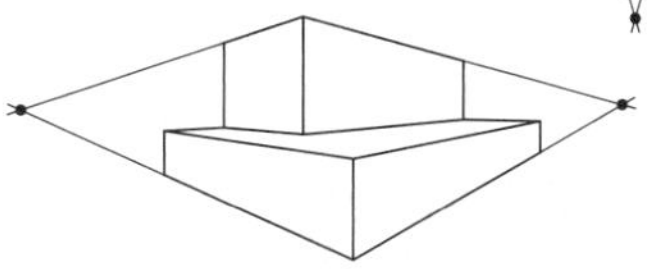

解説

1 デッサン（素《そ》描《びょう》）は，絵画表現の基礎となるもの。対象をよく観察し，はじめに中心となる線や輪郭を大まかに描いてから，暗く見える部分を濃くしたり，細かい部分を描きこんだりしていく。

2 デッサン（素描）は，鉛筆，ペン，コンテ，毛筆などの画材を用いて，一色の線や明暗のつけ方で表現される。それぞれの画材の特徴を生かした表現方法やテクニックをつかんでおこう。

3 絵の主題や中心となるものを決めたうえで，全体のバランスがとれた構図を考える。何を主題にするのかによって，構図が変わってくることにも注意しよう。

4 **5** 消失点は，奥行きを表す線の集まる位置にある。遠近法（透視図法）は，消失点の数によって，一点透視図法，二点透視図法，三点透視図法などに分かれる。

2 水彩画・風景画

p. 144・145

1 ①透明描法　②不透明描法
③パレット　④丸筆　⑤平筆
⑥筆洗

2 ①○　②×　③○　④×

3 ①ウ　②イ　③エ　④カ　⑤ア
⑥オ

4 (1)C→A→B
(2)（例）

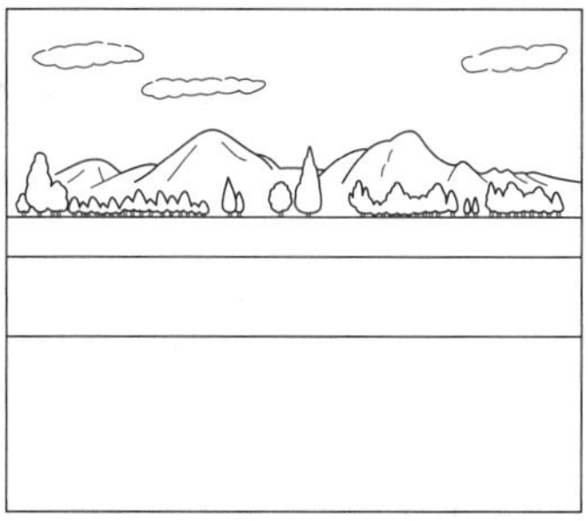

(3)①×　②×　③○　④○

解説

1 **2** 水彩絵の具は，絵の具をとく水の量を加減することで，透明感やぼかし，にじんだ感じなどを出したり，濃くぬりかさねたりすることができる。

3 風景画を描くときは，見取りわくなどを使って構図を決める。奥行きを表現するには，手前の景色を濃く，遠くの景色を淡く描くことや，近くのものは大きく，遠くのものは小さく描くことに注目する。

4 「遠景」「中景」「近景」の組み合わせや，水平な線の間隔を，遠くほどせまくすることをおさえて，奥行きや遠近感の表現に生かせるようにしよう。
また，目に見えるものをそのまま漠然と描くのではなく，加筆や省略をして，自分の描きたいものや伝えたいことなどを強調するとよい。

3 静物画・人物画

p. 146・147

1 ①キ　②ウ　③イ　④カ　⑤オ
⑥ア　⑦エ

2 (1)イ　(2)オ

3　①自画像　②群像　③省略
④テーマ　⑤左右　⑥7　⑦2
⑧関節

4　①○　②×　③○　④×

解説

1　静物画は，題材（モチーフ）を決める→構図を決める→下絵を描く→彩色という手順で制作する。全体のバランスを考えながら，統一感のある画面づくりを心がけるようにする。

2　目の高さによって，物体の見え方も変わってくる。
(1)アは斜め上から，エは真上から見たもの。
(2)オのほうが，より斜め上の高さから描かれている。

3　人物の顔や人体をよく観察し，各部分のバランスをとらえる。動きのあるポーズを描くときは，背骨や肩，腰の角度や関節の角度に注目する。

4　①Aのような横向きの人物画では，顔の前の部分をやや広くあけるとバランスがよい。②横向きだけでなく，さまざまな角度から人物をとらえる。③背景の取り入れ方も工夫して描いてみる。④Bは人物を胸の位置まで描いた胸像である。

4　版　画

p. 148・149

1　(1)①ウ　②エ　③イ　④ア
(2)スキージー
(3)Aドライポイント
Bエッチング

2　(1)A三角刀　B平刀　C丸刀
D切り出し刀
(2)ウ

3　①転写　②陽刻　③陰刻
④明るい　⑤暗い　⑥ローラー
⑦ばれん　⑧一版　⑨多版

4　①×　②○　③×

解説

1　版画は，製版と印刷の仕方や版材などによって，さまざまな種類に分けられる。それぞれの特徴をおさえておこう。

2　彫刻刀の種類によって，彫り跡も異なる。
(2)アは切り出し刀，イは平刀，エは三角刀で彫った版の断面である。

3　木版画の制作工程を覚える。①の転写は，下絵をトレーシングペーパーやカーボン紙などを使って版木に転写する。③④輪郭線以外を彫るのが陽刻，輪郭線を彫るのが陰刻。

4　①多色木版画は，黒く残したい輪郭線や影の部分を彫っていく。③1枚の版で部分的にちがう色をつけて刷る一版多色木版画は，一色ごとに絵の具をぬって刷り取る作業をくり返す。

5　彫刻の表現を知ろう

p. 150・151

1　①カービング　②丸彫り
③レリーフ（浮き彫り）　④一木造り
⑤寄木造り　⑥モデリング

2　(1)①×　②○　③×　④×
(2)①つげべら・エ　②かきべら・イ
③回転台・ア　④くしべら・ウ

3　(1)エ　(2)イ

4　①エ　②ウ　③ア　④イ

解説

1　彫造と塑造の制作方法のちがいをおさえる。

2　(1)①土粘土は，使う前によく練っておくことが必要。③合成粘土は，樹脂などで作られた加工しやすい粘土。④粘土は耳たぶくらいのかたさに練っておくとよい。

3　(1)心棒は，制作の途中で粘土がずり落ちたり型くずれしたりしないように，像の中心にしっかりと組んで固定する。

4　彫刻の表現に必要な，量感，均衡，動勢の，三つの要素を覚えておくこと。

6　色彩について知ろう

p. 152・153

1　①②③黒／白／灰（順不同）
④色相　⑤明度　⑥彩度
⑦色の三属性（色の三要素）
⑧白　⑨黒　⑩純色

2　(1)ア黄緑　イ青緑　ウ緑みの青
エ赤　オ赤みのだいだい　カ黄みのだいだい

(2)補色　(3)寒色　(4)中性色

3 (1)A　(2)ア白　イ緑

(3)①イ　②ア　③エ　④ウ

4 ①×　②×　③○　④○

解説

1 有彩色は色の三属性をもつが，無彩色は明度しかもたないことに注意。

2 色相環は，12色の環状の図で表される。向かいにある色同士は，補色の関係にあることをおさえる。

3 (1)色料の三原色は赤紫・緑みの青・黄。光の三原色は赤・青紫・緑である。(2)ア光の三原色の重なる部分は白くなる。イ青と黄を混色すると緑になる。

4 明度，色相，彩度の対比による色の感じ方のちがいをとらえる。

①白と黒の明度対比によって，Aのほうが，中央の色が強調された印象になる。

②彩度対比によるもの。CとDでは，Dの背景の色のほうが彩度が低く，その分，中央の色があざやかに感じられる。

③Cは暖色同士の組み合わせで，動きがあり派手な印象を与えられる。

④明度の高い色同士の組み合わせとなり，軽い印象を与えられる。

7 表現技法とデザイン

p. 154・155

1 ①ク　②ウ　③エ　④ア　⑤キ

⑥イ　⑦カ　⑧オ

2 (1)キャッチコピー

(2)①○　②×　③○　④×

3 ①エ　②オ　③ア　④ウ　⑤イ

4 ①（例）かぜの予防のためのポスターを作り，トイレなどの壁の目につきやすい位置に貼る。

②（例）定期演奏会の日時や場所などを記したチラシや案内状を作って配る。

解説

1 デザインや絵画に用いられるモダンテクニックの名称とその方法を，合わせて覚えておこう。

2 ポスターなどは，視覚を通じて人をひきつけ，伝えたいことを心に訴えかけられるよう，短く的確なキャッチコピーや，イラストレーション，色使いなどを工夫しながら，バランスよくデザインされている。また，印刷して量産し，掲示できる伝達手段でもある。

3 **4** デザインとは，身の回りのものや環境を，計画的に，美しく整える手段であることをとらえる。

8 日本の美術史

p. 156・157

1 ①縄文　②土偶　③弥生　④銅鐸

⑤埴輪

2 (1)玉虫厨子　(2)校倉造

(3)飛鳥時代…イ，ウ，オ

奈良時代…ア，エ，カ

3 ①大和絵　②絵巻物　③似絵

④源頼朝像　⑤運慶　⑥金剛力士像

4 ①雪舟・室町　②長谷川等伯・安土桃山

③姫路城・安土桃山　④慈照寺銀閣・室町

5 (1)①エ　②イ　③ア　④ウ

(2)①×　②○

解説

1 原始時代の造形は，日用品として使われた土器や，宗教的な儀式に使われた土偶など，生活の中から生まれたものが中心である。

2 (1)玉虫厨子《たまむしのずし》は，全面が漆ぬりで，玉虫の装飾がほどこされている。厨子とは仏具の一種のこと。
(2)校倉造《あぜくらづくり》は，三角形の断面をもつ木を井桁《いげた》に組んだ，高床式の建築様式。

3 平安時代は貴族が中心の文化，鎌倉時代は武士が中心の文化である。それぞれの特徴をおさえておこう。

4 室町時代は，禅宗の影響を受けて，水墨画が多く描かれた。また，建築にも禅宗の様式が取り入れられた。

安土桃山時代は，武士が城郭建築を行うようになり，その中でも姫路城は，現存する最大の城郭である。

5 (1)絵画の流派は，ほかに狩野《かのう》派（狩野探幽《たんゆう》など），円山四条《まるやましじょう》派（円山応挙《おうきょ》など）がある。
(2)①黒田清輝の作品には「湖畔」などがある。「無我」の作者は横山大観《よこやまたいかん》。

9 西洋の美術史

p. 158・159

1 ①ラスコー　②アルタミラ
③ピラミッド　④ツタンカーメン

2 ①○　②×　③×

3 ①ウ　②ア　③イ

4 ①ミケランジェロ
②レオナルド・ダ・ヴィンチ
③ラファエロ

5 ①A　②B

6 ⑴印象派
⑵キュビズム（キュービズム）

解説

1 フランスのラスコー，スペインのアルタミラに，狩猟生活が描かれた洞窟画が残されている。エジプト文明は，絶対的な権力をもつ国王と，宗教的な要求によって生まれた美術が特徴である。

2 ②古代ローマでは，ギリシャ文化を受け継ぎながら，美しく自然な表現が追求された。③コロッセウムは，円形状が特徴の建築物である。

3 「ロマネスク」「ビザンチン」「ゴシック」の，それぞれの時代と建築様式の特徴を区別しておこう。

4 ①ミケランジェロの作品は，ほかに「最後の審判」などがある。
②レオナルド・ダ・ヴィンチの作品は，ほかに「モナ・リザ」などがある。
③ラファエロの作品は，ほかに「美しき女庭師」などがある。

5 ①代表的な画家は，ベラスケス，レンブラントなど。
②代表的な画家は，ワトー，ゴヤなど。

6 ⑴マネ，モネなどの画家に代表されるものである。

　現代美術の各派の特徴と，代表的な画家を，合わせて覚えておこう。